新编人力资源管理和社会保障学教材

社会保险学

郭　曦　主　编
梁　波　副主编

中国劳动社会保障出版社

图书在版编目(CIP)数据

社会保险学/郭曦主编. -- 北京：中国劳动社会保障出版社，2019
新编人力资源管理和社会保障学教材
ISBN 978-7-5167-4298-3

Ⅰ. ①社…　Ⅱ. ①郭…　Ⅲ. ①社会保险-保险学-高等学校-教材　Ⅳ. ①F840. 61

中国版本图书馆 CIP 数据核字(2019)第 262138 号

中国劳动社会保障出版社出版发行
（北京市惠新东街 1 号　邮政编码：100029）
*
三河市潮河印业有限公司印刷装订　新华书店经销
787 毫米×1092 毫米　16 开本　16. 5 印张　355 千字
2019 年 12 月第 1 版　2019 年 12 月第 1 次印刷
定价：49. 00 元

读者服务部电话：（010）64929211/84209101/64921644
营销中心电话：（010）64962347
出版社网址：http://www.class.com.cn

前言

社会保险是我国社会保障体系的主体部分，关乎人民群众的切身利益，受到社会各界的普遍关注。党的十九大报告指出，中国特色社会主义进入新时代，我国社会主要矛盾已经转化为人民日益增长的美好生活需要和不平衡不充分的发展之间的矛盾。社会保险肩负着满足人民美好生活需要的重要职责。随着我国经济社会的发展，社会保险改革的步伐也逐步加快：养老保险加快推进全国统筹进程，生育保险和职工基本医疗保险合并实施，等等。社会保险新政策、新措施不断推出。

为了更好地把握社会保险的最新变化，本教材较为系统详细地介绍了社会保险的概念、特征、功能，以及与其他学科的关系，通过对社会保险制度的产生与发展过程的探究，结合国外社会保险制度的经验借鉴，重点分析我国社会保险制度的发展脉络、特色内容及发展趋势，总结以往的经验教训，认识社会保险发展的规律，为完善我国社会保险制度提供思路与对策。全书共八章，第一章为社会保险概述，介绍社会保险基本内容和相关概念的关系；第二章为社会保险制度的产生与发展，主要介绍社会保险制度产生的理论渊源以及西方国家和我国的社会保险制度的发展脉络；第三章重点介绍社会保险管理；第四章至第七章分别对养老保险制度、医疗保险制度、工伤保险制度和失业保险制度进行详细介绍；第八章重点介绍了社会保险基金。本教材除了理论探讨之外，还有实务分析内容，并附有补充思考或案例，是普通高等院校人力资源和社会保障专业学生的专业必修课教材。

本教材是南昌大学公共管理学院社会保障教研室各位老师通力合作的成果，郭曦拟定了编写大纲并任主编，梁波为副主编。各章撰写者如下：第一章徐金金，第二章张新生、苏琪，第三章郭曦，第四章郭曦、林琼，第五章至第七章梁波、王海英，第八章林琼、徐金金。全书由郭曦统稿、梁波校稿。

南昌大学公共管理学院良好的教学科研环境，是本教材得以顺利出版的基础保障。本教材的出版得到了南昌大学公共管理学院院长尹利民教授，公共管理学院副院长韩艺教授、罗良针教授、袁小平副教授，公共管理学系系主任文卫勇教授，社会保障教研室主任吴光芸教授，社会保障教研室李芳凡教授、孔祥宁教授的大力支持，在此向他们表示衷心的感谢。

本教材的出版离不开中国劳动社会保障出版社的大力支持，感谢编辑老师的高质量工作，对教材的编写与完善提出了宝贵的意见和建议。

在本书的编写过程中，我们参考引用了一些专家、学者的部分论文论著和网上的相关资料，在此向他们表示感谢。

社会保险的发展日新月异，本教材的编写力图体现最新的社会保险动态，但是由于编者水平有限，难免存在不足之处，恳请各位专家、学者、同行和广大读者批评指正。

郭　曦

2019 年 10 月

目录

第一章　社会保险概述

社会保险是一种由政府举办的强制性保险，属于社会性事业，是对国民收入的再分配，从而在劳动者缺乏基本生活保障时提供物质支持。社会保险主要包括养老保险、医疗保险、工伤保险、失业保险等。社会保险制度是现代社会保障制度的核心内容，是建设中国特色社会主义的内在要求和必要保证，它能够保障劳动者的基本生活，维护社会秩序稳定。社会保险制度有利于促进生产的发展，保证经济的正常运行。在建设中国特色社会主义的新时代，我国将继续实施社会保险制度，以保证社会生产生活秩序的稳定，为全面建成小康社会奠定基础。

本章阐述社会保险的基础内容，即社会保险的产生、含义、特征及功能，社会保险与社会保障、社会救助等的相互关系，社会保险学的内容和研究方法，社会保险学与其他学科的关系。

第一节　社会保险的基础内容

一、社会保险的产生

社会保障的起源最早可追溯到欧洲中世纪世俗和教会的慈善事业，但是由国家通过立法实行的以保险为特征的现代社会保障制度则是以德国俾斯麦政府的社会保险三项立法为开端。

现代社会保险的产生与近代欧洲工业革命密切相关。工业化尤其是机器大工业生产使劳动者在生产过程中遭受的风险、发生的事故增多。由于机械化程度的提高，生产过程中伤残、职业病等事件时有发生，影响到劳动者的人身安全和生活质量。工人患病或失去劳动能力后很难维持基本生活。工业革命带来的社会化大生产对劳动者的技能素质提出了更高的要求，而劳动者素质的提高往往赶不上技术的飞速发展。同时，由于技术进步和机器的普遍采用，资本的有机构成提高，对劳动力的需求相对减少，劳动力相对过剩，结构性失业增加，失业的劳动者及其供养的家庭暂时失去了生活来源，引发严重的社会问题，迫切需要由国家和社会向他们提供基本生活保障。

生产社会化带来的不仅是经济结构、产业结构的变化，而且也引起社会、政治、文化的变迁。生产社会化导致社会结构的变迁，使传统的农业社会逐步过渡到工业社会，家庭结构及其功能发生了根本性的变化。在农业社会中，以农业、手工业为主体的自然经济、半自然经济占主导地位，家庭功能是全的。家庭既是生产单位，具有生产职能，又是消费单位，具有消费职能；同时，还具有生育、教育、养老的功能。家庭保障成为劳动者和社会其他成员在遭遇不幸时的“保护伞”。在生产社会化的条件下，机器大工业生产以其低廉的生产成本、高质量的产品和高效率的生产，在竞争中彻底摧垮了以家庭为基本生产单位的自然经济、半自然经济。大工业在瓦解家庭制度的经济基础及与之相适应的家庭劳动的同时，也瓦解了旧的家庭关系本身。家庭的职能不得不发生转换，由生产实体转变为单纯的消费实体，家庭的保障功能大大弱化。工业社会中的家庭尤其是雇佣劳动者家庭，主要是靠工资维持家庭生活，一旦工资收入中断，生活便陷入困境，既无资产可以依赖，又无家庭可以保障。因为无产者根本不可能从微薄的工资中拿出一些钱来储蓄，以备在伤残、疾病、年老等丧失劳动能力的情况下，以及与资本主义生产方式紧密联系的失业时的生活需要。另外，生产社会化的发展，也意味着劳动力的再生产必须社会化。生活社会化的组织程度也在不断提高，教育、卫生、城乡生活服务都逐步成为社会公共事业，走上了社会化发展的进程，个人需求成为一种社会需求，于是便产生了保障社会化的要求。

现代意义上的社会保障起源于近代德国。19 世纪中叶，德国的工人运动风起云涌，他们奋起争取自己的经济利益和劳动权益。德国当时的俾斯麦政府为稳定国内政局，缓和阶级冲突，实施了一系列的经济社会改革政策，其中包括一些社会保险和社会福利的法规和措施。1883—1889 年，德国相继颁布了《疾病保险法》《工伤事故保险法》《老年和残疾社会保险法》。德国社会保险制度的建立，对于安定工人生活、稳定社会秩序，以及促进经济发展起到了明显的作用。于是，欧洲各国积极仿效德国，相继建立了社会保险制度。随着近代市场经济的发展，社会保险也从最初缓和阶级矛盾的手段转变为国家实施宏观调控的重要手段。

二、社会保险的含义

关于社会保险的含义，国内外有多种界定。

美国危险及保险学会社会保险术语委员会把社会保险界定为：由政府采用危险集中管理方式，对可能发生预期损失的被保险人提供现金给付或医疗服务。1953 年，维也纳社会保险会议把社会保险界定为：以法律保证的基本社会权利，其职能主要是以劳动为生的人，在暂时或永久失去劳动能力时，能够利用这种权利来维持劳动者及其家属的生活。

国内有学者认为，社会保险是为丧失劳动能力、暂时失去劳动岗位或因健康原因造成损失的人口提供收入或补偿的一种社会和经济制度。也有学者认为，社会保险是国家通过筹集各方资金或通过财政预算，对因遭遇年老、疾病、伤残、失业、生育甚至死亡等不可规避的危险，而暂时或永久丧失劳动能力、失去工资收入的工薪劳动者或其遗属，提供一定程度的收入补偿，使他们仍然能够享有基本的生活权利，安然渡过危机，从而促进社会稳定的一种社会政策。还有的学者认为，社会保险是在既定的社会政策指导下，由国家通过法律手段对全体公民强制征缴保险基金，用于对其中因年老、疾病、伤残、失业、生育和死亡而导致丧失劳动能力或失去工作的社会成员或其遗属提供基本生活保障的一种社会保障制度。

在中国，社会保险可以从狭义和广义上去理解。从狭义上来说，社会保险就是劳动者参加工作后由用人单位购买的“五险”，包括失业保险、工伤保险、医疗保险、生育保险、养老保险。这五种社会保险是国家强制要求大多数劳动者参加的社会制度，缺一不可。劳动者与用人单位建立劳动关系后，根据规定缴纳五种社会保险费，即可享受社会保险的相关待遇。从广义上来说，社会保险是由国家通过立法形式采取强制手段对国民收入进行再分配，建立社会保险基金，对劳动者在年老、疾病、伤残、生育、失业、死亡等情况下的基本生活需要，给予物质帮助的一种社会保障制度。

社会保险作为广义保险的一种，与商业保险一样，是一种风险分散机制。社会保险是一种社会政策，它以解决社会问题、保障社会安定为目的。

三、社会保险的特征

按照《中华人民共和国社会保险法》（以下简称《社会保险法》）的规定，我国社会保险制度具有“广覆盖、保基本、多层次、可持续”的特征。“广覆盖”就是社会保险制度的覆盖面要广，把尽可能多的人纳入社会保险制度。从我国推进社会保险制度建设的发展过程看，各项社会保险的覆盖面都在逐渐扩大：从国有单位到非国有单位，从单位职工到个体工商户、灵活就业人员，从就业相关人员到非就业人员，从城镇人口到农村人口。基本养老保险和基本医疗保险覆盖全体国民，其目标是做到人人“老有所养”“病有所医”；工伤保险、失业保险、生育保险与就业相关，主要覆盖职业人群。

“保基本”就是社会保险待遇以保障公民基本生活和基本需要为原则。要防止过高标准造成国家财政、用人单位和个人负担过重，避免有劳动能力的人过分依赖社会保险而妨碍其主动性、创造性的发挥。保基本是相对的，各项社会保险待遇应随着经济发展水平的提高而逐步提高。

“多层次”就是社会保险除了基本保险之外，国家还鼓励和支持建立补充保险（如企业年金和职业年金，补充医疗保险等），发展各类商业保险，以满足不同人群的需求。

“可持续”就是社会保险制度应当能够长期稳定地发展。特别是为应对人口老龄化快速发展的问题，努力实现社会保险基金收支长期平衡，以保证社会保险制度的稳定良性运行，不给用人单位和个人造成过重的缴费负担。

“广覆盖、保基本、多层次、可持续”这四个特征揭示了建立社会保险制度的立足点、健全社会保险制度的实现路径以及社会保险待遇水平的确定原则。

从根本上说，社会保险与其他社会保障手段一样都是为了保障国民生活安定、促进经济发展。不过，与其他社会保障手段相比，社会保险有其自身特点。

首先，社会保险具有救助性。社会保险按照大数法则，在全社会范围内统一筹集资金，建立社会保险基金，集合社会多数人的力量，均衡分担风险。社会保险的覆盖范围越广、统筹层次越高、资金调剂范围越大，抵御风险的能力就会越强。社会保险与社会救助共同构成了社会保障制度的主要内容，都具有社会救济性质。不过，社会保险与社会救助存在差别。社会保险的对象是缴纳社会保险费的国民，国民享受社会保险的前提是缴纳社会保险费，即权利与义务相一致。社会救助的对象是无力谋生或无法维持基本生活的弱势群体，社会救助金具有普惠性，领取者无缴费义务。此外，社会保险给付金由个人、单位、政府三方共筹，社会救助主要由政府拨款。

其次，社会保险具有共济性。国家举办社会保险的目的是由全体社会成员共同承担社会风险。社会保险借鉴了保险制度中风险分担的一般原理，通过社保费用的筹付，实现了参保人之间的风险分担与互助，实现了地区之间、企业之间、强者与弱者之间、老年人与年轻人之间的调剂和收入再分配。

社会保险责任由个人、用人单位、国家共同承担。参保人依法享受社会保险待遇，应按规定缴纳社会保险费；用人单位应承担一部分社会保险费用，以满足劳动力再生产的需要；国家作为社会保险的后盾，也承担着社会保险资金供给责任。

社会保险的共济性也体现在参保的社会成员之间。从纵向层面看，社会保险存在风险的代际转移，是由年轻的一代供养年老的一代，以实现薪火相传。从横向层面看，社会保险是风险分散机制，这种风险转移分散充分体现了社会成员之间的互助共济。

最后，社会保险具有强制性。国家通过立法规定参保是用人单位和个人的义务，政府负责组织推动社会保险组织和运作，并对社会保险工作进行监督。凡是法律要求参加某一社保项目的人员都必须按规定缴纳社会保险费，并享受相关待遇。用人单位必须依法为员工缴纳费，维护员工基本权利。

强制性对社会保险自身发展也有重要意义。一方面，由于在广泛范围内实施强制保险，被保险人基数庞大，可以使大数法则充分发挥作用，危险得以分散。另一方面，限制了逆向选择的发生。所谓逆向选择，在这里是指低风险群体不愿意参加保险，在无法区分的情况下，容易导致参加保险者都是高风险群体。而强制保险在一定范围内要求所有人都必须参加，这就有效地防止了逆向选择的发生。

四、社会保险的功能

多数学者认为，社会保险的功能主要有以下三点。

第一，防范风险。社会经济的发展进步离不开稳定的社会秩序与社会环境。如果说市场机制是现代各国经济发展的动力机制，那么社会保险则是社会安定的稳定机制。一方面，社会保险能使社会成员产生安全感，对未来生活有良好的心理预期，安居乐业。另一方面，社会保险能缓解社会矛盾，构建和谐的社会环境来实现整个社会的稳定。历史发展反复证明，当劳动者生存陷入困境，就会铤而走险进行反抗。社会的动荡、朝代的更迭，无一不是由生存危机演变成的社会政治危机。劳动者面临的风险主要分为两大类：一是人身风险，如年老、疾病、工伤、生育风险。二是工作风险，如失业风险。这些风险具有难以避免的特性。当风险来临时，个人往往难以凭自力救济的方式应对风险，因而对生活造成重大损失。以前是通过个体模式，如个人储蓄、家庭责任、雇主责任等来规避风险，但个体的能力终究有限，对有较大支出的风险往往是力不从心，“看不起病”“养不起老”是这些模式的弊端。社会保险制度最基本的作用，是在风险发生时对个人提供收入损失补偿，保证个人在暂时或者永久失去劳动能力，以及暂时失去工作岗位从而造成收入中断或者减少时，仍然能够继续享有基本生活保障。其途径就是将个人风险转化为社会风险，让社会为个人风险买单，避免个人因独木难支而陷入困境，使其在风险来临时仍能维护家庭及个人的生存尊严，从而保障基本生活，免除后顾之忧。

第二，维护效率与公平之间的平衡。人们在文化水平、劳动能力、资本积累等方面的差异，会形成收入上的差距。差距过大，就会造成贫富悬殊的社会问题。社会保险可以通过强制征收保险费，聚集成保险基金，对收入较低或失去收入来源的劳动者给予补助，提高其生活水平，在一定程度上实现社会的公平分配。

第三，对社会财富再分配，维护经济正常运行。初次分配是以市场为基础，强调的是效率原则。由于在市场竞争中劳动者个体的差异性广泛存在，他们从国民收入初次分配中的所得必然存在差别。尽管在不同劳动者中存在适度收入差距是一种激励措施，有利于提高劳动者的积极性；但收入差距如果长期持续，并不断拉大，就会形成贫富分化。

过度的收入分配差距必然形成社会不公。贫富悬殊一旦超过（比如基尼系数超过0.4）警戒线，就会对社会稳定与经济发展产生负面影响。社会保险制度作为重要的再分配机制，能够在一定程度上缩小不同社会成员及不同群体之间的收入差距，具有实现与维护社会公平正义的价值。社会保险分配是以缩小贫富差距、缓解贫困为主要目标，通过社会成员之间的互助互济与收入损失补偿，保障在竞争中处于弱势地位的社会成员能够维持基本的生活条件，在一定程度上调节着不同社会阶层、不同地域之间国民收入分配，以弥补初次分配公平不足的缺陷，与国民收入的最终分配目标相一致。

社会保险确保了社会成员的基本生活需要，使劳动力的供给和正常再生产成为可能，为维持市场经济正常运行提供劳动力后备军。对参保人员而言，他需要缴纳社会保险费用才能享受相关待遇。社会保险的这种方式实现了国民财富的再分配。这种再分配不仅能保障个人的基本生活，还能刺激消费，稳定社会购买力，抵御经济波动带来的风险。此外，社会保险还能为国家发展积累资金。从收取保险费到保险金给付存在时间差，在这段时间差中，国家可以利用社会保险资金进行投资增值，从而促进国家经济发展。

第二节　社会保险相关概念间的关系

一、社会保险与社会保障

社会保险是社会保障的重要组成部分。社会保险指由被保险人缴纳保险费形成保险基金，当被保险人遇到法定的需要帮助的情形时，即可用此保险基金进行补偿的社会保障制度。社会保障是国家依据相关法律法规，通过国民收入的再分配，对社会成员的基本生活予以保障的社会政策。总体而言，社会保险与社会保障主要有以下区别。

从概念范围看，社会保障范围比社会保险广。在我国，社会保障是一个大概念，除社会保险外，还包括社会救助、社会福利等内容。社会保险仅是社会保障的一部分。

从保障对象看，社会保障对象比社会保险广。社会保险只面对缴纳社会保险费用的劳动者，享受的条件是暂时或永久丧失劳动能力者或失业者。社会保险实行缴费制度，只有先进行劳动并有特定的主体履行了缴费义务才能享受，而社会保障的享受并不一定需要承担劳动和缴费的义务。社会保障面向全体社会成员，除社会保险的覆盖群体外，老弱病残且没有固定收入或无依无靠无法生活或者有固定收入但不能维持最低生活需要的城乡居民均是保障对象。

从经费来源看，社会保险经费来自国家、企业、个人三方面，而其他社会保障的经费来自政府的财政或社会的援助。

二、社会保险与社会救济、社会福利

虽然发达国家与发展中国家在社会保障的范围和水平上存在很大的差异，但大多数国家社会保障的基本内容均包括社会救助、社会保险、社会福利三大领域。社会救助、社会保险和社会福利三者之间既有联系又有区别。

社会救助是社会保障的一部分，是对社会特殊困难群体提供物质支持和扶助的保障制度。社会救助面向贫困人口和临时遇到困难的人口，是以保障生存水平为目标的最低生活保障制度。按保障层次划分，它是保障困难群体的生存线。社会救助是社会保障的最低层次，其对象是社会中的最弱者，这些弱者因为其自身的原因或不可抗拒的外因，暂时或在相当长的时间内生活困难。社会救助的目的是保证他们能够得到基本生存条件。社会救助在工业革命前已长期存在，但不同的是，现代社会往往通过立法确定社会救助的对象和救助标准，这样就减少了社会救助的随意性，提高了社会救助的及时性。

社会保险保障对象主要是劳动者，其目的是帮助劳动者在暂时或永久丧失劳动能力时仍能保障其基本生活水平。按保障层次划分，它是保障参保群体的温饱线。社会保险是运用社会性保险的方式，根据大数法则的原理来分担风险，所以社会保险是工业化的产物。

社会福利是社会保障的一部分，是为国民提供生活和服务保障，以不断改善和提高人民物质和精神生活水平为目标。社会福利分为国家福利、地方福利、单位福利、社区福利和社团福利等，涉及教育、住房、公共卫生、环境、文体娱乐等方面。社会福利面向全社会成员，是以提高保障水平为目标的保障制度。按保障层次划分，它是社会成员的享受线，社会福利是社会保障的最高层次。社会福利所涉及的范围很广，不同的经济发展水平、不同的经济体制、不同的国家之间有很大差别。但从广义上讲，社会福利的目的是相同的，都是为了提高全社会成员的生活水平和生活质量。社会福利水平的差异，主要取决于一个国家的经济发展水平。

三、社会保险与商业人身保险

商业人身保险是指通过订立保险合同，以营利为目的的保险形式，由专门的保险企业经营。商业人身保险关系是由当事人自愿缔结的合同关系，投保人根据合同约定，向保险公司支付保险费，保险公司根据合同约定的可能发生的事故及因其发生所造成的财产损失承担赔偿保险金责任，或者当被保险人死亡、伤残、疾病或达到约定的年龄、期限时承担给付保险金责任。商业人身保险具有自愿性、赔偿性，它运用经济赔偿手段，使投保的企业和个人在遭到意外损失时，能够按照经济合同得到经济赔偿。商业人身保险是一种金融活动，保险合同双方的权利受经济合同保护，属经济立法范畴。商业人身保险按照自愿投保、等价交换原则，保险费率视险情和待遇而定。

社会保险是国家通过立法强制实施的，由劳动者、企业（雇主）以及国家三方共同筹资，建立保险基金，对劳动者予以保障。社会保险费由国家、单位和个人共同负担，国家或地方政府规定统一费率征收。社会保险具有强制性、保障性、福利性和社会性，其作用是保障劳动者享有国家法律所赋予的享受社会保险待遇的权利。社会保险是国家规定的劳动者的基本权利之一，也是国家对劳动者应尽的义务，属于劳动立法范畴。

商业人身保险是将人身风险作为商品的一种企业行为。一般说来，商业人身保险包括人寿保险、人身意外事故保险、健康保险等项目，是对投保人年老、生病、死亡等风险实行承保，这些保险项目与社会保险承担的风险项目在表面上并无二致。但如同任何一家企业一样，企业利润也是商业人身保险追求的目标，也是企业生存和发展的动力。那么，商业人身保险与社会保险二者之间到底是什么关系？商业人身保险是与社会保险体系互补的一种保险行为，还是与社会保险既有严格区别又有密切联系的保险行为？

从目前情况看，观点不一。第一种观点认为，我国的社会保险体系是由社会保险、企业补充保险和商业人身保险组成。很显然，这种观点认为商业人身保险是我国社会保险体系的组成部分。其主要理由是商业人身保险和社会保险作为风险管理工具，都具有补偿损失、稳定社会、促进经济的功能。商业人身保险与社会保险之间并不是绝对独立的，而是既存在冲突，又彼此促进、相互融合，是一种互制互动的关系。受经济发展水平的制约及发展理念的指导，我国社会保险保障水平相对不高，商业人身保险可以充分发挥其机动灵活、富于效率的特点弥补社会保险的不足。例如，社会保险制度未覆盖的公民可以购买商业性养老、医疗等保险商品以获得安全保障。对于企业年金的运营，商业人身保险也拥有不可多得的优势。首先，商业人身保险具有较为完善的年金产品设计、寿险精算、负债管理和风险控制等关键技术，能保证企业年金的未来偿付，为企业年金的发展提供了技术保证。其次，商业人身保险产品设计灵活多变，可以满足企业年金业务多样化、个性化的需求。最后，商业人身保险拥有强大的产品营销网络，营业网点遍布城乡，给企业年金的销售以及保险给付提供了便利，等等。

第二种观点认为，商业人身保险与社会保险二者在性质上有着本质的区别，功能定位也不尽相同，不能将商业人身保险归入我国社会保险体系。其主要理由是：商业人身保险是一种商业行为，追求利润最大化；社会保险体现的是政府职能，不以营利为目的。

商业人身保险遵循自愿原则，社会保险由国家立法强制执行。商业人身保险保障的范围只是根据自愿原则投保的保险合同中所约定的被保险人，但其保障的内容比较宽泛；社会保险保障的范围是社会保险法律法规所规定范围内的劳动者，范围相当广泛，但保障的内容相对较窄。商业人身保险的保障水平则依据投保人的购买能力和风险保障的需求而定，“多买多保，少买少保”；社会保险的保障水平多以满足公民基本生活需求为标准。商业人身保险通常是由具有法人资格的企业组织，自主经营、自负盈亏，实行的是企业经营管理体制；社会保险由各级政府统一领导，由政府制定的专门社会保险机构负责组织实施和经营管理，实行的是行政事业单位管理体制。

第三种观点认为，商业人身保险与社会保险既有严格区别又有密切联系。商业人身保险是采用商业手段，按照市场法则运行的社会化管理机制，而社会保险则是依托于国家或政府，侧重于社会效益的一种制度，具有显著的社会性，因此，两者在经营目的、保障对象、权利义务关系、资金来源、实施方式等方面有本质的区别。但是，我们也不能因此而否认商业人身保险对社会保险乃至整个社会保障制度体系的促进作用。商业人身保险注重效率，相对而言，社会保险注重公平，二者可以良性互动、共同发展。社会保险在很多方面可以借鉴商业人身保险的发展经验，商业人身保险是社会保险的重要补充，必然要在社会保障体系中发挥重要的作用。

一般而言，和商业人身保险相比较，社会保险的重要性体现在以下五个方面。

第一，社会保险是国家和社会基本政策的直接体现，是维持社会政治、经济秩序稳定和社会经济正常发展的战略性手段。它要求社会效益重于经济效益，不能以经济效益的好坏决定社会保险项目的取舍和保障水准的高低。必要时国家可以暂时牺牲局部的经济效益，确保社会保险政策的实施，以求整个社会的稳定。

第二，社会保险是由国家通过立法形式强制实施的一种保障制度。所谓强制，是指凡属于法律规定范围的成员都必须无条件地参加社会保险并按规定履行缴费义务。社会保险的缴费标准和待遇项目、保险金的给付标准等均由国家或地方政府的立法统一确定，劳动者个人作为被保险人一方对于是否参加社会保险及参加的项目和待遇标准均无权自由选择与更改。只有强制征缴保险基金，才能获得稳定可靠的经济来源，实现基本国策的要求。

第三，社会保险是所有社会劳动者的一项基本权利。社会保险对所属成员具有普遍保障责任，不论其年龄、就业年限、收入水平和健康状况如何，一旦满足给付条件，比如丧失劳动能力或失业，政府和企业作为保险人一方即应依法提供收入损失补偿以保障其基本生活需要。社会保险财务出现赤字时，国家财政负有补偿的责任。

第四，社会保险所提供的保障水平只能以一定时期劳动者的基本生活需要为基准，既不保证原有生活水平不变，更不会满足遇险劳动者的全面生活需求。社会保险承担对丧失劳动能力和失去劳动机会的劳动者的基本生活保障责任，但不排除个人的责任。

第五，社会保险是国家调节个人收入差距的手段。社会保险待遇给付一般不与个人劳动贡献直接关联，分配原则是基本生活保障的实际需要。此外，社会保险分配政策的制定，是以有利于低收入劳动者为原则的，因为同样的危险事故，对于低收入劳动者所造成的威胁大于高收入劳动者。

四、社会保险与储蓄

社会保险强调的是危机的分担，有广泛的社会含义；储蓄是个人的行为，并不涉及阶层间的互动关系。不过，从另一角度看，无论是社会保险或储蓄，都是个人以现在的剩余资金对于未来可能出现的危机做准备，特别是应对一些可能导致收入中断的困难。两者同为“未雨绸缪”之计，都体现一种有备无患的思想。因此，社会保险和储蓄的保障功能是一致的，同样地要求个人为未来的需要现在付出代价。

相对于社会保险，个人储蓄保障的好处是个人对自己的风险有更大责任感，他们会基于自己的需要做出充足的准备。当然，这种假设只适合于部分收入较高的人士，他们可以按照自己的能力来应对未来的风险。此外，储蓄积累的资金是需要管理的，以求赚取合理的回报。社会保险的弱点是无法准确预测计划所涉及的风险，特别是当一些重要的事项出现变化时，如寿命比预期延长，承担的责任和开支便会急速增加，有关计划在财务上可能变得不可行。

社会保险与储蓄两种形式的优劣，很难在社会上取得共识。但只要留心考察近年社会保障的发展，都会发现因经济和社会环境的转变，不少国家正把两者结合起来，让社会保险和储蓄两种形式各自发挥作用。其中最明显的例子是，过去以社会保险形式为主的退休保障制度，如今都加入了个人储蓄的成分。

第三节　社会保险学的内容和研究方法

社会保险学是研究社会保险活动及其发展规律的学科。作为一种观念形态，社会保险早就成为人们对未来社会的一种憧憬。作为一种社会制度，社会保险自工业革命以后首先在欧洲成为社会现实。作为社会科学中的一个分支，社会保险学诞生于20世纪下半叶。社会保险作为一门相对独立的学科仍然比较年轻。社会保险制度产生以来，曾帮助发达资本主义国家一次次走出经济危机，推动了一些国家的经济起飞，促进了它们的社会安定与进步。20 世纪下半叶，社会保险制度成了许多国家的共同选择，发达国家相继宣布建立"福利国家"；然而，高标准、超范围的社会保险政策，往往超出了国家的财政经济力量，这导致"福利国家"模式遇到挫折。于是，在社会保险实践充分发展的基础上，作为社会保险实践的科学总结和概括，又反过来指导社会保险事业健康发展的新兴学科——社会保险学在国内发展迅速。尽管目前该学科的名称还不统一，例如有的院校开设了社会政策与管理课程，有的院校开设了社会服务研究课程，而更多的是设置了社会保险学、社会保障学。上述学科不过是从不同角度、不同范围对社会保险学进行的探讨。

社会保险学作为一门新兴的应用型社会科学，其内容十分丰富。（1）社会保险的基本特征。包括社会保险的概念、性质、特点、功能，以及与其他学科的关系等，这是进行社会保险学研究的基础。（2）社会保险的历史沿革。对历史的研究，可以总结以往的经验和教训，认识社会保险发展的规律，通过对社会保险制度变革因素的分析，探索我国社会保险制度变革的总体思路。（3）社会保险的基本原理。通过介绍世界各国社会保险的基本模式，进一步明确社会保险的基本原则和普遍规律，增强对实际工作的指导意义。（4）社会保险的基本内容及实践。主要包括养老保险、医疗保险、工伤保险、失业保险、生育保险等。（5）中国社会保险管理制度。通过对现阶段中国社会保险管理组织机构设置、主要职责安排及工作流程的分析，增强学生的感性认识，了解实际工作的重点、难点及今后可能变革的方向。

就研究方法而言，社会保险学的研究方法主要有以下三种。

（1）比较研究。比较研究是一种具有广泛意义的科学研究方法，它大致可以分为两类：一类是纵向比较，另一类是横向比较。在社会保险研究中，"纵向比较"主要强调对一国社会保险在不同发展阶段上的相同点及其差异进行分析比较，从而总结其发展过程的内在规律性。"横向比较"是通过对不同国家、不同地区社会保险制度的比较，研究它们形成的背景及各自的优缺点，总结普遍适用的共性。比较研究要防止将不同国家、不同历史阶段的社会保险政策进行简单类比。

（2）调查研究。学习和研究社会保险学，完善中国特色社会保险制度，就必须深入实际进行调查研究。顾名思义，调查研究包括调查、研究两个部分。调查大体分为普遍调查、抽样调查、典型调查、重点调查、个别调查等类型；调查的主要方法有文献调查法、实地观察法、访问调查法、集体访谈法、问卷调查法、实验调查法等方法。研究的方法分为统计方法和思维方法两类。调查研究法体现了西方传统实证主义的研究方法。所谓实证主义方法，从它的方法论观点说，就是认为社会科学研究的对象是社会现象，应独立于调查研究者之外，而一切关于事实的知识都应以经得起检验的实证材料为依据，不能实证的结论则是无意义的。在社会保险研究领域，通过调查获取真实的、客观的第一手资料，不加任何价值判断，这样才能为后续的政策研究提供事实根据与科学的论证。

（3）实验研究。实验研究方法强调适当控制无关变量，以随机化原则在严格控制下进行，经过一定时间后，对效果进行比较分析，从而得出结论。实验研究很精确，但对环境要求过于理想化，要花费较多的人力、物力和时间去控制对象和环境。对于社会保险政策实验而言，要进行有效控制是很难的，实践中往往采取局部试点的办法解决。

第四节　社会保险学与其他学科的关系

社会保险学作为一门应用型社会科学，内容十分丰富，涉及政治学、经济学、社会学、保险学、哲学、管理学、法学等诸多学科知识，只有以跨学科的宏观视角并运用多元方法才能更好地分析理解社会保险的运作规律。社会保险的目标是维护社会稳定，这是政治学的内容；途径是通过国家立法对国民收入进行强制再分配，这涉及经济学的知识；社会保险的任务是应对国民生产生活中的各种困难与风险，促进社会经济发展，这是社会学的内容；社会保险的运作又需要统计学、管理学、法学、保险学的知识。

社会保险学与保险学存在一定的联系。保险学主要研究保险产生、发展和运行的一般规律的科学。社会保险学主要研究如何通过建立社会保险制度应对人生过程中可能遭遇的生、老、病、死、伤、残、失业等特定的社会风险。而保险学侧重研究如何处理更广泛的各类风险，既包括人身、财产风险，又包括责任、信用风险，所以社会保险学的研究对象是保险学的一个组成部分。此外，两者在运行机制、研究方法、原理上存在共性。两者都要研究如何利用风险转移技术对付偶然性损失，都要研究如何建立保险基金从而为投保人提供经济保障。可见，保险学是社会保险学的一门重要基础学科。

社会保险学与社会学有着密切的联系。社会保险学是社会学研究对象之一。社会学是从社会政策、社会生活等方面研究社会保险，而社会保险学着重从劳动分配关系方面研究社会保险。社会学不仅涉及社会保险政策，还涉及具体的制度与方法。两者的研究角度存在着差别。社会保险学需要吸收社会学研究的成果来丰富自己的理论。

社会保险学与哲学密切相关。哲学思维为社会保险学的研究提供了思考的方法。哲学特别是马克思主义哲学，即辩证唯物主义和历史唯物主义原理，从一般理论上和方法论上为社会保险学研究提供了方法借鉴，是研究社会保险问题的方法论基础。

社会保险学还与劳动法学相关。劳动法学是研究调整劳动关系的法律规范的科学，这些法律规范对于劳动关系的建立、巩固和发展具有重要意义。劳动法学研究的法律规范规定着用人单位和劳动者在劳动关系中的各种权利和义务关系，社会保险是实现劳动者权利和义务的重要内容之一。因此，社会保险学必须吸收劳动法学的研究成果。

社会保险学与经济学存在密切的联系。经济学是社会保险学的基础学科。社会保险收支是社会收入再分配的重要杠杆。社会保险的研究离不开经济学中关于收入分配和再分配的原理。社会保险学主要研究在个人消费品的分配关系中，对满足年龄、缴费条件，永久或暂时丧失劳动能力以及生活中遇到特殊困难的劳动者提供物质保障的问题。此外，社会保险学还涉及一系列实践问题，如社会保险基金的筹措、社会保险中劳动者个人与企业投保比例、国家财政支出与社会保险支出的相互关系等，不熟悉和掌握经济学的基本理论是无法准确把握的。

复习思考题

1. 社会保险的特征有哪些？
2. 如何看待社会保险的功能？
3. 辨析社会保险、社会救助、社会福利。
4. 比较社会保险与储蓄。
5. 论述社会保险学与其他学科的相关关系。

第二章 社会保险制度的产生与发展

现代意义的社会保险自欧洲诞生至今已有100多年的历史，经历了漫长的变迁。社会保险的产生发展一直是社会保障研究的主要方向之一。社会保险嵌入社会保障体系，是社会保障体系的重要内容。社会保险制度也是社会发展变迁的结果，随着社会发展和经济制度变化而得到发展。本章从社会保险制度产生的理论基础入手，分析西方社会保险制度和中国社会保险制度产生的理论渊源，讨论西方社会保险制度和中国社会保险制度的产生与发展。

第一节 社会保险制度产生的理论基础

一、西方社会保险制度产生的理论渊源

（一）马克思主义的社会保险学说

马克思主义关于社会保险的学说，主要从收入和分配、社会经济的运行两个角度来阐述。

从收入和分配的角度讲，社会保险是以国家为主体，通过国民收入的分配和再分配，依法对社会成员的基本生活权利予以保障的社会安全制度。[①] 基于此，马克思主义是从社会保险基金的来源和分配，以及对社会保险主体和保险项目两个方面来分析社会保险的收入和分配问题。

从社会保险基金的来源和分配来看。探究社会保险基金的来源和分配，可从社会保障资金角度进行分析。马克思在《哥达纲领批判》中认为社会总产品在分配给个人之前应首先进行扣除，他指出，“如果我们把‘劳动所得’这个用语首先理解为劳动的产品，那么集体的劳动所得就是社会总产品。现在从它里面应该扣除：第一，用于补偿消费掉的生产资料的部分；第二，用于扩大再生产的追加部分；第三，用于偿付不幸事故、自然灾害等的后备基金或保险基金部分。从‘不折不扣的劳动所得’里扣除这些部分，在经济上是必要的，至于扣除多少，应当根据概率论来确定，但是这些扣除根据公平原

① 张茂松．社会保险［M］．郑州：河南大学出版社，2014：26.

则无论如何是不能计算的"。[1] 马克思还认识到按劳分配的事实上的不平等，提出为了弥补不平等和贫困差距，必须扣除一些消费资料，建立社会保障后备基金，以此解决社会成员的公共福利和为丧失劳动能力的贫困者实施救济援助。马克思认为，社会保障资金的来源是"利润的一部分，即剩余价值的一部分，必须充当保险基金"，这部分基金"甚至在资本主义生产方式消灭以后也必须继续存在的一部分"，"这部分基金的收入中既不作为消费也不一定用作积累的一部分"[2]。在这里可以看出，社会保险基金的来源是劳动者的劳动，其为未来保障社会成员的基本生活权利而存在。马克思这些论断高度概括了社会保险的内容和实质。

从社会保险的主体、保险项目来看。列宁认为，最好的工人保险形式是国家保险，这种保险是根据下列原则来建立的：（1）工人在下列一切场合（伤残、疾病、养老、残疾，还有怀孕和生育，养育者死后所遗寡妇和孤儿的抚恤）丧失劳动能力，或因失业而失掉工资时国家保险都给工人一定的保障；（2）保险要包括一切雇佣劳动及其家属；（3）对一切保险者都要按照补助全部工资的原则予以补助，同时一切保险费都由企业主和国家负担；（4）各种保险都由统一的保险组织办理，这种组织应该按区域或被保险者完全自理的原则建立。[3] 这里可以看出，社会保险的主体包括国家、企业主、劳动者和保险组织，国家和企业主都有责任为劳动者负担社会保险费，各项保险由保险组织办理，劳动者的保障项目包括养老、医疗、工伤、失业、生育、遗属等，目的是能够保证劳动者的最低生活需要。

从社会经济的运行角度讲，社会保险是保证劳动力再生产顺利进行的手段，是社会稳定、协调发展的均衡机制。对此，可从以下两方面分析社会保险。

一是社会保险基金设立的重要性。对于社会保险基金的设立，可以从不变资本和可变资本的角度进行分析。从不变资本再生产的角度分析，社会保险基金的设立可以保证社会再生产的正常进行。马克思认为，"这个不变资本的再生产过程中，从物质方面来看，总是处在各种使他遭到损失的意外和危险中（此外，从价值方面来看，由于劳动生产力的变化，这个不变资本有可能贬值）。因此，利润的一部分……必须充当保险基金"[4]。从可变资本（即人）的再生产角度分析，社会保险基金的设立为人类社会劳动再生产创造了条件。马克思认为："如果我们把剩余劳动力和剩余产品缩小到社会现有的生

① 马克思，恩格斯．马克思恩格斯全集：第 3 卷［M］．北京：人民出版社，1975：9.
② 马克思．资本论：第 3 卷［M］．北京：中国人民大学出版社，1975：958.
③ 列宁．列宁全集：第 17 卷［M］．北京：人民出版社，1959：448-450.
④ 马克思．资本论：第 3 卷［M］．北京：中国人民大学出版社，1975：958.

产条件下，一方面能形成保险基金的准备金，另一方面也能按社会需求所决定的程度来不断扩大再生产必要的限度。最后，如果我们把那些有劳动能力的人必须为社会上还不能劳动或已经不能劳动的成员而不断进行的劳动，包括到必要劳动和剩余劳动中去，也就是说，如果我们把工资和剩余价值、必要劳动与剩余劳动的独特的资本主义性质去掉，那么，剩下的就不再是这几种形式，而只是它们的为一切社会生产方式所共有的基础。”①

二是社会保险发展的必要性。马克思指出：“在现实世界中，个人有许多需要。”② 人是一种高级复杂的动物，存在不同的需要（按不同层次分为自然需要、社会需要、经济需要），人的需要在一定社会关系中形成，并通过人的自觉社会实践活动得到实现。列宁认为社会主义应该“充分保证社会成员的福利和使他们获得自由的全面发展”。③ 社会要保证社会成员的基本生活，为社会成员提供福利和全面发展的机会。社会保险保证劳动者在暂时或永久失去劳动能力、失去经济收入来源时享有基本生活保障的权利，为劳动者提供最低生活需要。

（二）空想社会主义论

社会保障制度的形成和发展是西方的空想社会主义论对理想社会或国度的实践。

人们对于社会现实制度的不满以及对未来社会的向往，产生了对理想社会或国度的描述，由此形成了空想社会主义。空想社会主义是对理想社会公民生产和生活的描绘，在那里劳动群众的福利和社会和平能够得到实现。空想社会主义重视社会保险制度方面的问题。古希腊柏拉图的《理想国》、英国托马斯·莫尔的乌托邦理论、意大利康帕内拉的太阳城学说，以及法国圣西门、傅立叶和英国欧文批判的空想社会主义理论都关注社会的保险状况，努力推动社会在这些方面的改善。例如，1815年，欧文提出了限制童工劳动的工厂立法，经努力，英国议会1819年通过了第一个限制童工、女工劳动的法案，尽管缺乏具体实施的措施，但为以后的立法奠定了基础。

（三）社会契约论

社会契约论（又称“民约论”或“政治权利的原理”），是法国著名哲学家卢

① 马克思. 资本论：第3卷［M］. 北京：中国人民大学出版社，1975：990.

② 马克思，恩格斯. 马克思恩格斯全集：第3卷［M］. 北京：人民出版社，1975：326.

③ 列宁. 列宁全集：第6卷［M］. 北京：人民出版社，1959：11.

梭提出的。卢梭的社会契约论有两层含义：所有个人都将他的个别权利和权益交给社会，也就是交给他所属的政治实体或国家；以后在全社会范围内，一切事物都用多数表决的方式做出决定。这一理论可以简单概括为“社会契约和主权在民”的思想理念。由于社会保险的基金来源是依法由集体、个人和政府三方筹措；所有参保人员在社会保险这个命运共同体里共同承担社会风险，分享人生中遇到的生老病死、伤残、失业等福利待遇，社会保险有鲜明的社会契约性质。卢梭强调，人人生来就享有平等和自由，“这种人人共有的自由，是人的本性的结果。人的第一条法则是维护自己的生存”①。

（四）需求层次论

美国心理学家马斯洛认为，人类的需求可以分为五个层次，即生理需求、安全需求、爱的需求或社交需求、自尊的需求、自我实现的需求。一般来说，只有较低层次的需求得到满足以后，下一个较高层次的需求才能显现它的重要性，成为“行为的动机”。但是即使在较低层次的需求没有满足的情况下，较高层次的多种需求也仍然存在和向往。马斯洛还认为，需求是产生动机的基础，即人类的行为由动机所决定，不同的动机来自不同的需求。当需求满足时，会产生积极的思绪和情绪，这样就会产生新的需求；否则会产生消极的思绪和情绪，这会使人们的需求发生改变。因此，需求是同思想感情互为影响的。② 社会保险为社会成员较低层次的需求（生理需求和安全需求）提供了保障。

（五）新历史主义理论

19 世纪下半叶，德国的施穆勒 · 古斯塔夫和阿道夫 · 瓦格拉等人提出了新历史主义理论。新历史学派认为，除了社会秩序和国家安全，国家还需要实现文化和福利水平的提高。政府需要实施强制性社会保险制度，制定全国最低生活标准，为德国发展提供基本的生活保障。新历史学派的特点有：（1）强调伦理道德和法律对经济发展的决定作用；（2）认为国民经济学是性质上介于应用经济学和精神科学之间的一门科学，将政治经济学看作一门伦理和心理的科学；（3）从道德心理出发研究归纳历史资料，认为国家具有超阶级性，社会不存在普遍的客观规律，德国国民经济发展具有历史性、特殊性和民族特点，鼓吹阶级调和和自上而下的社会改良。新历史学派的社会改良思想，深刻影响了

① 邓大松. 社会保险［M］. 北京：中国劳动社会保障出版社，2009：12.

② 张新生. 我国二元经济与农村多元过渡社会保障研究［M］. 北京：经济科学出版社，2008：30-31.

俾斯麦的社会政策：国家通过立法实行了疾病、工伤和老年三项社会保险，成立了象征劳资合作的雇主和工人联合会，缓解了劳资对立问题。新历史主义学说为社会保险制度的产生和发展提供了必要的理论基础。

（六）福利经济学理论

1912 年英国经济学家庇古发表的《财富与福利》标志着福利经济学的产生，其福利经济学思想在 1920 年发表的《福利经济学》中得到充分体现。福利经济学以研究社会经济福利和改进社会状况为目标，认为通过转移支付使收入均等就能增加收入总量的福利，从而增加整个社会的福利。庇古采用两个标准来检验社会福利：一是国民收入的数量，国民收入越多，福利越高；二是国民收入的分配，国民收入越平均，福利也越高，这两种情况都意味着福利的增进。庇古认为，为了提高国民收入总量，增进福利，必须在各生产部门之间合理配置多种资源。他主张建立一种提高人们福利的制度，尤其是提高和保障低收入群体的福利，国家也应当承担提高公民福利和资源配置的责任。福利经济学认为，转移支付和收入均等化是实现提高社会福利最好的形式，不仅可以解决分配问题，而且还可以调节生产和分配关系，使生产资源得到合理配置，增加收入总量，获得最大福利。

二、中国社会保险制度产生的理论渊源

在我国，社会保险思想及其形式早在夏朝就存在了，在此之后的漫长历史长河里，逐渐形成了大同社会论、社会互助论、仓储后备论和社会救济论等各种社会思想，成为现在中国社会保障理论的直接渊源。[①]

（一）先秦诸子的社会保障思想

齐鲁文化中渗透着社会保障的思想，同时也是社会保险形成和发展的重要理论渊源。(1) 倡导富民济贫思想。孔子为了提高民众的生活水平，主张“富之”（《论语・子路》）。孔子反对贫富分化，他认为财富的不均是引起社会冲突的重要原因，统治者应该采取措施调整各阶层间财富占有的不平衡，这种“均平”思想在中国社会保障史上具有重要意义。孟子主张富民，发展小农经济，他说：“五亩之宅，树之以桑，五十者可以衣帛矣；鸡豚狗彘之畜，无失其时，七十者可以食肉矣；百亩之田，勿夺其时，数口之家，

① 张新生. 我国二元经济与农村多元过渡社会保障研究［M］. 北京：经济科学出版社，2008：34-37.

可以无饥矣；谨庠序之教，申之以孝悌之义，颁白者不负戴于道路矣。七十者衣帛食肉，黎民不饥不寒，然而不王者，未之有也”（《孟子·梁惠王上》）。墨子主张利民济贫，给民众实际的“衣食之利”；主张统治者“侈则分”，关心百姓疾苦，把自己多余的财富分给百姓。管子主张富民济贫，提出开垦农田，发展生产。他认为，贫富无度会导致严重的两极分化，对民众的生活和国家的稳定不利（《管子·五辅》）。他还主张“富能夺，贫能予”（《管子·揆度》），国家应采取必要的措施调节贫富差别。他提出的“甚贫”（《管子·禁藏》），即最低生活保障线，为政府救济社会最贫苦民众提供了依据。(2) 倡导安民怀少思想。孔子把济众助人看作统治者应具备的最高美德，他特别重视对老幼的照顾，希望老人能得到安乐，少年能得到照顾，“老者安之，朋友信之，少者怀之”（《论语·公冶长》）。孟子也重视老幼的社会保障，希望天下人能够做到“老吾老以及人之老，幼吾幼以及人之幼”（《孟子·梁惠王上》）。管子提出的“九惠之教”中有“老老”和“慈幼”，“老老”是指国家设有掌老官，负责对不同年龄的老年人给予不同的福利待遇，平时督促其子弟精心照顾、供给膳食；“慈幼”是指国家设有掌幼官，负责对孩子多、负担重的家庭给予照顾。(3) 倡导救济残疾者、特殊家庭成员和灾民的思想。孟子特别重视对鳏寡孤独等穷弱困苦的民众的救济问题。孟子认为，周文王实行仁政，对鳏寡孤独这四种最穷苦的人给予特殊照顾，使周王朝大得民心，奠定了周朝兴起的基础。他还认为，除了国家要对穷苦人进行救助，还要依靠家族和乡里组织的参与。管子提出“九惠之教”，其中的“恤孤”“合独”都是对残缺型家庭成员的救助措施，并且还对这些人的生活状况进行调查。“九惠之教”中的“养疾”“问疾”就是对残疾人和病人的救助措施，即国家设有掌病官，负责对老人和一般患病者给予问候，国君还要探视和慰问病危者。晏子主张统治者尽力救济灾荒、尽爱民之心，他说：“古之圣贤，饱而知人之饥，温而知人之寒，逸而知人之劳”（《晏子春秋·卷一》）。孟子斥责那些不顾民众疾苦的统治者，无情批判了统治者的残暴行为。墨子主张“兼爱交利”，实现民众老有所养、孤有所依、安居乐业的理想社会，提出“有力者疾以助人，有财者勉以分人，有道者劝以教人。若此，则饥者得食，寒者得衣，乱者得治”（《墨子·兼爱下》）。他还提出，国家应储藏粮食，随时应付灾荒。管子认为只有推行相关的社会保障政策，急民之所急、帮民之所需、解民之所困，广施善举，国家才能民顺国安。先秦诸子关于社会保障的思想主张，为中国传统社会保障思想的基本概念和理论体系形成奠定了基础，对以后的社会保障思想的发展产生深远的影响。

（二）大同社会论

大同社会论最早产生于公元前 500 多年，是中国的乌托邦。孔子在《礼记·礼运篇·大同章》中，用精练的语言描绘了大同社会：“大道之行，天下为公……故外户而不闭。是为大同。”汉代以后的封建社会，大同社会思想又得到了一定的发展：东晋的《抱朴子》描绘了无阶级、无君臣、无压迫的社会，陶潜的《桃花源记》描绘了世外桃源，宋代康与之的《昨梦录》描绘了按需分配、全民平等的理想社会，洪秀全的《原道醒世训》表达了建立太平天国的理念。康有为 1902 年完成《大同书》，他把仁爱之心、人道主义精神与资产阶级自由、民主、平等思想结合起来，将中国传统的大同思想推向一个更高的层次。孙中山把大同思想和中国的具体国情结合起来，提出了“民生主义”。大同社会论是中国儒家思想的重要组成部分，尽管存在一些历史局限性，但是与中国社会保障理论和实践有着深厚的渊源关系。

（三）社会互助论

社会互助论是中国儒家思想的又一组成部分，强调社会成员的互助，是可以实现的社会保障思想。春秋战国时期的墨子主张“兼爱交利”，孟子也主张“出入相友，守望相助，疾病相扶持”（《孟子·滕文公上篇》）。汉代于吉的《太平经》劝人互助，宋代学者张载提出救灾扶困、敬老慈幼的思想。[①] 孙中山先生认为互助是人类的本性，人类进步应以互助为原则。因此，社会互助思想是中国传统思想的重要组成部分，是要求社会成员互助共济、避免生存危机的社会思想，社会互助也是现代社会保障体系的一项内容。

（四）仓储后备论

这是一种主张建立谷物积蓄预防灾荒、救济贫民的社会思想。汉代的大臣贾谊、明代汪文义等都提出过储粮防灾的思想，历代统治者还把仓储后备论变成具体的救灾措施，并使其成为长备之策。国家建立各式各样的仓储，丰年将百姓手中的余粮就地储存，荒年开仓赈济，仓储后备的目的在于救灾，避免百姓无法生存发生动乱，维护社会稳定。仓储后备论是依靠国家力量来储粮备荒、保障社会成员基本生存权利的社会保障思想。要实施仓储后备，必然要重视农业生产，因此重农说构成了仓储后备思想的基础。此外，与仓储后备论有关的还有自然条件改良论。水灾、旱灾和蝗灾并称为中国历史上三大自然灾害，历代明达人士主张兴修水利防治水旱灾害和提倡除蝗，人们把水利说、除害说、重农说和仓储后备论都称为积极预防论或事先预防论。

---

① 中国科学院哲学研究所中国哲学史组．中国大同思想资料［M］．北京：中华书局，1959：18-34.

（五）社会救济论

中国历史上有关社会救济的论述很多，其中赈济说是中国儒家学说之一，影响最大。赈济说是指用实物（主要是粮食、衣服布帛等）和货币救济受灾或极度贫困的社会成员，保障他们最低限度生活需要的一种保障思想。如宋代《救荒全法》，明代的林希元、王圻都对赈济说进行了系统概括，还专门列出赈济的方式和实施措施。赈济说后来发展成为赈物、赈灾、以工代赈三大具体方略，在中国社会保障史上一直发挥很大的作用。此外，救济论还有其他多种主张：调粟说主张移民就食、移食就民和平粜；养恤说主张对灾民和流民施粥、居养、发放寒衣、帮助医疗等；安辑说主张对因灾离村的农民给予一定的扶助（如减赋、给田等），达到安民的目的；放贷说主张对灾民、贫民放贷，帮助恢复生产；节约说主张灾荒之年减少食物、杜绝浪费、节约费用等，克服灾荒造成的困难。由此可见，中国古代的社会救济思想相当丰富，构成了中国社会保险制度理论渊源的重要组成部分。

第二节 西方社会保险制度的产生与发展

西方社会保险制度发展过程中，具有里程碑意义的事件主要包括：英国“济贫法”的诞生、德国社会保险三项立法、美国《社会保障法》的颁布和英国“福利国家”的形成。

一、社会保险制度的萌芽阶段——英国“济贫法”的诞生

社会保险制度的萌芽产生于实现工业化最早的英国，以 1601 年颁布并实施的《伊丽莎白济贫法》（又称“旧济贫法”）为标志。

（一）“旧济贫法”产生

16 世纪英国开始了圈地运动，使得大量自耕农和佃户失去了土地，迫使他们背井离乡，流入城市，成为乞丐和贫民。失业现象日益严重也使得英国统治者被迫考虑救济贫民的问题。1601 年，英国女王伊丽莎白一世在原有的流浪者处理法案的基础上通过一项新法案，这就是“旧济贫法”。

“旧济贫法”的主要内容包括：国家承担对穷人的救济责任，济贫费用由社会共同负担（向各教区和房地产所有者征收济贫税）；教区负责济贫事务（组织失业者劳动，安排儿童当学徒，将流浪汉送往贫民教养院，安排老、弱、病、残者在家接受救济）。做出以

上规定后，对于有劳动能力而不劳动者一律处以严刑（包括死刑）。1662 年又通过了一项立法，在伦敦等工业中心建立“贫民习艺所”，收容和组织贫民劳动，换取生存资料。1812 年，英国议会通过“吉尔伯特法案”，规定贫民习艺所只收容老、弱、病、残、孤、幼者，身强力壮者由各教区协同济贫院安置就业，对那些教区济贫院没能收容的贫民提供救济（即“院外救济”）。1785 年，英国的约克郡实施所谓保护穷人的“斯宾汉姆兰”救济方式，1795 年扩大到英国南部农业区。这相当于建立了职工工资和养老金可以随着物价或生活费用指数上升而定期或不定期地调节的机制。该制度虽然体现了社会公平的萌芽，但其实质是维护旧的社会秩序，代表了倒退的旧社会势力，因此只存在了约 30 年。[①] 随着农村圈地运动的深入和城镇产业革命的发展，“旧济贫法”已经不再符合社会发展需要。

（二）“新济贫法”产生

1834 年，资产阶级根据“济贫法调查委员会”的报告再次修改济贫法，被称为“新济贫法”，其中一条重要原则就是鼓励贫民自食其力，主要内容有以下几点：（1）停止发放院外救济；（2）撤销教区对济贫的管理权，由“政府济贫委员会”统一负责管理；（3）贫民习艺所将贫民按年龄、性别、身体条件分为六类，严格审查贫民资格；（4）坚持“不合格原则”；（5）规定领取救济的贫民必须接受屈辱性条件——丧失个人尊严、丧失政治权利。“新济贫法”的宗旨是为了减轻英国政府济贫费用的负担，同时也迫使无法生存的贫民接受更加苛刻的雇佣条件，将劳动力的市场价格压到最低限度。“新济贫法”在工业区引起了民众的强烈反对，到了 19 世纪 60 年代，“新济贫法”完全以失败告终。

英国新旧济贫法中已出现社会保险制度的萌芽。“旧济贫法”向社会征税，建立社会保险基金，其中已出现养老保险、失业保险的基本形式。“新济贫法”虽然以失败告终，但仍在“旧济贫法”基础上对社会保险制度实现了进一步发展。新旧济贫法在欧洲的颁布和实施，将互助救济转为社会救济、开始形成国家作为保障责任主体的保障模式，为建立社会保险制度做好了准备。

二、社会保险制度的形成时期——德国社会保险三项立法

社会保险制度建立的标志是 19 世纪末期德国俾斯麦政府颁布的社会保险三项立法。这是人类历史上第一个正式的社会保障制度。

19 世纪末期，德国社会矛盾加剧。随着资本主义的发展，劳动条件和环境日益恶劣，

① 张新生. 我国二元经济与农村多元过渡社会保障研究［M］. 北京：经济科学出版社，2008：49-50.

劳资矛盾不断加深，1870 年德国爆发严重的经济危机，工人运动迅速发展，工人群众强烈要求国家立法给工人以经常性生活保障。德国工业的发展和对外扩展的需要也迫使俾斯麦政府实施相应的改良政策，缓和劳资矛盾。德国新历史学派应运而生，其主张劳资合作和实行社会改良政策，要求国家通过立法实行包括社会保险在内的一系列政策。新历史学派的思想得到俾斯麦政府的支持，也为社会保险立法提供了思想基础。

（一）疾病立法

1883 年 5 月 31 日，德国国会通过了俾斯麦政府提交的《疾病社会保险法》，这是世界上第一部疾病社会保险法。它规定对全体从事经济性工业活动的工人一概实行强制性疾病社会保险，经费由雇主负担 1/3，雇员负担 2/3。保险项目包括疾病补助金、生育补助金、丧葬补助金和特定情况下的家庭补助金。

（二）工伤保险立法

1884 年 6 月 27 日，德国国会通过了俾斯麦政府提交的《工伤事故保险法》，这是世界上第一部工伤事故保险法。它规定在工作中发生事故的人或死难者家属，可以从那些实施事故保险的同业工伤事故保险联合会中得到抚恤金。工伤保险的费用完全由雇主承担，工伤保险费数额要根据事故发生的频率和预防措施，每年由专业机构进行评估和调整。

（三）老年保险立法

1889 年 5 月 24 日，德国国会通过了俾斯麦政府提交的《老年和残疾社会保险法》，这是世界上第一部老年人和残疾人社会保险法。它规定工人和低职级官员一律参加，保险资金来自国家、雇主、雇员三方，雇主和雇员平均分担缴纳保险费，国家则提供一定的补贴；退休工人的退休收入依工人原工资收入等级和地区等级而定；财政部按年金类别提供资助；只有证明确实失去谋生能力者且缴足 5 年保险费，才有资格享受残疾社会保险待遇；享受养老金的年龄规定为 70 岁，年满 71 岁且缴纳保险费在 30 年以上者，才能享受退休养老社会保险待遇。

德国社会保险三项立法并不是逐项顺利通过立法程序颁布和生效的，而是把先后提出的法案放在一起反复讨论，在 1893—1899 年，六年时间才完成三项保险立法程序：1883 年 5 月 31 日通过《疾病社会保险法》，1884 年 1 月 12 日生效；1884 年 6 月 27 日通过《工伤事故保险法》，1885 年 10 月 1 日生效；1889 年 5 月 24 日通过《老年和残疾社会保险法》，1891 年 1 月 1 日生效。近代史上第一套完备的社会保险制度就这样诞生了，很快它就扩展到欧洲各地。随后，1911 年，德国政府又将这些法规综合为统一的《帝国保障法》，这是世界上第一套完整的社会保险体系，开创了资本主义国家社会保险体系的先河。另外，德国还于 1911 年制定了《职员保险法》，1923 年颁布了《帝国矿工保险法》，1927 年制定了《职业介绍和失业保险法》。德国一系列法律的颁布对其他国家和地区产生了重大影响，掀起了世界范围内的社会保险制度创建的高潮，例如，奥地利、匈牙利、英国、丹麦、挪威、意大利、法国、荷兰等国家社会保险制度纷纷出台，一些美洲国家和亚洲国家也相继效仿。到 1999 年，全世界已有 172 个国家和地区建立了不同水平的社会保险制度。

三、社会保险制度的扩展时期——美国《社会保障法》的颁布

1935 年颁布的《社会保障法》标志着美国社会保险制度体系的建立和完善。1923—1933 年，资本主义世界发生了严重的经济危机和激烈的社会动荡，随着经济大萧条而来的不仅是失业、贫困，还有整个社会的危机。政府、企业和个人都无力单方面为失业者和丧失劳动能力的人提供充分的经济支持。垄断资产阶级为了维护统治，纷纷要求国家干预经济。英国经济学家凯恩斯提出了反危机理论——国家干预理论，主张扩大财政开支，降低利率，刺激需求以解决社会就业问题。理论界提出通过征税为失业者提供生活保障的理论，提供的生活保障包括退休金、医疗费和养老金等。① 凯恩斯理论成为“罗斯福新政”的理论基础。

1933 年，美国总统罗斯福宣布实施“新政”，通过“罗斯福新政”由国家干预经济发展。“新政”措施主要有 3 个方面。（1）从整顿金融秩序着手，通过“银行紧急法”对信贷、通货、黄金、白银和外汇交易实行价格管制，恢复金融正常秩序。（2）敦促议会通过“农业调整法”和“国家工业复兴法”。前者主要在于恢复农民的收入水平；后者在于缓和劳资矛盾，要求资本家恪守“公平竞争”原则，允许雇员经政府同意建立同业工会。（3）政府通过直接救济（发放救济金）和间接救济（以工代赈）两种方式，解决失业、经济复苏问题，制定福利计划。“罗斯福新政”提出的一系列措施，涉及财政金融、工农业生产、劳资关系和社会福利等广泛领域，是史无前例的创举。②

罗斯福在“新政”中试图寻找刺激经济增长和创建失业保险体系之间的均衡。1935 年 8 月 4 日颁布的《社会保障法》是世界上第一部关于社会保障方面的法律，是真正具有综合性质的社会保障法律，也是德国社会保险三项立法之后的又一分水岭。《社会保障

① 刘晓梅，邵文娟. 社会保障学［M］. 北京：清华大学出版社，2014：29-30.

② 张新生. 我国二元经济与农村多元过渡社会保障研究［M］. 北京：经济科学出版社，2008：52.

法》的主要内容有：(1) 凡年满 65 岁以上的劳动者，每月可领取 10～85 美元的养老金（根据工资水平和替代率确定）；(2)“失业保险”由三方供款，雇主和雇员共同承担一半，联邦政府资助一半；(3) 社会救助由联邦资助、州系统主办，对无依无靠的贫穷老人、盲人和残疾儿童进行福利补助。虽然《社会保障法》不论内容和条款都十分有限，但它是人类历史上第一次使用“社会保障”术语，并由此被世界各国广泛使用。美国的“社会保险”和“社会保障”是同义词，包括联邦政府管理的退休、伤残保险和遗属恤金，援助计划（不享受上一条待遇的老人、盲人和其他残疾人），州政府管理的失业、工伤和职业病保险。私人机构经营的在职受雇人员保险不属于社会保障范围。美国社会保障的特点是以老年保障为主体，很少关注在职雇员的医疗保险；着眼于解决贫穷问题，政府严格规定和调整贫穷线标准，承担全部经费；采取统一集中和分散管理相结合的灵活方式；根据需要和可能，逐步缓慢地发展。尽量避免国家包得过多、过死的弊端，不轻易扩大保险范围、项目和提高待遇水平。根据《社会保障法》，美国确立了老年社会保险、失业保险、工伤补偿保险以及社会救助和社会福利事业等。美国社会保障制度的不断完善也促进了世界其他国家社会保障制度的形成和发展，到 1940 年，世界上已有 60 多个国家相继建立社会保障项目或制度。

四、社会保险制度的鼎盛时期——英国“福利国家”的形成

第二次世界大战给英国带来了极大的创伤，自由主义的经济理论逐渐失去其影响力，主张国家干预的凯恩斯主义占据主导地位，要求国家担负保障公民福利的责任，重建社会保障制度的呼声愈加强烈。1941 年英国约克郡大主教威廉·坦普尔所著的《公民与教徒》一书中出现的“福利国家”一词为重建社会福利制度提供了方向。1941 年，以丘吉尔为首相的三党联合政府经国会同意，设立“社会保险和协调服务委员会”，由牛津大学经济学院院长威廉·亨利·贝弗里奇出任主席。1942 年 11 月，该委员会发布了《社会保险和相关服务》报告，即《贝弗里奇报告》。在《贝弗里奇报告》中，贝弗里奇试图制定一项统管人们一生的公共保障计划，他主张通过制定社会保险制度，将英国变为一个“福利国家”，社会保障为全体英国公民提供“从摇篮到坟墓”的完备的社会保障。

《贝弗里奇报告》中写道：在全国范围内需要为那些因为失业、疾病、退休、生育和鳏寡而处于不利的经济生活地位的人们提供社会保障。报告中第一次把贫困、疾病、愚昧、脏乱和惰性称为“五大恶魔”，即五大社会病态。[①] 贝弗里奇在报告中提出以治理五

① 魏新武. 社会保障世纪回眸［M］. 北京：中国社会科学出版社，2003：62-71.

大社会病态为目标，针对每一位公民从生到死的一切生活和危险，制定一个以社会保险为核心的社会保障计划。

《贝弗里奇报告》建议社会保障由三部分组成：（1）社会保险，满足一般居民的需要，所有居民一律平等享有；（2）社会援助，满足特殊情况下的需要（如收入低于“贫困线”标准的居民保障问题）；（3）自愿保险，适应收入较高居民的需要，可以满足他们超过基本需要的额外需求。其中，社会保险是主体，其他两者为辅，三者共同构成社会保障的有机整体。

贝弗里奇在报告中提出社会保障的六项原则：（1）基本生活资料一致原则，所有家庭支付保险补助金都应按统一规定的标准执行；（2）保险费标准一致原则，所有家庭缴纳保险费都应按统一规定的标准执行；（3）保险补助金必须充分原则，支付给受保人的保险补助金，在数额和时间上都应充分；（4）全面和普遍性原则，社会保险对象逐步扩大到全体人口，且人人平等；（5）管理责任统一原则，社会保险的行政和基金管理都应协调一致；（6）区别对待原则，应照顾到不同社会阶层的不同生活方式。他把社会保险对象分为六类（就业收入者、从事其他职业并有收入者、家庭妇女、劳动年龄以内的其他人员、不到劳动年龄者、退休者），规定了六种不同的保险待遇（医疗、丧葬、退休、伤残、失业培训、工业年金），各类人员缴纳社会保险费也各不相同。他认为，从一般意义上说，社会保险类别的划分并不意味经济和社会的等级制度或不平等。

贝弗里奇在报告中提出社会保险的八种基本需求。根据人们的基本需要，他分析了社会保险的八大基本需求：（1）失业时的需要，依靠失业救济金生活；（2）伤残时的需要，通过伤残补助金和产业（行业）年金生活；（3）丧失生计时的需要，通过提供培训和补助解决；（4）工作退休后的需要，依靠养老金生活；（5）妇女在婚姻、生育、丈夫的收入中断或终止、寡居、分居、无力履行家庭义务时，都需要补助或帮助；（6）丧葬补助；（7）童年时期的补助；（8）其他方面的需要。

《贝弗里奇报告》包含的基本思想和基本目标：社会保障是以保证居民维持生存所必需的生活资料为限度；维持生存所需的最低收入；消除贫困。贝弗里奇的一个重要思想是“全面性和普遍性”原则，即社会保险应包括全体居民各种不同的社会保障需要，以达到实现全民保险的目标。贝弗里奇还认为，社会保障是一个以劳动和交换保险费为条件，保证人们获得必需的收入来源，以便使他们能够劳动和继续保持劳动能力的计划。

《贝弗里奇报告》从人们的需要出发，提出相应的对策，形成涉及人们各方面需要的一个完整的福利体系。此后，英国在凯恩斯国家干预理论的指导下，在《贝弗里奇报告》基础上颁布了一系列法案，使英国成为当时拥有最先进的社会保障体制的国家。其中主要包括：1945 年颁布了《家庭补助法》，规定对于有两个或两个以上儿童的家庭给予补助；1946 年颁布了《国民保险法》，实行强制性的国民保险制度，提供均一费率及均一给付的老年年金、疾病津贴及失业津贴；同年颁布了《工业伤害保险法》和《国民健康服务法》，对工人实行工伤保险并对全体国民实行免费医疗；1948 年颁布了《国民救济法》，对于不能享受上述法律保护者，或虽能享受但仍不能满足基本生活需要者给予补充救济。① 1948 年，英国宣布建成"福利国家"。

继英国成为"福利国家"之后，世界上许多发达国家纷纷制定政策向"福利国家"迈进。例如，瑞典成为社会福利制度发展最完善的代表国家，荷兰、挪威、意大利等国纷纷实施全面社会保障计划。社会保障制度进入全面发展时期。

五、社会保险制度的国际化发展

1952 年，联合国主管劳动和社会事务的专门机构"国际劳工组织"（ILO），在总结各国社会保障立法的基础上，制定并通过了《社会保障最低标准公约》（以下简称《公约》）。《公约》包括医疗津贴、疾病津贴、失业津贴、老龄津贴、工伤津贴、家庭津贴、残疾津贴、遗属津贴、定期支付应遵循的标准、平等对待非本国公民等条款以及一切经济活动的国际标准产业分类。《公约》对社会保险的各项目领域都规定了最低支付标准，为各国社会保险法规的完善发挥了极为重要的作用，标志着社会保险事业从此走向国际化。②

然而，社会保险制度的发展并不是一帆风顺的。许多国家在度过 20 世纪 50 年代到 70 年代经济发展的黄金期以后，1973 年的中东石油危机爆发，宣告第二次世界大战后前所未有的经济繁荣期的结束，转而进入漫长而痛苦的经济滞胀时期。在此期间，经济发展遇到困境，失业问题突出，人口老年化问题加剧，社会保障制度陷入了困境，福利国家的弊端也日益显现，社会保障理念出现转变。在这种形势下，社会保险制度进入调整和改革阶段。20 世纪 70 年代至今，新一轮的社会保险制度改革全面展开。不同模式的国家根据自身情况，为寻求更完善的社会保险制度而不断探索。

以美国、英国、德国等为代表的西方发达国家，以东欧和中欧国家为代表的转

---

① 史柏年. 社会保障概论［M］. 北京：高等教育出版社，2012：31-32.

② 张茂松. 社会保险［M］. 郑州：河南大学出版社，2014：29-30.

型国家，以及以新加坡、智利为代表的新兴国家对社会保险制度的改革各有其特点。[①]

西方发达国家社会保险制度改革。为了克服社会保险制度面临的危机，迄今为止，西方国家在改革调整方面经历了两个主要阶段。第一阶段是20世纪80年代，西方国家立足现代制度框架，围绕抑制社会保险费用膨胀、扩大资金供给渠道、提高法定退休年龄等政策措施，力图维持现行制度的稳定运行。第二阶段是20世纪90年代以来的结构调整时期，通过构建多层次社会保险模式，鼓励和促进企业补充保险及私人保险计划的迅猛发展，逐渐推行社会保险部分私有化的改革措施。改革的基本思路集中于寻求能促进经济增长的社会保险制度，主要做法有：通过对原有规章制度的修改，削减社会保险总支出；加强管理，提高资源的使用率，减少不必要的浪费；实行私营化，扩大福利提供领域的市场经济成分；调整项目收支结构，注重个人和企业承担一定的责任，减轻政府压力；注重社会保险质量的提高。

转型国家社会保险制度改革。转型国家把加强社会保障作为保持社会安定的一项重要的政策措施，本着“人人有权享受，人人必须参与”的原则，对社会保险制度进行了以医疗服务、失业救济、养老金制度为重点的改革，改革的主要内容包括：优化社会保险管理体制，改变承办单位及筹资渠道；改革医疗保险制度；改革失业救济制度；改革养老保险制度。

新兴国家社会保险制度改革。新兴国家社会保险制度改革以新加坡的中央公积金制度和智利的私营化养老金模式为典型。1955年，新加坡开始建立中央公积金制度，所有公共部门和私人部门的雇员被强制性要求参与中央公积金制度，由雇主和雇员共同缴纳公积金，国家不承担缴费责任。1980年，智利政府颁布《养老金制度改革法》（第3500号法令），规定个人必须为自己的养老进行强制性储蓄，并在基金管理公司中建立个人账户，个人账户完全由个人缴纳。新加坡和智利的社会保险制度改革的本质特点是建立强制储蓄的养老保险制度，其措施和模式选择对当代西方社会保险制度的改革产生了直接影响。

第三节　中国社会保险制度的产生与发展

1949年中华人民共和国成立，为社会主义社会保险制度的建立和发展创造了稳定的

---

① 张茂松. 社会保险［M］. 郑州：河南大学出版社，2014：30-35.

社会环境。作为现代意义上的中国社会保险制度始于20世纪50年代，根据经济、政治环境的变化可以将我国社会保险制度的发展分为两个阶段：第一阶段，中国社会保险制度的产生与初步发展（1949—1978年）；第二阶段，改革开放后中国社会保险制度的快速发展（1978年至今）。

一、中国社会保险制度的产生与初步发展（1949—1978年）

（一）二元社会保险模式的确立

自1921年中国共产党成立，党就带领工人阶级进行建立社会保险制度的尝试。例如，1925年5月第二次全国劳动大会通过的《经济斗争的决议案》；1929年11月第五次全国劳动大会通过的《中华全国工人斗争纲领》和《铁路工作决议案》；中央苏区、闽西区地方工农民主政府制定的三个劳动法案（即1929年10月2日颁布的《上杭县劳动法》，1930年2月颁布的《永定县劳动法》，1930年3月25日颁布的《闽西劳动法》）；1930年5月工农民主政府颁布的《劳动保护法》；1931年12月中央苏区颁布的《中华苏维埃共和国劳动法》；1948年12月27日东北行政区颁布的《东北公营企业战时暂行劳动保险条例》等。其中，《东北公营企业战时暂行劳动保险条例》是中国共产党在较大范围内实施统一的社会保险的第一次尝试。这些条例法规的颁布为中国共产党夺取战争的胜利发挥了巨大作用，也为新中国成立后社会保险制度的建立和发展奠定了坚实基础。1949年新中国成立初期，经济萧条、市场停滞、通货膨胀、工人失业等问题严重影响着社会的稳定和发展。为了保障人民生活，稳定社会秩序，国家开始着手建立社会保险制度。

在社会政策和国家发展方面，为了尽快实现工业化，国家实施工农业价格的“剪刀差”，把农业的剩余转化为工业利润，再把工业利润转化为财政收入，同时通过农村税收和农村储蓄等渠道，为工业化提供资金积累。为了保证从农业稳定获得工业化资金，实行了严格的城乡分割的户籍、财政、就业、住房和社会保障政策等，在制度设计上逐渐形成和强化了二元经济结构体制。1953年11月颁布《政务院关于实行粮食的计划收购和计划供应的命令》和《粮食市场管理暂行办法》，国家把统购统销作为城乡之间的商品交换渠道。1956年年底到1957年年底，国务院连续4次发出“防止、制止农村人口盲目外流”的指示。1958年《中华人民共和国户口登记条例》颁布，严格限制农村人口流入城市，实行了城乡分割的户籍政策，标志着我国正式形成了城乡隔离制度和“二元”经济结构。立足于城乡分割的社会结构，中国在社会保险制度建设上也出现了明显的城乡二元化特点。在城市形成以劳动保险为核心的社会保险制度，主要包括企业职工的劳动保险制度和面向机关事业单位的社会保险制度。在农村形成以集体为依托的社会保险制度，主要包括五保制度、农村合作医疗制度，以及少量的救灾救济项目。同时，通过对城乡劳动力流动的限制，维持社会保险二元化分割的特点。在城市就业的居民能够享受城市的各种保障，农民只能依靠农村集体实现较低程度的保障。

在社会保险制度发展方面，《中国人民政治协商会议共同纲领》决定在我国“要逐步实行劳动保险制度”，1950 年 5 月 19 日政务院通过《救济失业工人暂行办法》，1950 年 12 月 11 日政务院颁布《民兵、民工伤亡抚恤暂行条例》。1951 年 2 月 26 日政务院颁布的《中华人民共和国劳动保险条例》（以下简称《劳动保险条例》）是新中国成立后第一个社会保险法规，是新中国社会保险制度的开端。

（二）城镇社会保险制度的建立与发展

1951 年《劳动保险条例》的颁布标志着我国城镇企业职工劳动保险制度的确立。《劳动保险条例》纠正了社会保险制度建设上的偏差，建立了统一的综合性社会保险制度。

《劳动保险条例》主要涉及三方面内容。第一，明确实施范围和内容。《劳动保险条例》覆盖了有工人职员一百人以上的国营、公私合营、私营及合作社经营的工厂、矿场及其附属单位，铁路、航运、邮电的各企业单位与附属单位等；还具体规定了职工在疾病、伤残、死亡、生育、遗属以及养老等方面可以享受的保险待遇。第二，规定了劳动保险各项费用的征集与保管。劳动保险金全部由实行劳动保险的企业行政方面或资方负担。企业行政方面或资方须按月缴纳职工工资总额的 3%作为劳动保险金，其中 30%存于中华全国总工会户内，作为劳动保险总基金，70%作为劳动保险基金存于该企业工会基层委员会户内。第三，规定对劳动保险工作实施统一管理。社会保险制度是一种“国家—企业”保险制度模式，国家为实施和管理主体，企业依附国家。中华全国总工会作为全国劳动保险事业的最高领导机关，统筹全国劳动保险事业。中央人民政府劳动部作为全国劳动保险业务的最高监督机关，负责监督《劳动保险条例》的实施。1953 年 1 月 2 日政务院修正发布《中华人民共和国劳动保险条例》后，又颁布了《劳动保险条例实施细则修正草案》，对《劳动保险条例》内容进行补充完善。与 1951 年的《劳动保险条例》相比，社会保险的范围进一步扩大，实施范围扩大到一般工厂、矿场和交通事业的基础建设单位以及国营建筑公司；社会保险待遇也有所提高。

除此之外，机关事业单位的社会保险制度也在逐渐建立发展。1952 年政务院颁布《关于全国各级人民政府、党派、团体及所属事业单位的国家机关工作人员实行公费医疗预防的指示》，1955 年国务院颁布《关于国家机关工作人员退休处理暂行办法》《国家机关工作人员退职处理暂行办法》和《关于国家机关女工作人员生产假期的规定》等一系列社会保险政策，对保障城镇职工权益、稳定社会生活、促进经济发展起了重要作用。

这一阶段城镇社会保险制度的发展主要体现在以下三个方面。

第一，完善干部和工人退休、退职制度。为解决退休、退职干部和工人的后顾之忧，1956 年 11 月 12 日国务院颁布《关于国家机关工作人员退休和工作年限计算等几个问题的补充通知》，1958 年 2 月国务院颁布《关于工人、职员退休处理的暂行规定》，1958 年 3 月国务院颁布《关于工人、职员退休处理的暂行规定（草案）》，规定养老保险的覆盖范围包括所有企业、机关事业单位和人民团体的工人和职员，也标志着养老保险从分立到统一，即将企业和机关事业养老保险制度统一了起来。一系列法令颁布、修改和补充了退休和退职制度，不断提高了工人和职员退休、退职的待遇标准，使退休、退职问题得到妥善解决。

第二，医疗保险的发展。城镇医疗保险制度主要包括公费医疗和劳动保险医疗（以下简称劳保医疗）。其中，公费医疗主要面向机关事业单位，劳保医疗主要面向企业职工，二者在资金来源和管理体制方面也不相同。随着制度覆盖人群的扩大，再加上基本实行免费医疗，费用上涨问题越来越严重，对此国家进行了一些改革，但效果并不明显。

第三，两种工伤保险制度。工伤保险制度也分别面向企业和机关事业单位。企业职工的工伤保险制度是根据《劳动保险条例》建立的，是城镇职工劳动保险的一个组成部分。机关事业单位工伤保险制度方面的有关规定最早见于 1950 年 12 月 11 日颁布的《革命工作人员伤亡褒恤暂行条例》，后来经三次修改，待遇标准逐步得到了提高。[①]

（三）农村社会保险制度的建立与发展

改革开放前，我国农村形成了以集体为依托的社会保险制度，主要包括五保制度、

---

① 张茂松. 社会保险［M］. 郑州：河南大学出版社，2014：37.

农村合作医疗制度，以及少量的救灾救济项目。

1956 年五保制度出台，1960 年得到完善。该制度规定对无人抚养、无生活来源和无劳动能力者提供保吃、保住、保穿、保医、保葬（孤儿保义务教育）方面的援助，这种社会救助制度在我国农村社会保障制度中历时最长、保障人数最少。农村合作医疗制度是随着人民公社化发展起来的一种解决农村居民最基本的医药服务制度，以政府组织、集体扶持和农民互助合作为基础，以自愿、受益和适度为原则，采取合作形式，实现民办公助、互助共济。政府建立了以县医院为龙头的农村卫生网络，大力预防和治疗地方病、传染病等。基层卫生院实施“合医合防不合药”的合作医疗制度（经费来源包括：生产队公益金提取、农民缴纳保健费、业务收入即药品利润），基本解决了农村缺医少药的问题，明显降低了农民的死亡率，提高了农民的平均寿命。救灾救济项目包括自然灾害救济，主要依靠国家财政拨款；对于残疾军人生活的保证、烈士和军人家属的抚恤和优待，采取社会救济和社会福利方式，也主要依靠国家财政拨款。①

我国农村社会保险制度的发展主要体现在农村合作医疗制度的建立和发展方面。

1955 年，我国进入农业合作化发展的高潮时期，农村合作医疗制度正式出现，并得到推广。1955 年年初，山西省高平县米山乡最早实行社员群众出“保健费”和生产合作社提供“公益金”补助的办法，建立了当地的集体合作医疗制度。当时的山西、河南、河北等省的农村在乡政府的领导下，由农业生产合作社、农民群众和医生采取了“合医合防不合药”的合作医疗方式共同筹资建立了医疗保健站。1960 年，中共中央转发了卫生部《关于全国农村卫生工作山西稷山现场会议情况的报告》及其附件《关于人民公社卫生工作几个问题的意见》，集体医疗保健制度正式建立。1956 年第一届全国人大三次会议通过《高级农业生产合作社示范章程》、1959 年召开的全国农村卫生工作会议，以及 1965 年中共中央批转卫生部党委《关于把卫生工作重点放在农村的报告》等极大地推动了农村合作医疗制度的发展，使其成为我国农村医疗保障制度的基本制度。到 1965 年年底，全国已有山西、湖北、广东等十几个省、自治区的部分县市实行农村合作医疗制度。

农村合作医疗制度的普及是在“文化大革命”期间，1965 年 6 月 26 日，毛泽东主席针对农村医疗落后的现状提出了“六·二六”指示，要求卫生部“把医疗卫生工作的重点放到农村去”。1966 年 8 月 10 日，中国历史上第一个合作医疗试点——湖北省长阳县

① 张新生. 我国二元经济与农村多元过渡社会保障研究［M］. 北京：经济科学出版社，2008：91.

乐园公社杜家村卫生室成立。毛泽东主席充分肯定了湖北省长阳县乐园公社办合作医疗的经验。1968 年年底，毛泽东主席再次对农村合作医疗制度给予肯定，称赞“合作医疗好”“这是医疗卫生战线的一场大革命”“解决了农村群众看不起病、吃不起药的困难”，合作医疗随之在全国范围内掀起热潮。1976 年，全国约 90%的农民都参加了合作医疗。1978 年第五届全国人民代表大会第一次会议把农村合作医疗制度写入《中华人民共和国宪法》（以下简称《宪法》），1979 年《农村合作医疗章程（试行草案）》印发，到 1980 年，全国农村约有 90%实施了合作医疗制度。农村合作医疗制度进入鼎盛时期。

二、改革开放后中国社会保险制度的快速发展（1978 年至今）

（一）社会保险制度的恢复与探索（1978—1992 年）

1966—1976 年，连续 10 年的“文化大革命”使我国社会保险制度遭到破坏，社会保险相关保险设施、管理机构被取消，制度被废除，社会保险事业陷入停滞。1978 年以后，随着改革开放和社会主义市场经济的逐渐建立，原有的城乡二元经济结构发生变化，社会保险制度也随之发生变化，具体内容包括以下几个方面。

1. 养老保险制度

1978 年国务院颁布《关于安置老弱病残干部的暂行办法》和《关于工人退休、退职的暂行办法》，标志着养老保险恢复为机关事业单位养老保险和企业职工养老保险的分立形式；1984 年劳动人事部和中国人民保险公司联合发布《关于城镇集体企业建立养老保险制度的原则和管理问题的函》，将养老保险制度扩展到集体企业；1986 年国务院颁布《国营企业实行劳动合同制暂行规定》，为劳动合同制职工养老保险的合法权益提供了保障。

各部门陆续出台文件，对老弱病残干部及工人、职员的退休、退职的安置和待遇等方面做出了明确规定。例如，1979 年 1 月 8 日，财政部、民政部联合发布《关于调整军人、机关工作人员、参战民兵民工牺牲、病故抚恤金标准的通知》；1980 年国务院发布《关于老干部离职休养的暂行规定》，1981 年国务院、中央军委颁布《关于军队干部退休的暂行规定》，1982 年发布《关于军队干部离职休养的暂行规定》和《关于建立老干部退休制度的决定》，1983 年国务院发布《关于高级专家离休退休若干问题的暂行规定》和《关于延长部分骨干教师、医生、科技人员退休年龄的通知》，1985 年国务院发布《关于发给离休退休人员生活补贴费的通知》，这一系列政策文件使退休制度重新建立和发展起来。

随着经济体制改革的深化，自 1984 年起，部分地区开始探索养老保险制度改革。1984 年，全国各地开始实行退休费社会统筹改革试点。1986 年，国务院颁布《国营企业实行劳动合同制暂行规定》，提出国家对劳动合同制工人的退休养老实行社会统筹，退休养老金由企业和劳动合同制工人共同缴纳，退休金收不抵支时，国家给予补贴。这标志着我国单位养老制度的结束，社会养老保险制度重新开始。① 1991 年 6 月，国务院发布《关于企业职工养老保险制度改革的决定》明确规定养老保险进行社会统筹。

通过对养老保险制度的不断完善，在这一阶段，我国将养老保险制度覆盖范围扩大到集体经济，确立养老保险金由国家、企业和个人三方负担，建立了国家基本养老保险、企业补充养老保险和个人储蓄性养老保险相结合的多层次养老保险体系。

2. 医疗保险制度

随着城市经济体制改革，多种所有制经济形式逐渐出现并与公有制经济共同发展，在这种形势下，公费医疗和劳保医疗与现存经济体制越发不配套。一方面是医疗费用带给企业沉重的压力，另一方面是多种所有制经济发展使得新型所有制企业员工无法得到相关保障。对此，各地政府开始了对城镇医疗保险制度改革探索。从 20 世纪 80 年代开始，医疗保险制度改革开始向社会统筹与个人账户相结合的新型社会保险模式迈进，在全国推行统账结合的医疗保险模式。

20 世纪 80 年代，中央和地方开始探索医疗保险改革的有效途径。1984 年，卫生部与财政部联合印发《关于进一步加强公费医疗管理的通知》；1987 年，北京东城、西城两区蔬菜公司率先试行大病医疗费用统筹；1988 年，国务院批准成立国家医疗制度改革研讨小组；1989 年，国务院决定在丹东、四平、黄石、株洲四个城市进行医疗保险社会统筹改革试点；1992 年，劳动部拟定《关于企业职工医疗保险制度改革的设想》和《关于试行职工大病医疗费用社会统筹的意见的通知》，同年，国务院办公厅出台《关于进一步做好职工医疗制度改革工作的通知》。

这一时期的城镇医疗保险制度改革主要涉及两个方面：一是引入个人分担医疗保险费用机制，全国普遍实行了公费医疗、劳保医疗费用和个人挂钩的办法，就医时个人适当负担部分医疗费用，即实行医疗费用定额包干的办法；二是引入社会统筹机制，部分省市开展了离退休人员医疗费用社会统筹和职工大病医疗费用社会统筹的试点。②

20 世纪 80 年代初，随着农村经济体制的改革，家庭联产承包责任制及统分结合的双

① 丁建定. 社会保障概论新编［M］. 中国人民大学出版社，2016：125.

② 邓大松. 社会保险［M］. 中国劳动社会保障出版社，2009：354.

层经营模式的出现和发展，使得依赖集体经济的农村合作医疗制度逐渐走向衰落。截至1985年，全国实行农村合作医疗的行政村占全国行政村的比例由过去的90%猛降至5%。农村合作医疗制度衰落的原因主要有：一是集体经济的瓦解动摇了农村合作医疗制度赖以生存的经济基础，农村合作医疗制度无法适应经济体制的变化；二是国家重视城市医疗事业的投入，拉大了城乡居民人均享有医疗资源的差距；三是农村合作医疗制度存在缺陷，由于可以免费或以低廉价格享受合作医疗，同时免费项目过多、筹资水平较低，导致入不敷出。1993年，国家再次关注农村合作医疗制度，提出“坚持民办公助和自愿参加”的原则。1997年，农村居民参加农村合作医疗人数占全国农村居民人数比例仅为9.6%。农村合作医疗制度陷入困境。

3. 失业保险制度

改革开放前中国没有失业保险制度。随着企业开始自主经营、自负盈亏，劳动合同制度开始推行。为解决失业问题，1986年，国务院颁布实施了《国营企业职工待业保险暂行规定》，失业保险制度开始建立并逐步发展起来。

《国营企业职工待业保险暂行规定》规定，以下四类人员失业可以享受失业保险待遇：宣告破产的企业的职工；濒临破产的企业法定整顿期间被精简的职工；与企业终止、解除劳动合同的工人；企业辞退的职工。《国营企业职工待业保险暂行规定》的颁布标志着失业保险制度在我国正式建立，为建立完善的失业保险制度奠定了基础。此后，有关部门发布了一系列法令法规完善失业保险制度。例如，1989年劳动部发布《国营企业职工待业保险基金管理办法》，1990年劳动部发布《关于使用职工待业保险基金解决部分关停企业职工生活问题的通知》，1991年劳动部与国务院生产办公室联合发布《对关停企业被精简职工实行待业保险的通知》。

（二）新型社会保险模式的发展（1992年至今）

20世纪90年代，社会保障制度改革进入了一个新阶段，社会保险制度也随之得到发展。1992年，邓小平同志南方谈话和中国共产党第十四次全国代表大会的召开标志着我国现代化建设事业开始进入一个新的阶段。1993年，党的十四届三中全会通过了《中共中央关于建立社会主义市场经济体制若干问题的决定》，提出建立多层次的社会保障体系。为了弥补社会保险制度的缺陷，使其能够适应不断变化发展的社会经济状况，党和政府不断探索社会保险制度的改革发展，覆盖城乡的社会保险体系逐步建立。

1. 养老保险制度

企业职工养老保险制度方面。1993年，《中共中央关于建立社会主义市场经济体制若干问题的决定》明确提出城镇职工养老和医疗保险金由单位和个人共同负担，实行社会统筹和个人账户相结合的制度目标。1993 年，国务院发布《关于企业职工养老保险统筹问题的批复》，肯定了一些部门的职工养老保险实行行业统筹，确定了社会统筹养老保险制度模式。1995 年，国务院发布《关于深化企业职工养老保险制度改革的通知》决定实行社会统筹和个人账户相结合的养老保险模式，逐步形成基本养老保险、企业补充养老保险、个人储蓄性养老保险相结合的多层次养老保险制度，进一步确定我国城镇企业职工基本养老保险制度“统账结合”的改革方向。但是，在全国进行试点时却出现了一系列问题，例如，多种制度方案并存、统筹层次低、中央难以调控、企业负担重等。为了解决这些问题，1997 年，国务院颁布了《关于建立统一的企业职工基本养老保险制度的决定》，对企业职工养老保险实行统账结合的具体细节进行统一规定，统账结合的养老保险制度正式建立。

1998 年，国务院发布《关于实行企业职工基本养老保险省级统筹和行业统筹移交地方管理有关问题的通知》，确立了养老保险属地管理原则。2000 年，国务院发布《关于印发完善城镇社会保障体系试点方案的通知》，决定实行社会统筹账户和个人账户分户、社会统筹基金和个人账户基金分账的基本养老保险制度。2010 年中华人民共和国第十一届全国人民代表大会常务委员会第十七次会议通过《中华人民共和国社会保险法》，决定自 2011 年 7 月 1 日起将城镇居民社会养老保险和新型农村社会养老保险合并实施。通过养老保险试点工作的启动和一系列政策文件的颁布，我国基本养老保险制度趋于完善。

事业单位基本养老保险制度方面。1992 年，中共中央组织部和人事部颁布《关于加强干部退休工作的意见》，提出“因地制宜，不断改进和完善退休干部管理形式”，自此机关事业单位养老保险制度改革试点工作逐步展开。为了支持事业单位养老保险制度的发展，中央推出一系列举措。

2008 年，国务院发布《关于印发事业单位工作人员养老保险制度改革试点方案的通知》，决定事业单位实行社会统筹与个人账户相结合的基本养老保险制度，基本养老保险费由单位和个人共同分担，同时，按个人缴费工资 8% 的数额建立基本养老保险个人账户；2011 年 3 月，中央印发《分类推进事业单位改革的指导意见》，规定事业单位工作人员基本养老保险实行社会统筹和个人共同负担，个人缴费全部记入个人账户，养老保险基金单独建账，实行省级统筹，基本养老金实行社会化发放；2011 年 7 月，国务院办公厅出台《关于印发分类推进事业单位改革配套文件的通知》，《事业单位职业年金试行办法》作为配套文件之一出台，文件将职业年金作为事业单位及其工作人员在依法参加事业单位工作人员基本养老保险的基础上建立的补充养老保险制度；2015 年，国务院发布

《机关事业单位工作人员养老保险制度改革的决定》，通过改革现行机关事业单位工作人员退休保障制度，逐步建立独立于机关事业单位之外、资金来源多渠道、保障方式多层次、管理服务社会化的养老保险体系。整体来看，事业单位基本养老保险制度仍处于各地不断试点改革的阶段。

我国补充养老保险的发展也卓有成效，补充养老保险包括企业年金和职业年金制度。企业年金是指企业及其职工在依法参加基本养老保险的基础上，自愿建立的补充养老保险。职业年金是指公职人员在基本养老保险之外的补充养老保险。

1995 年 12 月，劳动部发布《关于建立企业补充养老保险制度的意见》，鼓励企业为职工建立补充养老保险。1997 年，国务院发布《关于建立统一的企业职工基本养老保险制度的决定》，明确要求在国家政策指导下大力发展企业补充养老保险。2000 年，国务院发布《关于印发完善城镇社会保障体系试点方案的通知》，将企业补充养老保险更名为“企业年金”，辽宁省率先开展企业年金工作的试点。随后，党和国家颁布一系列政策文件对企业年金制度进行完善，企业年金制度初具雏形。截至 2018 年年末，全国共有 8. 74 万户企业建立了企业年金，参加职工人数为 2 388 万人，企业年金基金累计结存 14 770 亿元。

职业年金制度也随之建立起来。2008 年 3 月，国务院发布《关于印发事业单位工作人员养老保险制度改革试点方案的通知》，标志着职业年金制度的建立。2011 年国务院出台的《关于印发分类推进事业单位改革配套文件的通知》《事业单位职业年金试行办法》，以及 2015 年国务院办公厅出台的《关于印发机关事业单位职业年金办法的通知》，将职业年金制度不断完善。

截至 2018 年年末，全国参加基本养老保险人数为 94 293. 3 万人，全年基本养老保险基金收入 55 005. 3 亿元，基金支出为 47 550. 4 亿元，年末基本养老保险基金累计结存 58 151. 6 亿元。参加城镇职工基本养老保险人数为 41 901. 6 万人，参加城乡居民基本养老保险人数为 52 391. 7 万人。养老保险制度逐步走向成熟。

2. 医疗保险制度

根据 1994 年江苏镇江和江西九江统账结合的试点经验和 1996 年国务院印发的《关于职工医疗保障制度改革扩大试点的意见》，决定有计划、有步骤地扩大职工医疗保障制度改革的试点范围。1998 年 12 月，国务院颁布了《关于建立城镇职工基本医疗保险制度的决定》，标志着个人账户和社会统筹相结合的城镇职工基本医疗保险制度的建立，我国医疗保险制度改革进入社会统筹和个人账户相结合的新型医疗保险制度阶段。到 1999 年年底，新型医疗保险制度正式在全国范围内确定，新的统账结合方案取得了重大进展：其一，新制度取代了原有的公费医疗和劳保医疗，使现代医疗保险理念深入人心；其二，新制度通过设置个人账户、起付线等来强调个人责任，减少医疗费用的不合理增长；其三，保险资金来源多元化，这使得制度有了可持续发展的保证①；其四，覆盖范围不断扩大。2007 年国务院颁布的《关于开展城镇居民基本医疗保险试点的指导意见》使城镇居民医疗保险制度得以建立。2012 年，党的第十八次全国代表大会提出统筹城乡社会保障体系建设，同年发布《关于开展城乡居民大病保险工作的指导意见》，整合城乡居民基本医疗保险制度。截至 2018 年年末，全国参加基本医疗保险人数为 134 458.6 万人，其中，参加职工基本医疗保险人数为 31 680.8 万人，参加城乡居民基本医疗保险人数为 102 777.8 万人。

2002 年 10 月 19 日，中共中央发布《关于进一步加强农村卫生工作的决定》，明确指出要逐步建立以大病统筹为主的新型农村合作医疗制度（以下简称新农合），合作医疗制度再次成为农村医疗保险制度建设的重点。2003 年 1 月 23 日，国务院办公厅转发的《关于建立新型农村合作医疗制度的意见》标志着新农合制度的建立，新农合试点工作在全国范围内迅速展开。截至 2018 年年末，新农合参保人数为 13 038 万人，在基金收支方面，新农合基金收入 856.89 亿元，支出 818.22 亿元，年末累计结存 295.42 亿元。为了推进城乡一体化，统一城乡居民的医疗待遇，国务院于 2016 年 1 月印发《关于整合城乡居民基本医疗保险制度的意见》，决定推进城镇居民医疗保险和新型农村合作医疗制度整合，逐步在全国范围内建立统一的城乡居民医疗保险制度。

3. 失业保险制度

随着改革进一步深化，失业保险制度得到进一步发展。1993 年，国务院发布《国有企业职工待业保险规定》，对《国营企业职工待业保险暂行规定》进行补充完善。1998 年，国务院发布《关于切实做好国有企业下岗职工基本生活保障和再就业工作的通知》，建立了国有企业下岗职工基本生活保障制度。1999 年 1 月 22 日，国务院发布《失业保险条例》，这是我国第一个正式的失业保险法规，它为失业保险制度的发展提供了法律规范，标志着我国失业保险制度的正式建立。《失业保险条例》对原有规定做了大量调整：正式使用失业保险代替待业保险；扩大失业保险覆盖范围；扩大资金来源渠道，提高了失业保险费率和统筹层次；为失业人员提供基本生活保障，将基本生活保障和促进再就业工作紧密结合起来。

1999 年至今，在《失业保险条例》的基础上，党和政府相继出台实施办法，使我国

① 张茂松. 社会保险 [M]. 郑州：河南大学出版社，2014：44-45.

失业保险制度不断得到改进和完善。我国失业保险制度走向法制化和规范化。截至 2018 年年末，失业保险参保人数 19 643. 5 万人，年末全国领取失业保险金人数为 223. 1 万人，全年共为 452. 3 万名失业人员发放失业保险金 357. 6 亿元。全年失业保险基金收入 1 171. 1 亿元，支出 915. 3 亿元，年末失业保险基金累计结余 5 817 亿元。

4. 工伤保险

1996 年 10 月 1 日，劳动部发布《企业职工工伤保险试行办法》，由于是部门颁发的法规，在实施过程中，未得到很好的贯彻。① 为发展完善我国工伤保险制度，2003 年，国务院发布《工伤保险条例》，确定了工伤保险主要包括经济补偿、工伤预防和职业康复三大职能。2007 年，劳动和社会保障部、卫生部、国家中医药管理局发布《关于加强工伤保险医疗服务协议管理工作的通知》。2008 年，人力资源社会保障部印发《工伤康复诊疗规范（试行）》和《工伤康复服务项目（试行）》。2011 年国务院决定对《工伤保险条例》进行修订，同年，《社会保险法》开始实施，我国工伤保险制度走上规范化、法制化的道路。

截至 2018 年年末，全国参加工伤保险人数为 23 874. 4 万人，全年享受工伤保险待遇人数为 198. 5 万人。全年工伤保险基金收入 913 亿元，支出 742 亿元，年末工伤保险基金累计结存（含储蓄金）1 784. 9 亿元。

5. 生育保险

自 1994 年 12 月，劳动部颁发《企业职工生育保险试行办法》，生育保险工作得到积极的发展。为了进一步保障生育女职工的医疗需求和基本生活待遇、维护女职工的合法权益，2001 年 12 月，第九届全国人民代表大会常务委员会第二十五次会议通过《中华人民共和国人口与计划生育法》，要求开展人口与计划生育工作应当与增加妇女受教育和就业机会、增进妇女健康、提高妇女地位相结合；2004 年 9 月，劳动和社会保障部办公厅颁布《关于进一步加强生育保险工作的指导意见》，提出协同推进生育保险与医疗保险工作，切实保障生育职工的医疗需求和基本生活待遇；2012 年 4 月，国务院颁布《女职工劳动保护特别规定》，规范了女职工的产假假期和产假待遇，并且调整了女职工禁忌从事的劳动范围；2019 年 3 月，国务院办公厅印发《关于全面推进生育保险和职工基本医疗保险合并实施的意见》，决定全面推进生育保险和职工基本医疗保险合并实施；至 2019 年年底，广东、广西、山东、山西等超过 20 个省份公布两险合并方案。

截至 2018 年年末，全国参加生育保险人数为 20 434. 1 万人，全年共有 1 088. 6 万人

---

① 孙光德，董克用. 社会保障概论［M］. 北京：中国人民大学出版社，2016：173.

次享受了生育保险待遇。全年生育保险基金收入 781.1 亿元，支出 762.4 亿元，年末生育保险基金累计结存 581.7 亿元。

经过几十年的发展，我国社会保险体系逐步完善，建立了社会统筹与个人账户相结合的养老保险、医疗保险，此外还有失业保险、工伤保险、生育保险五大保险项目的保险体系。保障项目实现了生命周期全覆盖，保障水平也不断提高，管理能力也逐渐提升。《2017 年度人力资源和社会保障事业发展统计公报》显示，全年五项社会保险基金收入合计 67 154 亿元，比上年增加 13 592 亿元，增长 25.4%。基金支出合计 57 145 亿元，比上年增加 10 257 亿元，增长 21.9%。

复习思考题

1. 简述马克思主义有关社会保险学说的主要内容。

2. 简述中国的大同社会论、社会互助论、仓储后备论和社会救济论等各种社会保障思想。

3. 西方社会保险制度发展过程中具有里程碑意义的事件有哪些？

4. 简述社会保险制度的国际化发展。

5. 简述 1949 年以来中国社会保险制度的建立与发展。

第三章　社会保险管理

第一节　社会保险管理概述

一、社会保险管理的概念与特征

（一）社会保险管理的概念

关于管理，学者周三多认为，管理是指组织为了达到个人无法实现的目标，通过各项职能活动，合理分配，协调相关资源的过程。① 他认为管理有五项职能，即计划、组织、人员配备、指导和控制。

而对于社会保险，根据《中华人民共和国劳动法》第七十条规定："国家发展社会保险事业，建立社会保险制度，设立社会保险基金，使劳动者在年老、患病、工伤、失业、生育等情况下获得帮助和补偿。"我们可知，社会保险是指国家通过立法建立社会保险基金，以社会保险管理的方式对劳动者在丧失劳动能力或者失业时给予特定的物质帮助的制度。

由此我们也可得出关于社会保险管理的定义，即社会保险管理是指为完成社会保险政策所规定的任务，国家和社会保险机构以现代管理学原理为指导，通过计划、组织、领导、协调和控制等管理活动来确保政策目标达成的过程。

（二）社会保险管理的特征

1. 法制性

社会保险管理的法制性，集中体现在社会保险管理是社会保险法制的延伸和强化，并以保证现行的社会保险法律法规和政策得以贯彻落实作为其基本任务。在管理的每一个过程中，都必须以相关的法律与制度规定为依据，按照法律规定的程序实施管理活动，以此来达到程序正义。不仅在实施过程，在管理部门的设置、部门在管理过程中各自的职责，以及管理政策的评估都必须在各自的职责范围内行事，保证合法、合理。

2. 有效性

社会保险管理的过程需以效率作为目标。如何在有限的资源下对其进行最大限度的

---

① 周三多，陈传明. 管理学：第五版［M］. 北京：高等教育出版社，2018.

利用，使其发挥最大的效果，进而保障参保人的利益，这是社会保险机构需要深思的问题。如果社会保险管理过程中出现办事拖沓、资源浪费、人员冗杂、效率低下等现象，不仅会对参保人的利益造成损害，也会对社会保险管理制度的实施形成障碍。为保证工作的有效性，社会保险机构就必须将机构的合理设置、人员的科学配置和资源的有效利用等要素作为自我评估和改进的任务要求。

3. 复杂性

由于社会保险涵盖经济、政治、文化、法律、社会等各个领域的内容，决定了社会保险是一个复杂且综合的社会性系统工程。社会保险内容涉及面广，在行政管理、业务管理、基金管理和监督管理这四项内容中，无一不与公众利益息息相关。因此在进行社会保险管理的过程中要充分考虑其面临的内外部环境，使社会保险管理决策能够从全局考虑，忽视其中任一因素都将直接影响社会保险计划实施的效果。

4. 社会性

社会保险管理的社会性主要有以下三层含义。第一层含义是指社会保险机构在工作时应该做到信息透明、依法公开、接受社会的监督。社会保险涉及参保人的切身利益，社会保险机构的工作程序、办事规则都应该向社会公开，接受社会各界的有效监督。第二层含义是指社会保险机构所服务的对象具有社会性。第三层含义则是指社会保险应实行社会化管理。所谓社会化管理，即把社会保险的管理服务工作从用人单位行为调整为社会行为，使社会保险的工作逐步向基层延伸，进而深化和细化社会保险管理的工作。从长远来看，所有的社会保险项目都应该实现社会化管理，尤其在养老保险、医疗保险、失业保险方面，均涉及基本生活开支，是社会和劳动者更为关心的项目。社会保险的社会化管理能够充分利用社会资源，缓解政府工作存在的负外部性，从而达到降低社会保险管理成本，提高资源利用有效性的目标。

5. 服务性

社会保险管理主要致力于公共服务和公共产品的提供，注重对社会事务和社会政策的管理活动。就其管理的对象和范围而言，现今的社会保险管理已逐渐扩大到社会经济生活和文化生活等各个方面，但凡涉及民生领域，社会保险管理均有涉足。社会保障险管理致力于保障人民生活水平，提升民众幸福感和满足感，这也使得其服务性更加明显。就其管理的主体而言，作为社会保险管理主体的国家工作人员，其宗旨是为人民服务，这也是社会保险管理服务性的直接体现。

6. 多元性

作为国家上层建筑的重要组成部分，社会保险管理表现为一种典型的政府行为。虽然世界各国在社会保险主要内容和资金来源方面大同小异，但是在实施的对象、范围、重点和标准等方面却各有不同。一个国家的政治体制决定着该国的社会保险管理体制，加上经济政治和社会历史文化环境的不一致，不同国家的社会保险制度的建立和发展也存在一定的差异性，这也使得各国社会保险的管理体制呈多元化的特点。例如，在集权体制下的新加坡，其社会保险管理采取的是中央公积金制度；而作为联邦制国家的德国，政府分为联邦、州和市镇三级，各级政府财政保持相对独立，而其社会保险机构的设置体现了地区管理与行业组织管理的融合，即政府部门和劳工社会团体混合管理。

二、社会保险管理的功能

社会保险管理的基本功能可以概括为计划、导向、协调、控制和分配五项功能。

（一）计划功能

计划功能，是指社会保险政策在实施之前，都必须先拟定具体的计划和行动步骤，做好一系列事前准备，这是社会保险管理最基本的职能。只有做好计划，才能清楚地知道下一步应该做什么，才能知道后续应该采取何种措施，也才能对已完成的项目进行评估和反思。这是社会保险管理者从事并做好这些管理工作的行动指南。

（二）导向功能

导向功能，是指具有特定的强制性规范的社会保险管理能够对劳动者和社会公众的行为以及社会的发展起引导作用。社会保险机构依据法律法规对参保人的基金和涉及利益进行管理和控制，能够间接引导人们的行为朝着所预想的方向发展。社会保险管理的导向功能包括两个方面：一是能够指导社会成员的行为、统一认识，通过相应政策告诉人们可以如何做、怎样才能做得更好；二是能够明确目标和方向，把需要处理的复杂的多方冲突清晰化、目标明确化和统一化，以此来提高效率。

（三）协调功能

协调功能，是指安排和部署社会保险管理活动，使各部门和各环节的工作能够顺利衔接，同时也能对机构内外部包含的各种利益矛盾进行调节和控制。社会保险的管理活动是一个较为复杂的系统过程，涉及的各方利益关系需要协调，以保证政策的实施。这些关系不仅包括机构内部职能部门之间、系统内上下级管理人员之间的关系，更涉及社会保险机构与外部其他部门之间、社会保险机构与参保人和社会成员之间的各种关系。

若想处理好这些错综复杂的关系，就必须做好社会保险的协调工作，克服社会保险活动中的脱节现象，保持整体平衡和优势，由此来促进规划目标和政策的顺利实施。

（四）控制功能

控制功能，是指对社会保险规划的制定和政策的实施起制约或促进的作用。所谓控制功能，主要包括过程控制和结果控制。过程控制即通过对实施过程中的情况进行检查、考核、监督和评估来确保其能够向预先规划的方向发展，确保其正确性和公正公平性；而结果控制，是一种反馈控制，主要是指对各个阶段或是整个社会保险管理的结果进行反馈和评估，将实现的目标与计划的目标进行比较，发现偏差，找出问题，寻求原因并采取措施，使问题最终得以解决。由此得出的经验和教训，能起到为以后工作的开展提供指导的作用。

（五）分配功能

分配功能，是指社会保险能通过收入的再分配来对社会矛盾进行调节，从而调节社会成员和劳动者的利益分配。作为一种再分配制度，社会保险管理的目标是保证物质及劳动力的再生产和社会的稳定。社会保障调节收入分配的作用是多方面的。就覆盖范围而言，社会保险制度的覆盖面越广，纳入社会保险制度的劳动者和社会成员越多，社会保险制度对收入再分配的影响就越大。再者，从社会保险影响收入再分配水平和程度来看，社会保险基金规模越大，其对再分配的作用也就越突出、越明显。

三、社会保险管理的原则和方法

（一）社会保险管理的原则

1. 法制化原则

社会保险是国家通过立法和行政手段强制推行的，社会保险机构也应以相关法律框架和制度规定为依据展开管理服务工作。随着社会保险事业的发展，需要制定一整套完整的社会保险法律体系，同时，社会保险管理机构、职位都应当依法设立，社会保险管理过程也应依法运行。

2. “三公”原则

“三公”原则，即公平、公正、公开原则。

第一，社会保险管理的公平原则。社会保险是涉及面最广、资金量最大的社会保障项目，是现代社会保障体系的核心。社会保险能够在参保者满足特定条件的情况下为其提供经济保障，因此，社会保险须以社会公平为基本目标，以互助共济为基本手段。所谓社会保险的公平原则，一是指社会保险项目设置的公平性，即劳动者和社会成员所面临的基本风险是否都有相应社会保险项目的保障；二是指社会保险保障水平的公平程度，即在已享有社会保险的人群中，是否存在基本保障水平差距较大的情况。

第二，社会保险管理的公正原则。社会保险管理过程的非公正行为，会严重影响社会保险的顺利推行，影响社会保险的权威性，甚至影响社会稳定性。社会保险管理机构必须以事实为依据，以法律为准绳，维护劳动者和社会成员的社会权益，兼顾“程序正义”和“结果正义”，做到法律面前人人平等，维护社会保险制度的公正。

第三，社会保险管理的公开原则。公开原则，最重要的就是社会保险监督管理体制的落实。社会保险机构向社会成员公开其职责，充分确保公民的知情权和参与权，增强管理的透明度，自觉接受公民的监督，做到“阳光管理”。这不仅有利于提高工作效率，保证社会保险政策的顺利实施，也利于提高社会保险机构的可信度和权威性。

3. 系统化原则

系统化原则，即机构健全、功能配套、程度合理。社会保险管理的法制化原则和“三公”原则，都有赖于系统化的实现。其中，系统化原则表现在两个方面：一方面是社会保险机构与其他非保险机构的系统化。这主要是社会保险机构进行的管理工作很多时候是与其他非保险机构进行沟通、协调和共事的过程。另一方面是社会保险机构内部的系统化。社会保险机构内部的工作安排和职位设置都应该进行完善和整合，做到系统化。

4. 精细化原则

精细化管理是社会保险发展的必然要求。在社会保险管理过程中，要求机构每一个步骤都要精心，每一个环节都要精细，每一项工作都是精品，以精心的态度、精细的过程实现精品的结果。在社会保险工作中，岗位职责划分、办理流程、人员培训和人员考核等一系列过程都必须精细化，以此来推动精细化管理服务的进程。

5. 属地化管理原则

属地化管理原则可以减少信息不对称导致的对社会保险制度公平性和互济性的影响。一个地区的社会保险相关事务应当主要由当地的管理机构进行统一管理，进而提高社会保险工作的效率和效果。社会保险直接贴近每个劳动者切实的情况，若由非当地机构进行管理的话，会由于对实际情况不了解而导致工作出现偏差，最后工作成效并不能达到预期效果。

6. 动态化原则

动态化原则，即管理现代化原则。在进行管理的过程中，其管理思想、管理手段和管理人员都不能一成不变。在当今瞬息万变的复杂环境下，动态化意味着持续不变地、非线性式地变革环境。它要求社会保险机构必须高度重视多种手段和多重目标的复杂对应关系，而任何一种手段与目标的联系所带来的效果都无法在事先做到准确预测，这就亟待树立管理动态化指导思想。

（二）社会保险管理的方法

社会保险管理的方法可以分为定性管理方法、定量管理方法和社会保险统计指标管理方法。

1. 定性管理方法

（1）强制性方法。社会保险管理的强制性方法主要是指通过经济、行政或者法律等具有强制性的手段来对社会保险进行管理。而这些方法一方面需要依靠国家行政机关的职权，通过宏观调控，采用行政手段，对社会保险管理领域中如价格、税收、利息等其他经济手段无法调节的方面进行调节，进而优化组合社会生产资料和劳动者的关系。另一方面，则是采用法律手段对社会保险进行管理。社会保险管理具有法制性，这也决定了需要采用法律方法作为社会保险管理的方法。法律手段能够调整和处理各方不同利益集团的利益关系，并在国家强制力的保证下实施，起到了其他方法无法具备的作用。作为经济方法和行政方法顺利实施的有效保障，法律方法具有提高社会保险效益和严肃社会保险关系的功能。

（2）教育引导方法。与强制性方法不同的是，教育的方法主要侧重于通过潜移默化的方式来完成工作。社会保险管理要把建设社会的物质文明和精神文明作为自身任务，通过提供更加优质的社会保险服务，更好地为人民服务，改进和完善现代科学的管理方法，完成建设社会主义保险事业的艰巨任务。

2. 定量管理方法

定量管理方法也可称为数量管理方法，是指通过运用数学原理或公式，使用可量化的模型去分析问题，进而提供令管理者满意的方案的方法的总和。一般而言，定量管理的方法主要有两大类，即预测方法和决策方法，本书就这两大类中典型的定量管理方法做介绍。

（1）一元线性回归法。回归分析中，如果只包括一个自变量和一个因变量，且自变量和因变量的关系可用一条直线近似表示，那么这种回归分析就是一元线性回归分析。一元线性回归法是因果关系分析预测法中的一种，主要是预测自变量的因果关系。其基本原理是自变量和因变量对应点在坐标上的位置非常接近于一条直线，如果能找出这条具有代表性的直线，那么就可以直接根据这条直线来进行预测。

一元线性回归分析法的预测模型为：

$$Y_t = ax_t + b \tag{3-1}$$

式中，Y_t是第 t 期因变量的值；x_t是第 t 期自变量的值；a、b 是一元线性回归方程的参数。a、b 参数由下列公式求得：

$$a = \frac{\sum Y_i}{n} - b\frac{\sum x_i}{n} \tag{3-2}$$

$$b = \frac{n\sum x_i Y_i - \sum x_i \sum Y_i}{n\sum x_i^2 - \left(\sum x_i\right)^2} \tag{3-3}$$

使用该方法的具体步骤是：

第一步，根据收集的数据资料绘制计算表和拟合散点图；

第二步，建立一元线性回归方程式，并根据上述公式求出 a 和 b 的值；

第三步，以所得出的回归方程为模型，对数据进行预测。

（2）指数平滑法。指数平滑法也称为“移动平均法”和“指数修匀法”，但其实它是一种特殊的加权移动平均法。作为生产预测中常用的一种方法，也可以用来对中短期的发展趋势进行预测。其预测公式为：

$$S_t = ay_{t-1} + (1-a)S_{t-1} \tag{3-4}$$

式中，S_t为时间 t 的平滑值；a 为平滑常数，其取值范围为［0，1］；y_{t-1}为时间 $t-1$ 的实际值；S_{t-1}为时间 $t-1$ 的平滑值。

由于 S_t具有逐期追溯性质，可探源至 S_t−t+1 为止，包括全部数据，近期的实际资料中也包含了较多的未来情况的信息，对预测会产生较大影响，所以在使用其进行预测时，必须要给予比远期实际资料更大的权重才可以。

（3）风险型决策法。风险型决策又称为“统计型决策”或者“随机型决策”，是指决策者根据几种不同的自然状态可能发生风险的概率做出抉择的决策方法。风险型决策的方法有很多，主要有最大可能法、期望值法、矩阵决策法和决策树法。这些方法虽然采用的计算方法不同，但都是对决策问题中的出现概率进行估计，并形成对各个方案的损益期望值，这都有利于在决策目标的基础上对方案进行选择。

其中，期望值法是以期望准则为依据。所谓期望准则就是通过求出每一个行动方案的期望值，在加以比较之后，确定期望值最优的行动方案。每个行动方案的期望值计算公式为：

$$E\ (A_i)\ =\sum_{j=1}^{n} P(\theta_j) w_{ij} \tag{3-5}$$

3. 社会保险统计指标管理方法

社会保险统计指标管理方法是指，对社会保险涉及范围进行量化分析的过程，能够体现在一定的时间和条件下，与社会保险相关的总体现象的具体数值和数量特征。社会保险统计指标一般包括两大类：一类是社会保险人数及构成统计，另一类是社会保险基金统计，涉及社会保险基金收入统计、社会保险基金支出统计和社会保险基金经济效益统计三大内容。

（1）社会保险人数及构成统计。社会保险人数指在规定的时间内缴纳社会保险费用和享受社会保险的人数。在我国，社会保险人数统计和社会保险的内容保持一致，其中就包括统计参加（享受）“五险”的人数。统计社会保险人数，有助于社会保险工作的开展和制定保险政策。此外，通过对数据的分析，也能够看出社会保险工作中可能存在的问题，了解社会保险的覆盖面。

社会保险人数构成统计指标是能够反映社会保险问题变化程度和社会保险工作完成情况的指标，主要包括社会保险人数速度指标和社会保险覆盖面。社会保险人数速度指标主要是由社会保险人数的增长速度和社会保险人数的平均增长速度构成。这两项内容能够很好地体现社会保险工作的成效和社会效益的动态变化。社会保险覆盖面即社会保险覆盖率，是指在某一时点加入社会保险的人数与总人数的比率，能够直观反映社会保险的实施范围。一般而言，可以根据研究对象的不同分别计算职工的社会保险覆盖率和全社会人口的社会保险覆盖率，公式为：

$$\text{职工社会保险覆盖率}=\frac{\text{职工加入社会保险的人数}}{\text{职工总人数}}\times 100\% \tag{3-6}$$

$$\text{全社会人口社会保险覆盖率}=\frac{\text{全社会加入社会保险的人数}}{\text{社会总人口}}\times 100\% \tag{3-7}$$

（2）社会保险基金统计。社会保险基金统计的内容包括基金收入统计、基金支出统计和社会保险基金经济效益统计。若要掌握社会保险基金的相关信息，如其规模大小，收支平衡状况，那么就可以从统计社会保险基金收支情况入手。

社会保险基金收入统计，即统计社会在一定时期内，社会保险管理机构征集的社会保险基金，以及通过增值、财政补贴等方式获得的全部货币收入。社会保险基金收入统计的指标由社会保险基金收入总额、社会保险基金收入的构成和社会保险基金的实征率三部分构成。

其中，作为衡量社会保险基金收缴情况的考核指标，实征率能够反映社会保险基金收入的完成情况。若实征率大于 1，说明社会保险基金超额征收；若实征率小于 1，说明社会保险基金欠缴。实征率越小，则说明缴费单位和个人欠费的现象就越严重。其计算公式为：

$$\text{实征率}=\frac{\text{社会保险基金实际征集额}}{\text{社会保险基金计划征集额}}\times 100\% \tag{3-8}$$

社会保险基金支出统计，即统计在一定时期内，社会保险机构支付的基本社会保险费用和投资损失的所有货币支出。一般统计指标有社会保险基金基本支出额、社会保险费支出与社会保险总支出的比值、社会保险的其他支出额和社会保险费的实支率。

社会保险基金经济效益统计，主要用来对社会保险机构工作水平的考察，社会保险基金增值率是它的主要考核指标，计算公式为：

$$\text{社会保险基金增值率}=\frac{\text{报告期内社会保险基金增值额}}{\text{社会保险基金基期水平}}\times 100\% \tag{3-9}$$

第二节 社会保险管理的内容

社会保险管理的主要内容包括社会保险行政管理、社会保险业务管理、社会保险基金管理和社会保险监督管理。

一、社会保险行政管理

（一）社会保险行政管理的属性及特征

1. 属性

社会保险行政管理具有双重属性。一是行政属性。行政的主体是国家，体现国家统治阶级的阶级意志，其好坏是社会上层建筑优劣的表现。社会经济基础的性质决定了行政的性质，而行政的功能又会影响社会经济发展。行政管理是国家维护政权、维持社会稳定和发展的重要手段。二是社会职能属性。马克思提出“政府的监管劳动和全面干涉包括两方面：既包括由一切社会的性质产生的各种公共事务的执行，又包括由政府同人民大众相对立而产生的各种特殊职能”。养老、医疗、工伤赔付等是政府为保障老、病、孕等弱势群体的需求而推出的社会保险项目，这些社会保险满足公众所需，其管理体现了行政的社会职能属性。

2. 社会保险行政管理的特征

（1）政治服务性。作为国家职能重要组成部分的社会保险行政管理，是贯彻和体现国家意志的一种直接手段，具有明显的政治性。一般说来，社会保险行政管理作为政府的组织活动，必然要为掌握国家政权的政治阶级服务，其目的是执行代表国家利益的阶级意志，维护统治阶级的统治秩序和利益。[①]

（2）社会服务性。在社会主义制度下，社会保险行政机关的国家工作人员的宗旨是为人民服务，为社会大多数人谋利益。社会保险管理的对象日益扩大到社会经济生活和文化生活的方方面面，为促进社会经济文化事业的发展和保障社会生活的正常秩序而服务，因而社会保险行政的服务性有其重要价值。

（3）科学管理性。社会保险管理注重科学性，学习现代科学的理论和方法，采用先进的技术手段实施管理，不断提高管理的质量和效率。社会主义社会保险管理的科学性，在于能够根据社会保险发展的规律，科学地组织管理活动，改革或调整社会保险管理体制，使之符合社会主义现代化建设的要求，掌握和应用现代科学管理方法和手段是管理社会保险最有效的方法。

（4）法律依托性。社会保险行政管理的法律依托性表现在：各个项目法律法规健全，任何社会保险行为都能有法可依；各部门和机构的权力是依法授予，也是在依法委托权限范围内的活动，社会保险管理事务以相关法律为基础，依法管理并承担相应的法律责任；一切行政机关都是依照法律、行政法规设立的，行政机关内各组织和工作人员的职责、权利和义务以法律、法规的形式表述。社会保险行政的法律特征要求在行政管理过程中始终贯彻法制原则，严格执行法制监督，确保各级行政机关及其公职人员严格按照法律法规办事，并且追究违法行为。因此，可以说，社会保险行政管理就是依法对社会保险进行管理，具有明显的法制管理特性。

（二）社会保险行政执法

社会保险行政执法是依照社会保险法律法规、其他普遍约束力的决定、命令和规范性文件，各级社会保险行政部门或法定授权的组织在自己的能力范围内直接采取措施来影响当事人的权利和义务，实现行政管理。也就是说，社会保险行政活动主要是通过行政执法来实施的。我国社会保险行政执法的主体是各级人力资源社会保障行政部门和依法授权行使社会保险行政职能的组织，执法对象是公民、法人和其他组织，执法方式主

① 张民省. 社会保障管理学［M］. 北京：光明日报出版社，2010.

要采取各种行政措施进行监督、检查和行政处理。

1. 社会保险行政执法的主要措施

行政许可、行政处罚、行政强制执行是社会保险行政执法的主要措施。

行政许可是社会保险行政部门根据公民、法人或者其他组织的申请作出决定，并向社会保险行政部门申请行政许可的行为。决定许可的，一般依法颁发许可证以让申请者获得某种资格，并允许他们从事某些活动。

行政处罚是指社会保险行政部门对违反社会保险法律规范但尚未构成犯罪的公民、法人或者其他组织实施的具体法律处罚。行政处罚包括警告、罚款、没收非法收入、临时扣留或吊销许可证等。

行政强制执行是指公民、法人或者其他组织在规定期限内不履行社会保险法律法规规定的义务，为了保证行政法规的有效执行，而对特定的人和特定的事件做出的强制其履行职责的具体的行政行为。行政强制执行的方式可以分为对财产的执行、人身的执行和行为的执行三种。社会保险行政部门主要采取对财产和行为强制执行两种方式。

2. 社会保险行政执法的主要形式

社会保险监察是指社会保险行政部门依照法律规定的职权和程序，对用人单位和其他组织落实社会保险法律规定的情况进行监督检查。如果发现违法行为，即采取措施监督检查具体行政行为并依法制止和纠正，这是社会保险行政执法的主要方式。

我国社会保险行政执法监察的主体是县级以上人力资源社会保障行政部门。监察的主要方式有：（1）例行监察，指主动监督检查社会保险权利义务单位。（2）举报监察，指根据群众反映随时对社会保险权利义务单位进行监督。（3）年度监察，即对社会保险权利义务单位进行监督检查。监察机关对所辖社会保险权利义务单位遵守和执行社会保险法律法规情况，每年进行一次全面的监督检查。（4）实行专项监察，即以解决社会保险法律法规实施中的突出问题为重点，在一定时间内集中人力物力，专项检查一定范围内的单位执行法律法规的情况。

3. 对社会保险行政执法的行政监督

行政监督的主要手段有：规范性文件的备案抄送制度、法律法规和规章实施情况的报告制度、法律法规和规章实施情况的检查制度、行政复议制度、审计重大具体行政行为制度、查处错案制度、受理公民申诉制度。其中，最重要的是行政复议制度。公民、法人或者其他组织认为社会保险行政部门及其所在组织、事业单位在行政机关工作中作出的具体行政行为是违法的，可以依法向人力资源社会保障行政主管部门申请复议，确认社会保险行政职能和法律授权的组织是否侵犯其合法的社会保险权益。该制度赋予社会保险行政相对人行政救济权，为社会保险行政相对人保护其合法的社会保险权益提供了手段。

二、社会保险业务管理

（一）社会保险业务管理的概念

社会保险业务管理是指对社会保险业务正常运营的各个环节的全面规范管理。社会保险经办机构是社会保险业务管理的主体，其主要职责是：办理参保登记、核销缴费、依法征收社会保险费、处理费用记录、审核缴费、基金财务管理和审计等。因此，社会保险业务管理的内容可以概括为三个方面：社会保险档案管理、数据库管理和个人账户管理。这三项内容是不可分割的，贯穿于社会保险关系的建立、转移、延续和终止的全过程。

（二）社会保险业务管理的主要内容

1. 社会保险档案管理

社会保险档案是社会保险经办机构在办理社会保险事务的具体活动中形成的一种特殊的档案，作为历史文献保存备查，是全面、系统地记录单位和个人投保、缴纳社会保险费、计算和发放社会保险待遇的重要依据。社会保险档案管理是对被保险单位和被保险职工的信息资料进行收集、分类、整理、归档和装订，对档案内容进行补充、纠正、保存和检索的全过程。它是社会保险业务管理中最基本的任务之一。社会保险档案信息主要包括三个部分：(1) 各级社会保险经办机构的综合信息；(2) 参保企业、参保职工和退休人员基本情况；(3) 社会保险业务账户。

2. 社会保险数据库管理

随着社会保险档案管理工作量的增加和管理技术的进步，计算机数据库管理已成为社会保险档案管理的重要手段。社会保险数据库包含各参保企业和参保人员的相关数据，存储各参保人员的全部工作经历、当前就业状况和参保情况。

我国社会保险数据库系统主要包括参保单位基本情况数据库、参保人员相关数据库、个人账户管理数据库、离退休人员数据库及查询统计数据库等。社会保险数据库具有信息量大、存储周期长、精度要求高、数据扩展快等特点。因此，数据库的日常管理非常重要。数据库的日常管理包括数据采集和输入、数据汇总、数据更新、检索和打印、报告文件的建立、文件的建立和保存等。①

3. 社会保险个人账户管理

（1）基本养老保险个人账户管理。基本养老保险个人账户主要记录职工本人缴纳的基本养老保险费基数、按规定比例缴纳的基本养老保险费数额。职工退休时，个人账户记录将作为计算和发放基本养老金的重要依据。社会保险经办机构应当为被保险职工建立个人养老金账户，并进行登记、划拨、计息、核发。

建立基本养老保险个人账户。社会保险经办机构根据单位或者个人的申报，将养老保险数据输入计算机管理，并相应设置参保缴费账户，以便为每个人建立终身基本养老保险个人账户，并根据“参加基本养老保险人员变动情况表”审批和调整各单位和个人的缴费工资基数。

继续支付的时间和内容。缴费年度结束后，社会保险经办机构应当对职工个人账户进行清算，包括当年缴纳的金额、实际缴纳的月数、当年缴纳的利息金额、上年累计结转本息金额。应收账款等利息应以每年公布的会计利息为基础计算。

个人对账单。缴费年度结束后，社会保险经办机构根据职工基本养老保险个人账户记录，及时与参保企业和职工核对，打印每个参保职工的职工基本养老保险个人账户对账单，发给职工本人。

（2）职工基本医疗保险个人账户管理。职工基本医疗保险个人账户管理一般包括建立、记录两个方面。

建立基本医疗保险个人账户。根据个人账户的支出范围和被保险人的年龄结构，合理确定用人单位在个人账户中的出资比例。社会统筹基金应注重“收支平衡”原则，兼顾个人账户规模和个人承受能力。统筹基金与个人账户资金的管理和使用应当分开，明确各自的支付范围，分开核算。

记录基本医疗保险个人账户。基本医疗保险费由用人单位和个人共同缴纳，基本医疗保险统筹基金和个人账户基金按照规定另行设立。用人单位按照职工工资总额的一定比例缴纳的基本医疗保险费会分为两部分，一部分用于建立统筹基金，另一部分存入个人账户。个人账户的本金和利息由个人所有，可以结转和继承。基本医疗保险统筹基金包括单位缴费、利息、财政补贴、上级补贴、下级上解等，按规定计入统筹账户。基本医疗保险基金的个人账户收入包括应当纳入个人账户的单位缴纳的基本医疗保险费、个人缴纳的基本医疗保险费、个人账户利息和转移支付等。

---

① 邓大松．社会保险［M］．北京：高等教育出版社，2010.

三、社会保险基金管理

（一）社会保险基金管理的概念

社会保险基金管理对社会保险管理的意义在于实现社会保险的基本目标和为社会保险基金运行的制度、运行条件、管理模式、投资、运营、监督管理进行全面的规划，是社会保险基金制度安全运行的关键环节。社会保险的特点决定了社会保险基金管理是一个全面的管理系统，它不仅包括长期和短期的货币收入和支出计划，还涉及许多复杂的领域，如经济、金融、社会、法律、人口领域。

（二）社会保险基金管理

1. 社会保险基金管理的法律法规制度

社会保险基金管理作为国家社会保险制度的重要经济基础，必须走上法制化的轨道。各国社会保险基金管理的法律不同，大致可分为两种类型：一种是《社会保障法》或《社会保险法》对基金管理有专门的法律规定；另一种是针对基金的募集、投资运作、投资，根据相关投资法或基金法，制定社会保险基金的投资和监管条款。

2. 社会保险基金管理模式的选择

对于大型社会保险基金来说，社会保险基金管理的核心内容之一是如何由政府专门机构直接管理，或是如何委托相关金融服务机构进行分散化管理或私有化、市场化管理。此外，如何根据各国的经济、政治、社会、法律和人文条件，探索适合本国国情的社会保险基金管理模式是基金管理探索的重点。社会保险基金的管理模式有多种，例如，美国强调委托代理的信托基金管理模式，智利按照直接私人竞争原则运作的基金管理模式。多层次社会保险模式已成为21世纪各国的目标模式。选择不同类型的社会保险基金管理模式，重视基本保险和补充保险的分层管理，对社会保险基金管理的有效实施具有重要意义，也是国际社会保险基金管理的前沿和热点。

3. 社会保险基金的投资运作和风险管理

投资运作和风险管理是社会保险基金管理的核心内容。如何在动态经济条件下保证社会保险基金的有效投资、安全运行、保值增值和风险管理，是多层次社会保险制度稳定运行的重要基石。应依照社会保险基金投资的安全性、盈利性和流动性原则，实施社会保险基金投资和运营的有效管理。根据现代投资组合理论和技术，应实施资产负债管理、投资组合管理和风险管理，体现基金投资多元化的投资理念，遵循投资项目期限匹配的原则。按照市场的经济规律运行安排不同的投资组合方式，往往会带来优质的基金回报。

4. 社会保险基金监督

基金监督是指有法定监管权的政府机构、基金行业自律组织、基金机构内部监督部门，以及社会力量对基金市场、基金市场主体及其活动的监督或管理。而社会保险基金监督通常是由国家授权的专门机构依法对募集、安全经营、投资活动和基金保值增值过程的监管活动。社会保险基金监督的主要内容包括：一是建立和完善社会保险基金投资经营规则，认定保险基金经营机构的资格，制定各项监督标准；二是监督实施各项基金管理。通过具体的监督方式和手段，实施对社会保险基金投资经营的有效监督；三是通过立法监督、经济监督、行政监督等多种监督方式的共同作用，规范工作，实现社会保险基金监督稳步发展。

5. 统筹社会保险基金管理的内外部条件

社会保险基金管理是一项非常复杂的系统工程，它不仅与经济发展、宏观经济运行密切相关，而且与金融市场、财政收支、法律制度环境密切相关。此外，社会保险基金管理的绩效在很大程度上取决于社会成员能否自觉遵守各项规则，以及基本制度环境的制约。从某种意义上说，制度和文化条件的制约对社会保险基金管理的可持续发展至关重要。

6. 社会保险基金管理与金融市场的互动效应

社会保险基金的筹集、储蓄、投资运作、保值增值，以及对基金监管的全过程，与金融有着十分密切的关系，并具有较强的互动效应。社会保险基金良好运作无疑将大大减轻国家的财政负担。社会保险基金购买国债的投资行为不仅影响国债的规模和吸纳能力，而且对社会保险基金的安全运行产生积极影响。社会保险基金与金融市场的互动是基金管理的重要组成部分。社会保险基金干预金融市场的规模和结构对促进金融市场的发展具有重要作用，金融市场的规范有序发展是社会保险基金投资运营的基本制约因素。特别对于基金制度与统一会计制度相结合的社会保险制度而言，金融市场的完善及其未来的健康发展是最重要的制度约束。

(三)社会保险基金管理的主要方式

1. 财政集中资金管理

一些欧美国家通过财政集中资金管理来进行社会保险基金管理，即通过建立社会保险预算或直接纳入国家财政预算的方式管理社会保险基金。建立社会保险预算方式强调社会保险预算与政府总预算分离。作为一项专项预算，它在政府预算中保持了相对独立性，不能直接用社会保险基金弥补财政赤字。直接纳入国家财政预算的方式将社会保险收支与政府预算相结合。当社会保险基金的收入超过其支出时，政府可以用其安排其他支出，甚至弥补财政赤字；当社会保险基金的支出超过其收入时，可以通过财政预算予以弥补。

2. 多元化分散的基金管理

多元化分散的基金管理是指社会保险专业机构在法律允许的范围内，委托银行、信托、投资公司、基金管理公司等金融机构对社会保险基金进行信托投资，并规定最低费率的基金管理方式。多元化分散或多竞争的基金管理方法具有更高的效率、更高的投资回报，在投资方法和投资组合类型上具有更大的灵活性。由于多元化竞争的特点，在一定程度上分散了基金投资风险，增强了基金运作和投资绩效的透明度，强化了市场机制的作用。近年来，它已成为世界各国社会保险基金管理决策与改革的热点问题。当然，它也受到经济环境、金融环境、法律法规的制约。对于这类基金的管理，完善金融市场和规范市场运作是重要的制约因素。

3. 专业机构的集中资金管理

专业机构的集中资金管理是指社会保险银行、社会保险基金管理公司、基金会等相对独立、集中的专业机构负责社会保险基金的管理和投资运作。社会保险基金管理专门机构的董事会由财政、社会保障、工会、审计等部门的代表组成。通过严格监管和严格监控，集中社会保险基金管理，负责基金投资业务的实施，制定投资组合政策，实现基金保值增值的目标。

四、社会保险监督管理

（一）社会保险监督管理概述

1. 社会保险监督管理的概念与特点

社会保险监督管理是指国家立法机关、行政部门、专职监察部门，以及社会组织和个人对社会保险部门的管理过程和管理成果进行评估和鉴定。社会保险监督管理的特点主要包括以下几个方面：

（1）社会保险监督管理部门依法进行独立监管，其行为不受管理者意志的影响。社会保险监督管理具有独立性，这样可以有效地防止管理部门的权力滥用。

（2）持续的社会保险监管伴随着社会保险的全过程。通过系统、持续地监管，社会保险监管机构可以有效了解社会保险管理的各个方面，对各类社会保险基金的使用情况进行客观、准确的风险预警和评估。

（3）系统的社会保险监督管理是一个动态过程，既要规范社会保险内容、关联性和适应性，又要规范社会保险内容是否随着经济、市场和社会的变化而不断调整。

（4）在社会保险监督管理过程中，各部门的监管行为应具有相对一致性，以避免产生矛盾，使被监督管理对象感到困惑。

（5）社会保险监督管理涉及面广、管理难度大。各种监管措施应结合社会保险管理的实际情况，制定明确的量化指标和操作程序，便于监管人员的控制和灵活运用。

2. 社会保险监督管理的作用

（1）社会保险监督管理可以依法监督和约束行政机关的行为，防止行政机关违反法律法规，防止滥用职权。

（2）社会保险监督管理的信息反馈功能，可以促使政府及时发现管理中存在的问题，向相关管理部门反馈相关信息，促进社会保险管理效率的提高，进一步促进管理部门工作的改进和社会保险制度建设。

（3）社会保险监督管理的公平作用能够客观、公正地评价社会保险管理部门的管理水平和效率，确保社会保险政策目标的实现。

3. 社会保险监督管理的目标

社会保险监督管理的目标是最大限度地保护劳动者（公民）的合法权益，维护社会公平正义。社会保险管理部门的管理效果直接关系公民的切身利益和社会保险政策目标的实现。虽然世界各国政府实行的社会保险监督管理的内容和方法不同，但目标基本相同，主要包括以下三个方面。

（1）保障社会保险基金的安全，是各国社会保险基金管理部门的重要目标之一，也是社会保险制度正常运行的保证。目前，不管是我国社会保险基金的收支过程，还是社会保险基金投资运营，都体现了保险基金的体量巨大，而这么大规模的基金会存在较高的风险。确定这一基金的安全和增值是监管部门目标，既要防止因社会保险基金管理部门缺乏管理经验或经营不善而导致社会保险基金受损，也要防止基金管理人不当操作和投资，威胁社会保险基金的安全。

（2）社会保险制度保障公民合法权益，可以减轻公民的后顾之忧、保障公民的基本生活需要。例如，我国社会保险监督机构作为被保险人利益的代表，对社会保险制度实施的各个环节进行监督，是制度设计的必然选择。因此，保障被保险人的合法权益是社会保险监督管理的基本目标。

（3）一个具有高度社会文明的国家，其基本要素是社会稳定和社会公平。社会稳定是一个国家经济稳定的前提，而社会保险监督直接关系社会的稳定。

（二）社会保险监督管理的主体和客体

1. 社会保险监督管理主体

社会保险监督主体是指监督社会保险制度实施的政府、社会团体、媒体、企业和个人。社会保险监督主体主要包括立法机关、行政机关、社会团体、用人单位和个人。我国《社会保险法》规定的监督机构有：各级人民代表大会常务委员会，各级社会保险行政机关（包括行政部门、财政部门、审计机关），社会保险监督委员会，社会团体，社会保险监督管理机构等。①

（1）《宪法》规定，地方各级人民代表大会应当保证本行政区域内宪法、法律、行政法规的遵守和执行。各级人民代表大会常务委员会的监督权由国家机关行使。各级人民代表大会及其常务委员会是国家立法机关，有权力和责任对社会保险制度的实施进行监督管理。《社会保险法》规定，各级人民代表大会常务委员会应当听取和审议本级人民政府关于社会保险基金收支、管理、投资运作和监督检查等方面的专项工作报告，组织对社会保险法实施情况的执法检查等，依法行使监督职权。

（2）各级社会保险行政机关，主要包括各级社会保险行政部门、各级财政部门和各级审计机关。《社会保险法》委托各级社会保险行政机关负责监督管理用人单位和个人遵守社会保险法律法规的情况。

（3）社会保险监督委员会是按照《社会保险法》规定，由政府组织、社会各界人士参加的社会保险监督机构。地方人民政府应当设立由用人单位代表、被保险人代表、工会代表和专家组成的社会保险监督委员会，掌握和分析社会保险基金的收支、管理和投资运作情况，对社会保险工作提出建议，实施社会监督。

（4）社会组织监督是工会、社区居民委员会和其他社会组织等社会保险监督的主体之一。工会作为职工利益的代表，有权力和责任对社会保险的管理进行监督。例如，《中华人民共和国工会法》规定，县级以上各级人民政府及有关部门在研究制定用人单位等关系职工切身利益的政策措施时，应当吸收同级工会代表，听取他们的意见。

（5）社会保险制度关系到公民的切身利益，应充分发挥社会监督作用，鼓励社会组

---

① 刘钧. 社会保险基础［M］. 北京：国家开放大学出版社，2018.

织和个人对社会保险方方面面进行监督。《宪法》规定，公民有权对国家机关和国家工作人员的行为进行监督。同时还规定，中华人民共和国公民有权对任何国家机关和国家工作人员提出批评和建议；对任何国家机关和国家工作人员的违法失职行为，有权向有关国家机关提出申诉、控告或者检举，但是不得捏造或歪曲事实进行诬告陷害。我国《社会保险法》还赋予社会团体和个人举报和投诉违反社会保险法律法规行为的权利。

2. 社会保险监督管理客体

社会保险监督管理对象包括各级社会保险经办机构、社会保险费征缴机构、社会保险基金管理机构和中介机构，以及缴纳社会保险税（或费用）的主体。

（1）各级社会保险经办机构、社会保险费征缴机构、社会保险基金管理机构和中介机构是社会保险监督的对象，也是社会保险监督的重中之重。

（2）缴纳社会保险税的主体通常是用人单位和个人。用人单位和个人是否遵守社会保险法律法规，是否依法参加社会保险，是否按时足额缴纳社会保险费，是社会保险有效发挥作用、保护公民权益的前提。《社会保险法》规定，县级以上人民政府社会保险行政部门应当加强对用人单位和个人遵守社会保险法律法规的监督检查。社会保险行政部门进行监督检查时，被检查的用人单位和个人应当如实提供相关情况，不得拒绝、欺骗和隐瞒。

（三）社会保险监督管理的方式

要减少行政部门的违法行为，最大限度地保护公民的合法权益，维护社会公平正义，实现社会保险基金的安全有效运行就必须加强对社会保险的监督管理。社会保险监督方法主要有法律法规监督、行政监督、财务监督和社会监督。

1. 法律法规监督

完备的法律法规体系为有效实施社会保险监管提供了法律依据。监管机构通过加强法律法规的监督，可以确保社会保险费征缴、支付和基金投资运营管理等均受法律法规的约束。

2. 行政监督

行政监督是指各级行政机关之间专门设立的行政监督审计机构对社会保险行政部门及其工作人员的监督。行政监督是政府依法行政的重要手段，具有约束力。

3. 财务监督

财务监督是指制定和实施社会保险基金管理会计制度，记录和反映各级社会保险基金的收支、结余、投资等情况，对会计数据进行分析和评价。财务监督管理有利于政府监管部门对法律法规的执行情况和社会保险基金的投资运营情况做出合理判断，并提出改进建议。金融监督管理是国家财务监督管理的子方法，是指政府授权的金融监管机构（如中国人民银行）对金融交易主体实施的一定规范。目前，我国基本养老保险基金需要投资于金融市场以实现保值和增值。在我国基本养老保险基金投资运营过程中，有必要接受金融监管机构的监督检查，保障依法有序进行投资运营活动。

4. 社会监督

公民、用人单位和社会组织是社会监督的主体。与其他监管机构不同，公民、用人单位和社会组织只能通过举报和投诉进行监督而不能直接处理违法违规行为。为了完善社会保险的社会监督，需要有关行政部门建立相应的监督报告制度，规范监督的范围、形式和程序，规范监督机构和监督人员的行为。

第三节　社会保险管理的模式

在计划经济时代，我国社会保险是以劳动保险名义实行的国家保险制度，它虽然由劳动者所在单位直接提供，却完全服从国家（政府）的政策规范与行政管理，单位没有自主权，企业的盈亏状况不影响职工的劳动保险权益，事实上是国家财政充当着劳动保险制度的经济基础与物质保证，因此，提供劳动保险的虽然是单位，但实际上单位只是国家保险制度组织管理的最后一步。20 世纪 80 年代中期以来，随着中国经济体制改革的快速推进，原有的劳动保险制度因无法适应市场经济体制改革的需要逐渐退出，新的社会保险制度逐渐得到确立：制度模式由原来现收现付式的国家保险制（劳动保险制）转变为部分积累式的社会保险制；财政责任由原来的国家（政府）负责转变为政府、企业与劳动者等多方分担；实施方式由原来的单位分割、封闭运行转变为统一的、开放型的社会化实施。上述转变表明，中国社会保险已经基本完成了制度转型的任务。然而，就社会保险的组织管理模式而言，这种转变只是将过去由国营单位分散实施变为政府机构统一实施，仍然具有很强的政府集权管理的色彩。①

现如今，我国的社会保险管理模式是由国务院领导、多个职能部门各司其职的分散分级管理模式。由于不同的历史背景、社会制度和经济发展水平，各个国家的社会保险管理模式往往不同。经过总结，典型的国际社会保险管理模式大致可分为集中管理、分

① 郑功成. 从政府集权管理到多元自治管理：中国社会保险组织管理模式的未来发展［J］. 中国人民大学学报，2004（5）：40-45.

散管理和统分结合管理的政府经营管理模式，以及高度市场化的国家监督市场运营模式。

一、集中管理模式

（一）集中管理模式概述

集中管理模式是指对养老保险、医疗保险、工伤保险等社会保险项目在统一的管理制度下进行集中管理，例如，建立统一的社会保险管理机构和社会保险基金，支付相关待遇，进行经营监督等。这种模式以新加坡等国家为代表。

集中管理模式的特点：一是社会保险决策权集中在中央政府；二是统一社会保险预算权限；三是各级政府之间的关系标准化。

集中管理模式有利于社会保险的集中管理和规划，有利于统一实施和监督，能更有效地发挥社会保险的作用；有利于社会保险项目的运作，协调各环节，集中管理和调整社会保险资金，充分发挥社会保险的互助功能；有助于减少社会保险管理成本；能够提高管理透明度，确保社会保险基金专项使用。集中式管理模式的缺点是难以协调部门之间的利益，影响管理效果。

（二）集中管理模式的典型国家——新加坡

新加坡是世界新兴工业国家中较为完善、系统地建立了社会保险制度的国家，其主要通过创新型的中央公积金制度实施社会保险。中央公积金制度是个人储蓄积累的一种强制性形式，由用人单位和员工共同支付，以个人名义记载。政府确保利息的支付和偿还。这种独特的运行方式，大大缓解了社会保险给新加坡政府带来的财政压力，稳定了新加坡的政治经济形势，积极推动了新加坡经济社会发展，成为新加坡经济起飞的强大动力。

新加坡中央公积金制度主要由其公积金局管理实施，在社会保险管理领域具有很高的社会地位。作为国家行政机关的公积金局主要隶属国家劳动部门，其相关工作的制定和实施主要由国家劳动部制定。此外，国家劳动部还对中央公积金局进行严格的监督。中央公积金局有两个主要职能：一是执行国家有关法律法规，二是具体负责公积金的收付。中央公积金局实行董事会领导下的总经理负责制，董事会对所有政策负责。

新加坡中央公积金局不仅是政府部门，还是社会保险的管理、监督和实施部门。它对社会保险的具体管理，不仅是政策制定者，而且是一个实行强制储蓄的业务部门。但它不是一个严格意义上的政府部门，其日常活动以企业管理的形式进行，依法独立运作。

中央公积金制度是由政府决策、公民执行的。一般来说，经过调查研究，政府提出公积金制度的设计方案，包括公民应缴公积金的比例，将公积金纳入法治范围。用人单位和劳动者应当依法履行各自缴纳公积金的义务，实现权利义务的统一。用人单位和职工缴纳的公积金，由中央公积金局统一独立管理。公积金的收存、使用、结算等管理流程是完备的。政府无权挪用公积金用于财政收支，也必须承担偿还公积金折旧和保证公积金价值的责任。

中央公积金制度的管理特点有以下四个。

1. 新加坡中央公积金制度的运行成本较低。由于民营管理机构数量不多，可以避免恶性竞争，而且规模效应又大大降低了营销和运营成本。中央公积金局的管理费用一般相当于每年收缴公积金的0.5%。管理费资金主要来源于计息差额、公积金楼租金及停车收入、代政府收取的境外劳务费手续费。这些资金与公积金的筹集和投资收益无关。

2. 社会保险由社会经营，机构真正独立。新加坡政府只有立法和监督两项主要责任。除政府审计部门的年度审计外，各部门不相干预。劳动部负责政策制定和实施过程的监督，但不亲自参与具体事务；中央公积金局负责日常操作和具体政策制定；公积金的投资职能由货币管理局和政府投资管理公司负责运行，并接受中央公积金局监督。多方参与模式将平衡和分散监督、决策和投资职能，有效减少寻租空间，确保高效的专业运营，也成为政府调控经济的有力工具。

3. 中央公积金局董事会由多方代表组成。多方代表可以反映政策制定过程中多个社会阶层的利益，也便于通过头脑风暴来发现和解决具体问题。

4. 公积金局工作人员实行与公务员相似的工资制度，可以按照规定晋升。他们的工资分配不与公积金运作的经济利益挂钩，也不能用公积金运作的利润支付奖金或津贴。公积金局的各项支出应当按照规定和计划执行。这样就可以尽量避免公积金局偏离运行目标。

二、分散管理模式

（一）分散管理模式概述

分散管理模式是指通过不同的政府部门管理不同的社会保险项目，建立保险执行机构、基金运营机构和监管机构。机构之间相互独立，资金不能互相调剂。德国社会保险管理体制是最典型、最成功的分散管理模式。

分散管理模式的优点有：每个管理组织具有较强的自主性（能够制定适合自身特点

的社会保险项目管理办法)，根据客观需要调整社会保险项目，灵活适应社会生活的需要；缺点有：管理机构多，管理成本高，组织工作重复，容易造成社会保险资源浪费。

（二）分散管理模式的典型国家——德国

德国社会保险管理体制是一种分散管理模式，取得了很大的成效。德国是一个联邦制国家，政府分为三级：联邦、州和市，各级政府财政相对独立。社会保险机构的建立体现了区域管理与行业组织管理的融合。劳资双方将共同参与保险机构的自治和管理，且政府一般不直接参与，只起到设立机构监督社会保险的作用。政府有责任平衡收支，确保社会保险项目可持续运行。

德国社会保险管理体系中一般执行机构包括政府部门、公共保险公司和私有保险公司。其中，负责社会保险管理的政府部门主要包括联邦卫生部、劳动社会事务部，以及劳动（就业）部，它们具有不同的职能。联邦卫生部负责医疗领域的工作，管理医疗保险和护理保险，制定医疗保险相关政策（如缴纳公共医疗保险费、确定适用范围、提供服务标准、划定可报销药品目录等）；劳动社会事务部负责养老金和工伤保险的相关事宜；劳动（就业）部主要负责失业保险。三部门各自设有专门的管理机构，具体负责本辖区的社会保障事务。1990 年德国共有 1 200 家公共健康保险公司，现存 400 家。这些公共医疗保险公司基本上依赖于行业环境。超过 90% 的德国公民在公共健康保险公司投保。根据政府规定，保险费的 5%将用于支付人事费。

德国社会保险管理体系中的执行机构包括联邦保险局和联邦卫生部下属的联邦保险局和州保险局。医疗保险和生育保险管理机构包括地方一般医疗保险机构、企业医疗保险机构和补充保险机构。国家养老保险局负责养老保险的管理事项中，共有 23 个州级养老保险局负责法定职工的养老保险，矿业工人、农民、铁路职工、海员等养老保险由专门的行业机构管辖，政府公务员的养老保险由联邦养老保险局承担，工伤事故保险由工伤事故保险协会、行业保险合作社、行业事故保险合作社负责。除收发失业保险金外，劳动（就业）部还负责向失业人员介绍工作岗位、进行培训、跟踪就业市场、参与制定就业市场政策等工作。护理保险的管理由疾病保险机构所属的护理保险机构和医疗服务机构负责。

德国社会保险管理模式的特点：（1）德国各级政府在财政上相对独立，各级政府和社会保险相关部门的权力相互分离；（2）各级政府社会保险部门之间预算独立；（3）各级政府之间的联系是间接的，具体事务的管理通常由政府外包给社会机构。政府有责任在财政状况出现安全问题时监督和平衡开支。除上述优点外，德国社会保险管理体制也存在一些问题：一方面多头参与增加了管理成本。例如，德国养老保险的管理成本占已支付养老金的3%，而日本和美国同期开支仅占1%。另一方面，制度的复杂性使工作过程非常复杂，人为地增加了办理业务的难度，多部门独立也导致了工作的重复，增加了机构管理的难度。

三、统分结合管理模式

（一）统分结合管理模式概述

统分结合管理模式是根据社会保险管理各项要求的不同，将部分共性较强的项目集中起来，实行统一管理，将部分特殊性突出的项目单列，由有关部门分散管理，一般设立专门的社会保险机构或在某一部门下设立社会保险管理机构把养老、医疗、遗属补助等保险项目集中起来进行管理，而将失业保险、工伤保险交给劳动部门或其他部门管理。

统分结合管理模式的优势主要体现在两个方面：一是体现社会化、标准化、一体化的发展要求，同时兼顾个人保障项目的特殊要求；二是节约管理成本，提高管理效率；三是通过单列失业保险，有利于失业保险与促进就业相结合。

（二）实行统分结合管理模式的典型国家——日本

日本社会保险制度建立时间与欧美发达国家相比相对较晚，但其社会保险的理念和相应的措施在第二次世界大战前就已出现，并产生了一定的效果，为战后日本社会保险制度的建立和完善打下了良好的基础。日本最高的社会保险管理机构是厚生劳动省，属于中央行政机关。日本厚生劳动省福利部下设年金局和社会保险局，负责养老金和医疗保险的管理，劳动部负责失业保险管理。

在日本，社会保险相关制度大多由厚生劳动省负责制度的制定、执行和管理。厚生劳动省设有多个局级单位，其中保险局、年金局、职业安定局、劳动标准局、老健局专门负责相应的医疗保险、养老保险、劳动灾害保险、护理保险制度研究和文件起草。但是，各种保险制度的实施，如保险费的收取和发放，并不完全由厚生劳动省负责。厚生年金保险、政府掌管的健康保险的具体业务由厚生劳动省省外机构——社会保险厅及其地方分支机构（地方社会保险事务所）承担；雇佣保险和劳动灾害保险则由各都道府县的劳动局承担；至于国民健康保险和护理保险，不仅具体业务而且其基金会计也由各市町村掌管。[①] 此外，还有部分社会保险领域的其他工作由厚生劳动省以外的行政机构管

① 任行. 社会保险管理体制与运行模式的国际比较［J］. 未来与发展，2014，37（04）：39-43.

理。例如，国家公务员公共援助小组由财政部组成，地方公务员公共援助小组由总务部（负责地方行政等综合事务的最高行政机关、岗位、防火防灾、信息披露制度）组成，农业、林业和渔业工作人员由农业、林业和渔业部，文部，以及私立学校科学部管理。

近年来，日本社会保险管理制度的老化现象越来越明显。21 世纪以来，由于行政垄断和信息不透明，日本社会保险管理体制中官僚行政机关的低效和腐败现象不断被曝光，社会保险部门的社会信任度急剧下降，改革的呼声越来越高。2008 年 10 月，日本成立了独立于政府的非民事法人组织——全国健康保险协会，接管健康保险业务；2010 年 12 月 31 日，日本全面废除了社会保险厅，同时建立独立于政府管理的非民事法人组织——日本年金机构，接管社会保险业务，各地社会保险公司更名为“年金事务所”。到目前为止，日本社会保险管理体系中的政府管理范围主要局限于制度设计和制度实施指导，而一般事务管理等职能基本上由非公务员制的公共法人机构承担。

日本保险管理模式的特点有三个：（1）制度环境的改革是日本社会保险管理体制改革的重点。政府官员、共同执政的公明党和自民党组成改革协议委员会发布的改革纲要，反映了社会保险改革的新理念。之后，日本政府出台了加快改革的综合措施，在加快结构调整的同时，提出了进一步扩大和完善“社会安全网”以确保社会稳定的措施。社会安全网主要包括四个方面：强化“就业安全网”建立新的再就业机制；扩充“中小企业安全网”，为中小企业经营提供良好环境，充实“创业和开业安全网”，培育新产业；健全“适应少子化、高龄化安全网”，建立安全生活的社会基础。（2）以提高服务质量为目标。一是推动各类服务内容和信息的公开，使公民自由选择所需服务。行政部门继续简化手续，提高工作效率，为公民提供更好的服务；二是放宽部分地区的政府管制，吸引更多的人才到社会保障部门就业，提高员工的专业素质和服务质量；三是研究各种制度的内在关系，既要避免不同制度造成的双重负担，又要避免福制的重复；四是加强和完善与社会保险密切相关的教育、住房、科技等政策措施，协调相关领域的政策措施。（3）根据社会保险项目的成熟度进行立法。日本社会保险领域共有 28 部法律，共同组成了日本社会保险领域的全面法律框架。

四、市场运营模式

（一）市场运营模式概述

市场运营模式的特点是政府部门只做一般性的监督和政策规划，社会保险的具体事务和基金运作由包括私人保险公司在内的私人机构承担，政府对基金的运作过程进行动态监督。

市场运营模式的优缺点也是十分明显的，私人保险公司运营会使得国家财政支出减少，减轻财政负担；相比于智利社会保障改革之前的低参与率以及低效率，市场化的确吸引了许多公民参保；市场化的竞争机制能提高社保基金回报率，与本地经济有很好的互动效果。但是私营化的社会保险基金管理也会使得大家的养老金有高有低，造成一种不公平的现象；市场竞争总会有失败的一方，失败的后果由政府承担；存在难以控制的风险，受经济市场的影响较大。

（二）市场运营模式的典型国家——智利

智利政府的社会保障部门只制定政策和发展计划。智利政府批准 25 家私营养老保险基金管理公司经营管理养老保险基金，委托管理费由个人缴纳。参加养老保险的缴费人可以在政府批准的养老保险基金管理公司之间进行选择或转移个人账户资金，强化了养老基金的市场化竞争机制。政府授权的 25 家私营养老保险基金管理公司对养老保险基金实行市场化管理，代理参保人使用这些基金参加生产性投资以及法律允许的股票、债券等投资，投资收益计入个人养老保险账户。在职工退休后，支付给退休人员。为了加强养老保险基金管理公司竞争意识，提高经营效益和服务质量，参保人可以自由地选择效益好的养老保险基金管理公司委托管理，也可以随时将个人账户积累的养老保险资金从一家养老保险基金管理公司转移到另一家，改变了在实行市场化管理初期，智利的养老保险基金实行严格的“一人一账户一基金”的管理方式。随着养老保险基金管理公司的发展和竞争的加剧，政府逐步允许个人开设多个账户，允许个人在养老保险基金管理公司之间进行分散风险的投资组合。经过 90 年的发展，智利养老保险制度的参加者大幅度增加；养老保险基金投资营运取得了很高的收益率，1981—2015 年的年平均回报率为 8. 8%，不仅缓解了养老金支付困难的问题，减轻了政府的财政负担，也为经济发展提供了大量的资金。与此同时，智利政府也同样会保障那些没有能力提供最低养老保险金的公司，使得人们可以放心选择私营保险公司。

复习思考题

1. 社会保险管理的概念和特征是什么？
2. 社会保险行政管理的特征是什么？
3. 社会保险业务管理的主要内容包括哪些？
4. 比较说明集中管理、分散管理和统分结合管理三种管理模式的优缺点。

第四章　养老保险制度

阅读与思考

养老保险单位缴费比例降至16%，会带来什么？

“新品能上市，全靠降费来帮忙!”沈阳创新设计服务有限公司副总经理李建平心里美滋滋的。公司研发的蔬菜清洗仪实现小批量量产，明年（2020年）3月就能推向市场。回头看，今年（2019年）年中，资金短缺曾让这个项目陷入停顿。“幸好降低社保费率的政策来了!”李建平说，科技型企业，人工成本是大头，公司近100人团队，光是养老保险单位缴费比例从20%降至16%，每月就能减免社保费用3万多元，一年下来能减免约40万元。企业又有钱投入研发了！“可别小看这几十万元，对小微企业来说，往往能管大用!”

社保连万家，降费暖人心。今年5月1日起，《降低社会保险费率综合方案》正式实施，养老保险单位缴费比例高于16%的省份均下调至16%。人力资源社会保障部预计，2019年全年将为企业减免社保费用超3 800亿元。

养老保险单位缴费比例降至16%带来了什么?

购买设备、加大研发投入、改善员工福利……社保降费省下的钱，被企业花在紧要处，用在刀刃上。

“今年我们招聘了应届毕业生1 000多人，其他中高端人才400多人。”特变电工股份有限公司人力资源总监李丹感慨，社保降费为企业节约2 760万元，企业有更多预算招聘更多新员工，为未来发展做足人才储备。而在蒜泥科技有限公司副总经理门海桐看来，社保降费后每月节省3 000元，意味着可以再搭一个直播间，企业发展速度越来越快。蒜泥科技有限公司是一家短视频拍摄基地提供商，20来米高的厂房里是各式各样的视频直播间。

借社保降费之势，缩小全国费率差异，一个更加公平的统一大市场正在形成。

此前，有的省份养老保险单位缴费比例高达20%，地区不同，企业负担也不同，竞争不公平。降费后，缴费比例统一为16%，企业站上了同一起跑线。“同为贝卡尔特在中国的工厂，其他兄弟厂所在地缴费比例是19%，我们是20%，这1个点的成本差异困扰了我们很多年。”贝卡尔特沈阳精密钢制品有限公司运营经理宋克俭说，“现在好了，大伙儿都是16%的缴费比例，可以更加公平地‘赛跑’了，我们的干劲儿也更足了。”

降低参保门槛、激发参保热情，养老保险基金的可持续性不断增强。

“肯定参保！公司会为每一位员工缴纳社保。”位于乌鲁木齐市区的高台当代艺术中心创始人马星的参保积极性颇高。目前马星的公司有员工6人，执行社保降费新政策后，每月可少交1 200元。降低费率，企业参保积极性更高，企业活力也更足，“放水养鱼”效应逐步显现，这些都会使养老保险基金的蛋糕越做越大，企业发展与养老保险制度形成良性循环。

降低费率，会不会影响养老金发放？

广开“财路”，增加中央财政安排补助企业养老保险的预算资金，全面推开划转部分国有资本充实社保基金的工作……社保虽然降费，养老金按时足额发放依然有保证。摸摸家底，今年1~7月，我国企业职工基本养老保险基金收入2.2万亿元，支出2万亿元左右，收支结余2 000多亿元，累计结余5万亿元左右，基金运行保持平稳。

资料来源：人民日报. http://paper. people. com. cn/rmrb/html/2019-12/09/nw. D110000-renmrb_20191209_1-01. htm[2019-12-09].

问题：

1. 降低养老保险费率会给企业带来什么影响？
2. 降低养老保险费率，养老金能否保证足额发放？

第一节　养老保险概述

自德国1889年颁布《老年和残疾社会保险法》以来，养老保险已经有100多年的历史。养老保险是社会保险体系的核心，其影响面大，社会性强，直接关系社会的稳定和经济的发展，是世界各国较为普遍实行的一种社会保险制度。

一、养老保险的内涵

（一）养老保险的概念

养老保险是社会保险制度的重要组成部分，是社会保险五大险种中非常重要的险种之一。根据《现代经济辞典》的定义，养老保险是国家和社会根据一定的法律和法规，为解决劳动者在达到国家规定的解除劳动义务的劳动年龄界限，或因年老丧失劳动能力而退出劳动岗位后的基本生活而建立的一种社会保险制度。[①] 国内学者对养老保险的定义具有代表性的有两种。第一种：社会养老保险是指国家根据一定的法律法规，对劳动者到达法定年龄或退休，由社会保险机构或由指定的其他单位按规定给付养老年金的保险。[②] 第二种：养老保险是国家和社会通过相应的制度安排为劳动者解除养老后顾之忧的一种社会保险，目的是增强劳动者抵御老年风险的能力，手段是提供相应的收入保障。[③]

根据以上定义，我们发现：第一，养老保险具有一定的法律强制性，是国家实行的制度安排；第二，养老保险的对象是达到法定退休年龄或缴费年限的劳动者；第三，养老保险仅保障老年人的基本生活所需；第四，养老金是由特定机构以货币形式向退休人员发放的。由此，我们可以定义，养老保险是国家和社会根据一定的法律法规，为保障劳动者在达到国家规定的退休年龄或因年老丧失劳动能力而退出劳动领域后的基本生活而建立的一种社会保险制度。

（二）养老保险的主要内容

养老保险一般包含三个层次，即基本养老保险、企业补充养老保险和个人储蓄性养老保险。

1. 基本养老保险

基本养老保险是国家和社会根据一定的法律法规，为符合条件的社会成员提供基本生活保障，以防范老年生活风险的社会化制度安排。该制度一般是由国家通过立法强制实施，以工薪税或一般财政收入为养老金来源，规定养老金给付标准和数额，在多层次养老保险体系中属于第一层次。

2. 企业补充养老保险

企业补充养老保险即企业年金制度，是企业在国家有关政策和法规的指导下，根据自身经营情况和发展需要，为了进一步提高雇员退休后的收入水平而建立的一种补充性养老保险制度。通常，企业补充养老保险会建立个人账户，实行规定缴费制，它是企业树立良好形象、增强吸引力和招揽人才的有效措施。企业年金制度与基本养老保险制度的差别主要有以下四个方面。[④] 第一，管理主体不同。基本养老保险制度一般由政府负责管理，由财政统一安排其管理机构的经费；企业年金制度一般由私人部门负责管理，政

---

① 刘树成. 现代经济辞典 [M]. 南京：凤凰出版社，2005：892.

② 邓大松. 社会保险：第三版 [M]. 北京：中国劳动社会保障出版社，2015：17.

③ 郑功成. 社会保障学 [M]. 北京：中国广播电视大学出版社，2004：171.

④ 崔少敏，文武. 补充养老保险：原理、运营与管理 [M]. 北京：中国劳动社会保障出版社，2002：1.

府不直接对其承担责任。第二，特征不同。基本养老保险制度是强制性的，所有符合规定的用人单位都要参加；企业年金制度一般是自愿性的，雇主或行业可依据自身经济实力来决定是否为职工建立补充养老保险（部分国家的补充养老保险由立法强制实施，如法国、瑞士、丹麦等）。第三，筹资模式不同。基本养老保险制度的筹资模式通常为现收现付制或部分积累制；企业年金制度的筹资模式一般为完全积累制（个别国家的筹资模式也有采用现收现付制的，如法国）。第四，基本养老保险制度既可以是普惠制，也可以是收入关联制；企业年金制度则都为收入关联制。自 1875 年美国捷运公司首次推出企业年金制度以来，企业年金已经有 100 多年的历史。如今，企业年金制度已经成为各国养老保险制度的重要支柱。

3. 个人储蓄性养老保险

个人储蓄性养老保险是由个人自愿参加、自愿选择的一种养老保险形式。实施个人储蓄性养老保险有利于扩大养老保险经费来源，减轻国家和企业的经济负担，同时也有利于增强个人的自我保险意识。国际上个人储蓄性养老保险的形式主要有两种：一是个人储蓄，二是参加商业人身保险。

（三）养老保险的特征

养老保险是社会保险体系的重要组成部分，除了具备社会保险强制性、互济性和普遍性特征以外，还具有适度性、长期性和多层次性等特征。

（一）强制性

国家通过立法，强制用人单位和劳动者个人必须依法参加养老保险，并按规定缴纳养老保险费（税），待劳动者达到法定的退休年龄时，可向社会保险部门领取基本养老金，享受法律规定的养老保险待遇。

（二）互济性

养老保险费用通常由个人、企业和政府三方共同分担，并在较高的层次上和较大的范围内实现养老保险费用的社会统筹和共济。

（三）普遍性

每个人都要步入老年，老年风险具有普遍性和不可预见性。养老问题不仅是社会问题，更是一个全球性问题，关系一个国家经济、社会的发展，因此，各个国家都应有相应的养老保险等制度安排，以确保老年人口晚年生活幸福。

(四)适度性

养老保险的目标是保障劳动者在年老时的基本生活水平。这意味着保障水平要适度，既不能过低，也不能过高。如果保障水平过低，不能达到养老保险的目的，发挥不了保障、稳定和发展的作用；如果保障水平过高，会造成社会资源的浪费，导致养老保险支出压力过大。一般而言，养老保险的整体水平要高于贫困救助线和失业保险金的水平，但低于社会平均工资和个人在职时的收入水平。

(五)长期性

养老保险的长期性指其所涉及的时间跨度比较长。对于个体而言，参加养老保险的人员一旦达到享受待遇的条件或者获取享受待遇的资格，就可以长期享受待遇直至死亡。对于制度而言，养老保险制度的设计、运营、管理等涉及几代人的社会福利分配，具有很强的代际性。

(六)多层次性

几乎在所有国家，养老保险都不是单一形式的。世界银行提出的“三支柱”的养老保险方式已经得到了很多国家的认可。大多数国家都为国民提供国家基本养老保险、企业年金、个人储蓄性养老保险三个层次的养老保障。

二、养老保险的功能

(一)有利于抵御和防范老年风险

养老保险制度的创设就是为了保证劳动者在年老退出劳动领域后能够获得基本的生活保障。纵观人的一生，老年阶段是个体劳动能力不断减弱或丧失的阶段，是人生最脆弱的阶段。如果老年生活能够得到保障，正在参加工作的劳动者就能无后顾之忧而安心地参与劳动。因此，推行养老保险制度有利于抵御和防范老年风险。

(二)有利于社会财富的再分配

养老保险在国民收入中属于再分配层次。养老保险可以通过缩小老年人退休后领取的养老金数额差距的制度设计来调节国民收入初次分配中的收入差距。很多国家还实行弹性养老金制度，即根据经济发展水平和通货膨胀状况来调整养老金的发放额度，使退休人员无论富裕程度如何都能分享经济发展的成果。

（三）有利于经济的发展和调控

养老保险注重公平但不排斥效率。养老保险覆盖面广、参与者众多，筹集到的大量养老保险基金可以作为资本市场巨大的资金来源。对养老保险基金的合理利用，有利于国家更好地实现宏观调控和推动宏观经济的可持续发展。

（四）有利于劳动力的代际更替

养老保险制度为达到法定退休年龄退出劳动力市场的劳动者提供基本生活保障，老年劳动力的适时退出有利于新生劳动力的不断注入，因此，养老保险制度为劳动力市场的新老更替提供便利，不断为社会生产更新劳动力。

第二节　养老保险制度的理论基础

为什么需要强制性的基本养老保险？政府在养老保险体系中应当承担什么角色？对于这些问题我们可以从新古典经济学派的相关理论中找寻答案。该学派养老保险的思想来源于对消费理论的论述，是从国家与市场关系的视角来探寻基本养老保险制度的起源，主要的理论观点集中体现在以下六个方面。

一、生命周期假说

生命周期假说（life-cycle hypothesis）是由1985年诺贝尔经济学奖得主弗兰科·莫迪里安尼（Franco Modigliani）在20世纪50年代和60年代早期，与理查德·布伦伯格（Richard Brumberg）和阿尔伯特·安多（Albert Ando）合作撰写的一系列论文中提出的。[①] 其主要思想是：一个理性的消费者追求的是其整个生命周期内的效用最大化。人的消费不是取决于现期收入而是一生的全部收入，人们会根据当前和未来预期所能得到的全部收入和财产按一定比例在其一生的不同时期来安排消费支出。该理论将人的一生分为三个阶段：年轻时期、中年时期和老年时期，前两个阶段为工作时期，最后一个阶段为退休时期。在不同时期，消费支出和收入水平呈现不同的关系：在年轻时期，由于家

① 杰弗里萨克斯，费利普拉雷恩. 全球视角的宏观经济学［M］. 费方域，等，译. 上海：上海三联书店，2004：89.

庭收入低，家庭中的绝大部分收入都用于消费，甚至会在收不抵支时举债（即动用储蓄），此时消费一般大于收入；中年时期，人的收入可能达到高峰，随着家庭收入的增加，人们可以将年轻时期的负债偿还，并且将盈余的部分储蓄起来以备退休之后所用，此时收入大于消费，形成正储蓄；老年时期，人们的工作收入下降为零，此时的消费来自工作时期的储蓄，因而收入小于消费，存在负储蓄。这种模式如图 4-1 所示。

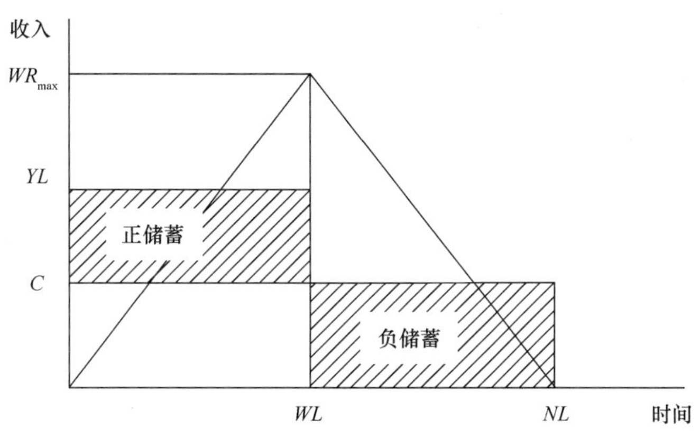

图 4-1　生命周期假说示意图

注：NL 指人一生的存活时期，WL 指工作时期，（NL-WL）为退休时期；C 为消费，YL 为工作收入，WR_{max} 为一生储蓄的最大值。

二、世代交叠模型

世代交叠模型（over lapping generation model）是由阿莱（Allais）、萨缪尔森（Samuelson）和戴蒙德（Diamond）在生命周期假说的基础上建立的，是跨时期的一般均衡模型。与生命周期假说不涉及两代人之间的关系不同，世代交叠模型假定任何时期都有不同代的人同时生活，并且每一代人在其生命的任何一个时期都可以与不同代的人发生交易。

萨缪尔森的两期交叠模型中，假设：

（1）每一代人都存活两期，在第 t 期工作，第 $t+1$ 期退休；

（2）人口增长率为 n，技术进步率为 0；

（3）不存在资本，也不存在金融产品，所有产品在当期完全被消费掉。①

在这样的假设下，每期产品都被消费掉，从而个人不能通过自身在工作时期的个人储蓄来维持退休时期的消费支出，必须通过代际转移的方式，通过工作一代来赡养退休一代。而这种代际转移的方式主要是由政府通过向工作一代征收养老保险税的方式来实

① 蔡向东. 统账结合的中国城镇职工基本养老保险制度可持续性研究［M］. 北京：经济科学出版社，2011：57.

现对退休一代养老金的发放，只要人口增长率保持 n 不变，每一代人都可以通过下一代人来养老。此时，养老金的利率等于人口增长率。萨缪尔森的简单的世纪交叠模型在一定程度上阐明了政府介入养老保险制度的必要性。

随后的研究就是将假设不断放松。戴蒙德通过将资本市场和人们的储蓄行为放入世纪交叠模型中进行研究，发现竞争均衡时资本过度积累使得利率低于人口增长率和技术进步率之和，从而经济处于动态无效的状态，而此时采取代际转移式的养老保险制度（即现收现付制）更有效。如果存在一个对当前和后代的效用同等关心的政府，经济就会处于黄金率稳定状态，此稳定状态下拥有最大的人均消费水平；如果政府较少关心后代，则经济可能会收敛于修正黄金率的稳态。①

世代交叠模型较之生命周期假说的主要突破在于将代际关系纳入模型中予以考虑。该模型明确强调了政府对养老保险干预的必要性，认为人们可以通过政府出面将资源在年轻人和老年人之间合理配置（即代际转移）而非仅依靠个人的储蓄来实现养老消费的需要。这为现收现付制的实践提供了理论基础。

三、市场失灵论

由于不确定性和信息不完全，私人养老保险市场容易出现失灵，而政府的强制性的基本养老保险可以纠正市场失灵，从而可以在代内和代际分散养老风险，这成为政府介入养老保险的最合理的理由。

养老保险领域的市场失灵主要表现在以下三个方面。第一，不可分散的风险。例如，经济变革时期或经济衰退时期的大规模失业，恶性通货膨胀，战争，地震、海啸等自然灾害等，商业保险无法为这样的情形提供充分保障，须由政府出面为承担风险的社会成员提供保障。② 第二，逆向选择。这是由信息不完全所造成的。由于个人较之保险公司更加清楚自己的风险情况，保险公司在确定保费的时候仅能根据所观察到的平均风险程度来判断，由此而确定的保费对于低风险的个人而言较高，导致低风险的个人认为参保不划算而退出养老保险计划。为维持保险计划，保险公司不得不进一步提高保险费率，其结果是导致更多的低风险的个人退出，最终仅有高风险的个人留在了保险市场里，而这也是保险公司最不愿意看到的局面，缴费来源不足只会导致保险公司选择退出养老保险这一市场。在这种情形之下，由政府主导的强制性的基本养老保险就显得十分必要。由于强制性的特点，个人不能自由选择是否加入计划，从而切断了个人风险与保费之间的

---

① 陈之楚. 中国社会养老保障制度研究［D］. 天津：天津财经大学商学院，2008：36.

② 段家喜. 养老保险制度中的政府行为［M］. 北京：社会科学文献出版社，2007：19.

联系。第三，道德风险。这是指由于保险的存在，个人可能不会像在没有保险时那样注意防范规避风险，甚至于有些人为了得到保险赔偿而有意导致投保事故发生。由于道德风险的存在，私人保险公司不愿意让那些年轻时期不愿意为养老储蓄的人们参保，对于这些群体，也只有政府通过强制性的措施，将他们拉入基本养老保险的安全网，督促其为自己未来养老进行强制储蓄。

四、政府父爱主义

戴蒙德提出的政府父爱主义的主要观点是：一些人由于对自身退休生活不能进行良好规划，往往导致养老储蓄不足，退休生活拮据。此时，就需要政府像父亲一样，给予个人以“父爱”般的关怀，为他们提供基本的养老保险。造成个人年轻时储蓄不足的原因是个人短视和“免费搭车”行为。个人短视指个人不是充分理性的，一方面个人可能缺乏对未来风险的预见能力；另一方面即使能预见未来风险的发生，由于太过重视当前消费的效用，个人也不愿未雨绸缪为补偿未来的风险损失而放弃当前消费。戴蒙德认为强制性基本养老保险可以帮助纠正个人短视行为，有助于家庭选择最优的消费路径。持此类观点的经济学家将个人的短视归因于：人们难以获得合理储蓄规模的信息，无法计算合理的储蓄量；人们缺乏合理安排一生消费的自控能力；个人因为不愿意面对今后某一天会退休的事实而不能做出正确的长期决策；在个人消费函数中，对未来消费赋予过低的权重等。①

“免费搭车”行为是指个人预见到政府不会对其老年时由于储蓄不足而造成的生活窘迫置之不理或社会其他人存在利他行为后，在年轻时会策略性地减少储蓄而试图“免费”享受政府的救济和别人的好意。政府采取强制性的基本养老保险计划，要求每个人都必须参与其中，可以避免“免费搭车”带来的低效率。因此，这一观点解释了强制性的基本养老保险是不可或缺的。

五、再分配论

虽然私人养老保险计划也具有收入再分配的作用，但是这种收入再分配是在参与私人养老保险计划的长寿者与短寿者之间进行的，是收入由短寿者向长寿者转移，属于事后再分配。② 再分配论认为，由政府主导的基本养老保险制度，一般按个人工资收入的固

① 张海波. 中国公共养老金制度的模式选择与完善［D］. 天津：南开大学商学院，2009：24；袁志刚. 养老保险经济学［M］. 上海：上海人民出版社，2005：31.

② 朱青，郭雪剑. 养老保障：多支柱养老体系下的公共养老金计划［M］. 北京：中国社会出版社，2009：35.

定比例强制缴费，可以充分发挥系统性的再分配功能，实现事先再分配，即在高收入参保者和低收入参保者之间进行的收入再分配，这种再分配让高收入者承担更多的缴费义务，可以充分保障低收入者的利益，体现社会公平与正义。

六、公共选择论

公共选择论认为，国家基本养老保险制度的建立，是一个公共选择的过程，从而可以用来解释基本养老保险制度为何在一定程度上没有很好地解决公平问题。意在将富人的财富流向穷人的再分配税收制度，实际上流向了中等收入群体。因为，在公共选择的过程中，富人一方和穷人一方都会为争取自身选票而拉拢社会绝大多数的中等收入群体，最终使得中等收入群体获得最大收益。

第三节　养老保险制度的模式

一、养老保险的类型

根据养老保险制度的覆盖范围、保障水平和基金模式，大致可以将养老保险分为五种类型。

（一）传统型养老保险

传统型养老保险贯彻“选择性”原则，即选择一部分社会成员参加而非覆盖全体国民，强调待遇与工资收入及缴费（税）相关，又称为“收入关联型养老保险”。保险对象一般为工薪劳动者，保费由雇主和雇员共同分担，待遇水平适中，如美国的平均基本养老金替代率为43%左右，待遇支付方面一般有利于低收入人群。该制度最早由德国俾斯麦政府于1889年颁布《老年和残疾社会保险法》所创设，代表性的国家有美国、德国和法国等。

在这种模式下，退休金的领取一般要具备三个条件：一是劳动者在职期间按月缴纳老年社会保险费（低工资的劳动者可以免缴而由用人单位代缴），二是劳动者在职期间须缴足规定期限的老年社会保险费，三是达到法定退休年龄。

（二）福利型养老保险

福利型养老保险覆盖全体老龄公民，强调国民皆有年金，旨在保证所有进入老龄阶段的国民，不论是否参加过工作、收入多寡都能享有最低生活保障，因此称为“福利型”或“普惠制”养老保险。福利型养老保险最早由英国创设，代表性的国家有英国、瑞典、挪威、澳大利亚、加拿大和日本等。

在这种模式下，所有退休国民可无条件地领取一定数额的养老金，并且养老金的领取与国民的身份、职业、在职时的工资水平、缴费（税）年限无关，所需资金完全来源于税收，个人不需要缴费。但是，福利型养老保险仅满足被保险人的最低生活需求，可能不足以维持退休者的基本生活。如澳大利亚养老金待遇水平仅相当于平均工资的25%，倘若退休者要维持自身的基本生活，还须同时加入其他养老保险计划。该制度的缺陷一方面在于缺乏对个人的激励机制，只强调公平而忽视效率；另一方面养老保险费用全部来源于税收往往也使政府负担过重。

（三）混合型养老保险

原来实行福利型养老保险的国家，目前大多已经或正在向一种混合型制度转轨，即福利型养老保险与传统型养老保险同时并存，共同构成第一支柱的基本养老保险。如日本的“厚生年金”、英国的“附加养老金”、加拿大的“收入关联年金”等收入关联型养老保险，它们的待遇要高于普通年金的待遇，资金主要来源于雇主和雇员的缴费以及基金的投资收益。

（四）国家型养老保险

国家型养老保险曾经在大多数计划经济国家实行，以苏联、原东欧国家为代表。按照“国家统包”的原则，由用人单位缴费，国家统一组织实施，工人参与管理，待遇标准统一，保障水平较高。我国在计划经济时期也采用过这种养老保险制度。这种养老保险制度曾经发挥积极作用，但与市场经济体制不相适宜，不利于劳动力的流动，也不利于企业参与市场竞争。因此，国家型养老保险已经或正在退出国际社会保障领域。

（五）储金型养老保险

储金型养老保险强调自我保障原则，实行完全积累的基金模式，建立了不同类型的个人养老保险账户或公积金账户，多为新兴市场经济国家所采纳，代表国家有新加坡、智利等。养老保险费用由雇主和雇员共同分担，在参保人退休或有特殊需求时，将个人账户基金定期或一次性支付给个人。这种养老保险制度的优势在于可以发挥个人的自我保障功能，体现多劳多得的原则，也能够保障劳动者退休后的基本生活。其缺点在于无法充分发挥社会保障的互济互助功能，面临着如何使基金保值增值的压力，尤其在出现持续通货膨胀或金融危机时，这种养老保险制度将陷入危机。目前这种养老保险制度正处在发展之中，其具体前景仍难以预料。一些欧洲国家，如瑞典、意大利、波兰、拉脱维亚、立陶宛等，也在基本养老保险中引入了个人账户，但基金实行“空账”运转。

二、养老保险的筹资模式

养老保险的筹资模式是指用于养老金给付的资金来源方式。养老保险的基本筹资模式包括现收现付制、完全积累制和部分积累制。现收现付制的养老金来源于当代年轻人的缴费或缴税，而完全积累制（又称基金积累制）的养老金则来源于退休者自己在年轻时的缴费积累。部分积累制则是介于现收现付制和完全积累制之间的一种筹资模式，在此模式下的养老金一部分来源于当代年轻人的缴费，另一部分来源于参保者的积累。完全积累制与现收现付制的追求目标不尽一致，前者注重效率，后者维护公平。

（一）现收现付制

现收现付制为代际转移理论所支撑。该理论认为，退休一代的养老保障待遇可以通过当期正在工作的一代人的养老保险缴费支付来实现，养老保障资金不用于累积而是在两代人之间实现代际平衡。现收现付制的实质就是进行代际转移，用在职者的缴费支付退休者的养老保障待遇，是一种靠后代赡养的养老保障模式，其以支定收的特点使得这种养老保险制度具有管理便利、无资金贬值的风险也没有保值增值的压力等特征。由于该筹资模式的收益率为制度内工资收入的总额增长率，因而较高的经济增长率是现收现付制养老保险制度得以可持续运行的基本保障（见图 4-2）。

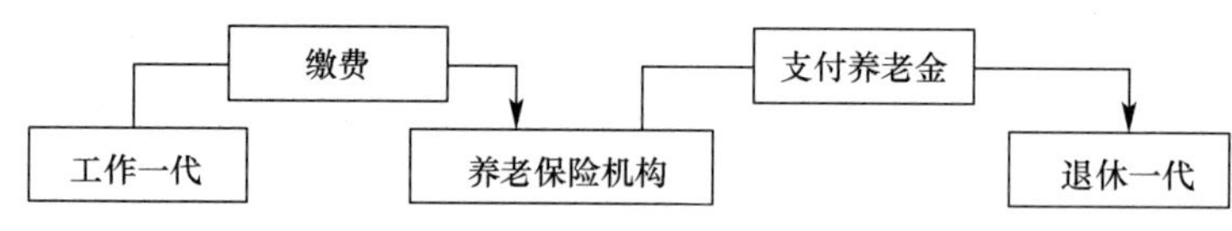

图 4-2　现收现付制下的资金循环

（二）完全积累制

支撑完全积累制的理论为个人收入纵向平衡理论。该理论认为，一个人会在年轻时为自己年老时享受的养老保障待遇进行养老保险投资，他在年轻时缴纳的费用总和与其所参与保险形成的基金总和保持平衡。因此，完全积累制下的养老保障，为每位劳动者设立个人账户，记录其缴费额度以及基金的收益情况，其实质就是强制储蓄，是一种自我赡养的养老保障模式，筹集的养老资金主要用于积累而非当期养老金支出，以便满足缴费者未来退休后的养老金给付需要，特点在于注重收支的长期平衡。由于基金的来源靠的是个人的缴费积累而不是依赖代际之间的相互扶持，一般认为完全积累制较少受到人口年龄结构变化的影响。在完全积累制下，为了实现保值增值，必须将所积累的保险基金进行投资运营以获得收益，因而该种筹资模式不可避免地要面对资本市场的风险（见图 4-3）。

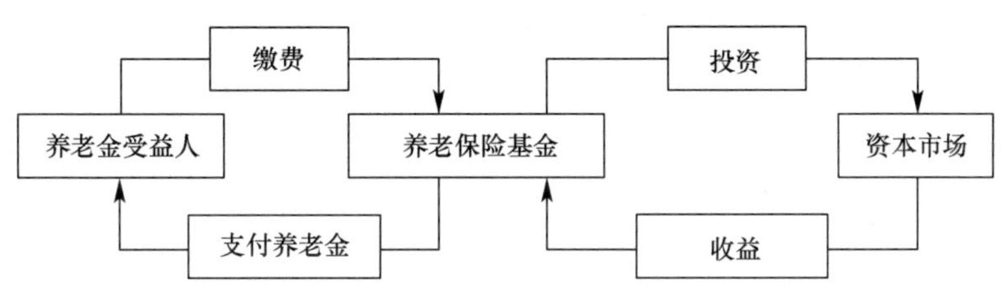

图 4-3　完全积累制下的资金循环

（三）部分积累制

部分积累制有广义和狭义之分。狭义的部分积累制是对现收现付制和完全积累制的整合，是将短期横向收支平衡原则与长期纵向收支平衡原则相结合的一种筹资模式。它根据阶段式平衡原则，在整个目标期间，允许在制度抚养比比较低的阶段产生部分基金积累，用于弥补在制度抚养比比较高的阶段产生的基金缺口。在整个平衡期内，部分积累制实现基金收支平衡，不留结余。因而，有人认为部分积累制就是阶段式平衡的现收现付制养老保险制度。①

广义的部分积累制的含义不局限于阶段式平衡的原则，主要包括以下几种形式②：（1）在现收现付制的基础上，将给付当年养老金之外的结余累积起来用于未来的养老金给付；（2）在现收现付制的基础上，引入个人账户，即社会统筹与个人账户相结合的形式，前者采取现收现付制，后者实施完全积累制；（3）在多层次、多支柱的养老保险体系中，根据需要有的层次采用现收现付制，有的层次采用完全积累制；（4）名义账户制，即现收现付的筹资模式与缴费确定型的给付模式相结合。

---

① 刘昌平. 可持续发展的中国城镇基本养老保险制度研究［M］. 北京：中国社会科学出版社，2008：79.

② 李菁. 名义账户制公共养老保险制度研究：兼论中国特色名义账户制公共养老保险制度构建［M］. 天津：南开大学出版社，2012：25.

三、养老保险的给付模式

给付模式是与筹资模式完全独立的概念。缴费确定型（defined contribution，DC）给付模式是指养老金的缴费水平是预先确定好的，通常根据未来的养老负担、基金的保值增值要求、通货膨胀率、企业的合理负担，以及当前劳动力工资水平等各项因素来确定缴费比例或标准，通常缴费标准按个人工资的某一固定百分比来计算，雇员（或雇主或两者）在工作年限内按缴费标准进行缴费。待遇确定型（defined benefit，DB）给付模式则指养老金给付的待遇水平是预先确定好的，退休者的给付标准通常根据个人退休前一段时期（一般为上一年）的社会平均工资的某一固定百分比来计算，待遇水平与其过去的工资和工龄相关，根据给付标准及其相关因素来确定养老保险费的征缴比例。

四、筹资模式与给付模式的组合形式

DC 和 DB 两种给付模式并不专属于某一种筹资模式。筹资模式与给付模式之间可以自由组合，具体组合内容和示例见表 4-1。DC 给付模式是以确定的缴费标准提供不确定的养老金待遇，参保风险由参保人自己承担；DB 给付模式是以不确定的缴费标准提供确定的养老金待遇，参保风险由政府承担。两种模式各有优势，具体选择哪种模式关键在于养老保障体系的设计是侧重于实现财务平衡（DC 的特点），还是青睐于风险最小化（DB 的特点）。

表 4-1　筹资模式与给付模式的组合

		筹资模式	
		完全积累制	现收现付制
给付模式	缴费确定型	缴费确定型积累制（FDC） 如智利等一些拉美国家的公共养老保障制度	名义缴费确定型现收现付制（NDC） 如瑞典等欧亚六国在 20 世纪末实施的新制度
	待遇确定型	待遇确定型积累制（FDB） 如发达国家的企业年金	待遇确定型现收现付制 如我国基本养老保险制度中的社会统筹部分，以及迄今为止大多数发达国家的公共养老保障制度

资料来源：王新梅．全球性公共养老保障制度改革与中国的选择：与 GDP 相连的空账比与资本市场相连的实账更可靠更可取［J］．世界经济文汇，2005（6）：57.

注：FDC（Funded Defined Contribution 或 Financial Defined Contribution），NDC（Notional Defined Contribution pay-as-you-go 或 Unfunded Defined Contribution），FDB（Funded Defined Benefit）。

第四节　我国的基本养老保险制度

根据《国务院关于企业职工养老保险制度改革的决定》，我国应逐步建立三层次的养老保险体系，第一层次为基本养老保险制度，第二层次为企业提供的补充养老保险制度，第三层次为个人储蓄性养老保险制度。本节重点阐述第一层次的基本养老保险制度，包括城镇职工基本养老保险制度、新型农村社会养老保险制度和城镇居民社会养老保险制度[①]。

一、城镇职工基本养老保险制度

（一）历史沿革

我国城镇职工基本养老保险制度自新中国成立至今历经多次变迁，其制度变迁过程可以分为以下几个阶段：传统体制阶段（1951—1984 年）、社会统筹阶段（1984—1993 年）、统账结合阶段（1993—2014 年）和并轨改革阶段（2015 年至今）。

1. 传统体制阶段（1951—1984 年）

1951 年，政务院颁布《中华人民共和国劳动保险条例》，确立了企业职工的退休养老保险制度。1955 年国务院颁布了《关于国家机关工作人员退休处理暂行规定》，标志着我国确立了国家机关和事业单位工作人员的退休制度。1958 年国务院颁布《关于工人、职员退休处理的暂行规定》，将国家机关、事业单位和企业的退休养老制度统一起来。

“文化大革命”期间，我国养老保险制度遭到严重的破坏。1969 年财政部颁布《关于国营企业财务工作中几项制度的改革意见（草案）》，规定企业自行负担退休人员的养老金，在“营业外列支”。至此，原有的企业职工退休养老保险制度丧失了统筹调剂的功能，倒退为企业保险。

1978 年，国务院颁布了《关于安置老弱病残干部的暂行办法》《关于工人退休、退职的暂行办法》，对 1958 年颁布的退休办法进行了全面修订，将原来国家机关、事业单位和企业实施的统一退休、退职制度分别由两个法规来规范，并增加了离职休养（简称“离休”）这种较高的退休待遇。随后，国家颁布了一系列政策法规，对原有的养老保险制度进行恢复和重建，调整了原来的退休、退职待遇，适当提高了养老金发放额度。

---

① 2014 年 2 月，国务院将新型农村社会养老保险制度和城镇居民社会养老保险制度合并实施，在全国范围内建立起统一的城乡居民基本养老保险制度。为了更好地阐释农村基本养老保险制度的历史沿革，本节将这两种制度分开论述。

1983 年国务院发布《关于城镇集体所有制经济若干政策问题的暂行规定》，解决了城镇集体企业职工的老年生活保障问题。到 1984 年年底，基本解决了“文化大革命”期间遗留的 200 多万人应退休而未退休的问题。[①]

计划经济体制背景下诞生的城镇职工基本养老保险制度所具备的特征也充满计划时代的烙印：基本的养老待遇由国家统一规定，养老费用由各类单位和企业支付，国有企业的盈亏由国家负担。在计划经济体制下，虽然是企业保险，但是财政统揽资源的配置，企业不承担财务责任，退休负担重的企业，国家给予财政补贴；退休负担轻的企业，多余的利润也是上缴国家，由财政统一支配。从这一层面来讲，“不同企业之间依然存在着一种事实上的劳动保险费用统筹关系”[②]。

2. 社会统筹阶段（1984—1993 年）

1984 年，党的十二届三中全会通过了《中共中央关于经济体制改革的决定》，以此为标志，城市国有企业改革成为整个经济体制改革的重点。国家对企业放权让利，让企业成为经济利益的主体，同时也成为相关责任的承担者。经济体制改革打破了传统体制下企业劳动保险制度的经济基础，企业之间养老金负担畸重畸轻的突出矛盾迫切要求还原养老保险社会统筹的功能。与此同时，劳动就业体制的改革也在紧锣密鼓地进行。1986 年国务院发布《国营企业实行劳动合同制暂行规定》，确定了劳动合同制，规定在企业按职工工资总额的 15%缴纳养老保险费的同时，个人也需按标准工资的 3%缴纳养老保险费，打破了“铁饭碗”就业终身制的局面，由此实现职工由单位人向社会人转变。这意味着，企业不再是劳动者养老的单一主体，因而养老保险制度的社会化改革被提上议事日程。

到 1986 年年底，全国先后有 27 个省（自治区、直辖市）的 300 多个县市参加了养老保险改革试点，统筹层次为县（市）一级或地（市）一级。20 世纪 80 年代后期，铁路、邮电、电力、水利、建筑 5 个部门也陆续获得批准开始实施养老保险行业统筹。[③]

1991 年发布的《国务院关于企业职工养老保险制度改革的决定》，开启了我国养老保险向社会统筹方向改革的探索。这一文件明确提出了建立基本养老保险、企业补充养老保险和职工个人储蓄性养老保险相结合的多层次保障原则，确立了养老保险基金按照“以支定收、略有结余、留有部分积累”进行统一筹集的原则，由国家、企业、个人三方共同分担养老保险缴费的原则，以及养老保险统筹由市、县统筹向省级统筹过渡的原则。

---

① 胡晓义. 我们为什么要搞养老保险：关于我国养老保险制度历史、现实和未来的思考［J］. 社会保障研究，2001（12）：6.

② 中国经济改革研究基金会，中国经济体制改革研究会联合专家组. 中国社会养老保险制度改革［M］. 上海：上海远东出版社，2006：7.

③ 郑功成. 中国社会保障 30 年［M］. 北京：人民出版社，2008：58.

在该文件的推动下，全国各地迅速开展了以社会统筹为目标的养老保险制度改革。至1992年年底，全国已有2 300个县市（约占当时全国县市总数的95%）进行了企业养老保险社会统筹。1993年，国务院将实行行业统筹的部门由5个增加到11个，新获批准的部门为交通、民航、银行、煤炭、石油、有色金属。至此，企业基本养老保险的社会统筹目标基本上在全国城镇范围得以实现。①

这一时期的养老保险制度变迁是在经济体制改革的大背景下进行的。由计划经济体制到市场经济体制的改革，改变了传统退休养老保险的制度基础，改变了国家和企业的关系，也改变了企业与职工的关系。养老保险制度开始向多层次、多方负担的方向探索。但是由于养老保险社会统筹尚处于开始阶段，这一阶段的养老保险制度仍存在一些问题：（1）企业仍然是养老金发放、职工退休管理和养老保险费缴纳的主体；（2）养老保险筹资模式仍为待遇确定型的现收现付制，虽然要求“留有部分积累”，但是现实中很难实现，过去的养老金计发办法也未发生较大变化；（3）统筹范围在现实中仍以市、县为主，与文件所要求的向省级统筹过渡的目标相距甚远。

3. 统账结合阶段（1993—2014年）

1993年党的十四届三中全会通过了《关于建立社会主义市场经济体制若干问题的决定》，提出了关于社会保障制度改革的基本原则，明确提出要建立多层次的社会保障体系，城镇职工养老和医疗保险金由单位和个人共同负担，实行社会统筹和个人账户相结合，首次提出引入个人账户制，重塑了我国养老保险改革的方向。

1995年，国务院颁布了《关于深化企业职工养老保险制度改革的通知》，明确了城镇职工基本养老保险实行社会统筹和个人账户相结合的制度（简称“统账结合”）。1997年，国务院发布了《关于建立统一的企业职工基本养老保险制度的决定》，提出了统一制度、统一标准、统一管理和统一调剂使用基金的目标，要求实行不同方案的地区向统一方案过渡。首先，规范和统一了缴费费率。企业缴费不超过企业工资总额的20%，个人账户按个人工资的11%建立，其中1997年个人缴费率不得低于本人缴费工资的4%，1998年起每两年提高一个百分点，要逐步达到8%，其余部分由企业缴费补充。其次，规定了统一的计发办法。按照“统账结合”制度实施的时间，可以将养老保险计划覆盖人口划分为“老人”“中人”和“新人”。② 由于“老人”和“中人”在旧制度下已经有一

① 中国经济改革研究基金会、中国经济体制改革研究会联合专家组. 中国社会养老保险制度改革［M］. 上海：上海远东出版社，2006：11.

② “老人”指“统账结合”制度实施前已经退休的人员；“中人”指“统账结合”制度实施前已经参加工作但没有退休的人员；“新人”指“统账结合”制度实施时及以后参加工作的人员。

定的工龄累积，积累了一定的养老金权益，虽然新制度下“老人”没有个人账户，但事实上他们的养老金已经通过“预先扣除”转化为过去的政府收入固化在国有资产中。因此，为了兑现旧制度对他们养老权益的承诺，新制度必须承担这部分隐藏在现收现付制下的隐性债务。新制度实施的是“老人老办法、新人新办法、中人过渡性办法”，即在新制度下“老人”的养老金权益由统筹基金来兑现，“中人”在旧制度下积累的养老金权益由过渡性养老金进行补偿，同时建立个人账户，“新人”的基本养老金则由个人账户养老金和基础养老金组成。其中基础养老金的标准为当地上年度社会平均工资的20%，个人账户养老金的标准为个人账户累计储存额除以120。个人缴费累计不满15年的，退休后不享受基础养老金待遇。最后，统一方案将基本养老保险制度的覆盖范围逐步扩大到城镇所有企业和职工，对养老保险基金实行收支两条线管理。

2000年，国务院发布《关于印发完善城镇社会保障体系试点方案的通知》(国发〔2000〕42号)，对统账结合的城镇职工基本养老保险制度进一步调整与完善，集中对企业缴费、社会统筹和个人账户的组合比例进行了修订。国发〔2000〕42号文件较之国发〔1997〕26号文件提高了社会统筹部分的缴费率，同时降低了个人账户部分的缴费率，将天平更加倾斜于公平一方；调高了基础养老金的待遇计发标准，随着缴费年限的增长而逐年提升，最高可达到社会平均工资的30%。

但是城镇职工基本养老保险制度中存在的空账运行、计发办法不合理以及覆盖面窄的问题仍未解决。在总结东北三省试点经验的基础上，国务院于2005年颁布了《关于完善企业职工基本养老保险制度的决定》(国发〔2005〕38号)。较之国发〔2000〕42号文件，国发〔2005〕38号文件对基础养老金和个人账户养老金的计发办法做了进一步的调整（见表4-2)，并针对之前的基础养老金计发办法缺乏激励机制的问题，引入了激励约束机制，使得基础养老金待遇与缴费年限和缴费基数挂钩，从而可以激励人们多工作、多缴费。而针对之前个人账户养老金计发办法未考虑人均寿命不断提高的现实情况，国发〔2005〕38号文件的计发办法综合考虑了人口预期寿命、退休年龄和利息等因素。国发〔2005〕38号文件还进一步将基本养老保险制度的覆盖面扩展到个体工商户和灵活就业人口，规定他们与企业职工享受同等的参保权益。2006年，劳动和社会保障部又将“黑吉模式”的做实个人账户方案扩展到八个省区市①，2007年，劳动和社会保障部又确定江苏、浙江和广东等经济发达省份可依据实际情况试点做实个人账户。2009年，针对养老保险的“不可携带性”不利于劳动力在地区间流动的问题，国务院办公厅转发《城

① “黑吉模式”是指黑龙江和吉林两省养老金个人账户改革方案，八个省区市包括上海、天津、山东、河南、山西、湖北、湖南和新疆。

镇企业职工基本养老关系转移接续暂行办法》，统一了转移标准和转移程序，使得跨地区流动就业人员的参保权益得到保护。

表 4-2 社会统筹与个人账户组合比例的变化

	缴费来源及比例		待遇计发办法	
	社会统筹费率	个人账户费率	基础养老金	个人账户养老金
国发〔1997〕26 号文件	企业工资总额的 13%~17%	11%（其中个人工资的 4%~8%；企业工资总额的 3%~7%）	当地上年度社会平均工资的 20%	个人账户余额/120
国发〔2000〕42 号文件	企业工资总额的 20%	个人工资的 8%	20%~30%（当年 20%，缴费满 15 年后，每增加缴费 1 年，增发 0.6%）	个人账户余额/120
国发〔2005〕38 号文件	企业工资总额的 20%	个人工资的 8%	缴费满 15 年后，每增加缴费 1 年，获得相当于本人指数化月平均缴费工资的 1%	个人账户余额/计发月数[①]

注：计发月数根据职工退休时的人口预期寿命、退休年龄、利息等因素确定。针对 50 岁、55 岁及 60 岁退休的实际计发月数规定分别为 195 个月、170 个月和 139 个月。

4. 并轨改革阶段（2015 年至今）

2015 年 1 月，针对我国机关事业单位工作人员与企业职工之间存在的养老保险待遇差距较大的现状，秉持建立更加公平、可持续的养老保险制度的精神，国务院颁布《关于机关事业单位工作人员养老保险制度改革的决定》（国发〔2015〕2 号），对机关事业单位与企业职工基本养老保险制度实行并轨改革，改革着重于化解机关事业单位与企业“双轨制”这一主要矛盾。这标志着我国养老金“双轨制”退出现行养老保险制度的舞台。自此，机关事业单位工作人员和企业的职工一样，其个人都需要缴纳养老保险费。

（二）覆盖范围

1. 国家机关和事业单位及其职工

国家机关和事业单位适用城镇职工基本养老保险的人员有：（1）公务员，根据公务员法，具体包括各级国家行政机关、各级人民代表大会及其常务委员会机关、中国人民政治协商会议各级委员会机关、各民主党派和工商联的各级机关、各级检察机关、审判机关的工作人员；（2）参照公务员法管理的事业单位及其编制内的工作人员，根据《国务院关于机关事业单位工作人员养老保险制度改革的决定》，具体包括参照公务员法管理的机关（单位）、事业单位及其编制内的工作人员，如中共中央党校、中国证券监督管理委员会及其派出机构等。

2. 各类企业及其职工

从所有制形式看，各类企业包括国有企业、城镇集体企业、外商投资企业、城镇私营企业，而从企业责任形式看则包括城镇企业法人、合伙企业以及个人独资企业，但原则上企业经营资格的取得都必须经过工商登记。《社会保险法》规定，用人单位应当自成立之日起三十日内凭营业执照、等级证书或者单位印章，向当地社会保险经办机构申请办理社会保险登记。

3. 个体工商户和灵活就业人员

个体工商户需要办理工商营业执照，在城镇有固定经营场所。灵活就业人员指采用各种灵活就业、弹性就业方式的人员，包括自由职业者以及非全日制劳动者等。这些人员可以根据实际情况，自愿参加职工基本养老保险，由个人承担相应的缴费。

（三）基本养老保险费用的筹集与管理

《社会保险法》第十一条规定：基本养老保险实行社会统筹与个人账户相结合。因此，基本养老保险费用的筹集主要包括基本养老保险统筹基金和个人账户资金两部分。

1. 基本养老保险统筹基金

基本养老保险统筹基金由以下五部分组成：用人单位、城镇个体劳动者缴纳的基本养老保险费，基本养老保险费利息和其他收益，财政补贴，基本养老保险费滞纳金，依法应当纳入基本养老保险基金的其他资金。

（1）用人单位、城镇个体劳动者缴纳的基本养老保险费。基本养老保险费用由用人单位和被保险人共同承担，其中机关事业单位和企业的缴纳比例不超过单位工资总额的20%。根据《国务院办公厅关于印发降低社会保险费率综合方案的通知》，自2019年5月1日起，各省、自治区、直辖市及新疆生产建设兵团养老保险单位缴费比例高于16%的，可降至16%。

城镇个体工商户和灵活就业人员自己缴纳基本养老保险费，缴费基数统一为当地上年度在岗职工平均工资，缴费比例为20%，其中12%记入统筹基金。

（2）基本养老保险费利息和其他收益。基本养老保险费利息是指将基本养老保险费存入银行或按照国家规定购买债券所得的利息收入。筹集的养老保险基金必须存入财政部门在国有商业银行开设的社会保障基金财政专户，基本养老保险基金收支相抵后的结余额，除留足两个月支付费用外，80%左右应用于购买特种定向债券，对存入银行的基金按照中国人民银行规定的同期城乡居民储蓄利率计息，购买国家债券的利息收入免缴税费并转入基金。

（3）财政补贴。财政补贴是指政府同级财政给予基金的补贴收入。《社会保险法》规定，政府财政补贴主要集中在以下两个方面：一是国有企业、事业单位职工参加基本养老保险前，视同缴费年限期间应当缴纳的基本养老保险费；二是基本养老保险基金出现支付不足时，政府给予补贴。

（4）基本养老保险费滞纳金。基本养老保险费滞纳金是指法定的收缴部门对未按期缴纳养老保险费的缴费人给予经济制裁的一种措施。《社会保险法》第八十六条规定，用人单位未按时足额缴纳社会保险费的，由社会保险费征收机构责令期限缴纳或者补足，并自欠缴之日起，按日加收万分之五的滞纳金；逾期仍不缴纳的，由有关行政部门处欠缴数额一倍以上三倍以下的罚款。滞纳金并入社会保险基金。

（5）依法应当纳入基本养老保险基金的其他资金。依法应当纳入基本养老保险基金的其他资金主要指法律规定的上述资金之外的应该纳入养老保险基金的资金，如养老保险基金投资运营的收益。

2. 个人账户资金

目前我国基本养老保险个人账户全部由个人缴费形成，为本人缴费工资的8%。城镇个体工商户等自谋职业者以及采取各种灵活方式就业的人员参加社会保险也采取社会统筹与个人账户相结合的模式，他们参保的缴费基数为当地上年度在岗职工平均工资①，缴费比例为20%，其中8%记入个人账户。此外，个体工商户的从业人员（雇员）也要参加养老保险，其保险费用由个体工商户以及从业人员共同承担。

（四）基本养老保险关系转移接续

1. 基本养老保险关系转移接续类型

基本养老保险关系具有唯一性和持续性，且社会保险实行属地管理，用人单位应参加单位所在地的社会保险统筹，当被保险人改变就业地点或用人单位搬迁时，基本养老

① 根据《国务院办公厅关于印发降低社会保险费率综合方案的通知》，个体工商户和灵活就业人员可以在本省全口径城镇单位就业人员平均工资的60%至300%之间选择适当的缴费基数。

保险就产生了转移接续问题。具体而言，主要包括以下两种类型。

（1）用人单位原因导致的基本养老保险关系转移。城镇企业成建制跨省搬迁，应按规定办理企业和职工基本养老保险关系转移手续。在职职工个人账户记账额度全部转移，资金只转移个人缴费部分，转入地社会保险经办机构应按个人账户额度全部记账。在这种情况下，用人单位应向转出地社会保险经办机构提出申请，由经办机构审核后开具转移证明，注明职工人数、参加社会保险有关情况等，由转入地经办机构负责接续其社会保险关系。

（2）因被保险人改变就业地导致的基本养老保险关系转移。职工因工作岗位的变动，导致个人社会保险关系随之转移，包括统筹地区内社会保险关系转移和跨统筹地区社会保险关系转移两种情形。对于统筹地区内的养老保险关系原则上是“只转移关系，不转移基金”，即职工以及转出单位向所在的社会保险经办机构办理相关的转出手续，然后，由职工或者转入单位到其所在的社会保险经办机构办理转入手续，而不涉及个人账户资金的转移。为保障被保险人的养老保险权益，避免基本养老保险关系难以转移接续等问题的出现，《社会保险法》明确规定，个人跨统筹地区就业的，基本养老保险关系随本人转移，且缴费年限累计计算。

2. 基本养老保险关系转移接续适用范围

《城镇企业职工基本养老保险关系转移接续暂行办法》适用于参加城镇企业职工基本养老保险的所有人员，包括农民工。该办法消除了转移接续的限制，实现了无论是否在户籍所在地就业，均可进行养老保险关系的转移接续。同时，《社会保险法》明确取消了城镇、农村劳动者参加基本养老保险的身份差异，农民工养老保险的特殊政策将逐步取消，为农民工养老保险的转移接续扫清了障碍。

根据《城镇企业职工基本养老保险关系转移接续暂行办法》，两类人员的基本养老保险关系不能转移：一是已经办理正式退休手续、享受基本养老保险待遇的职工，无论其户籍所在地为何处，都只能在待遇领取地继续领取待遇，而不能再进行养老保险关系的转移；二是接近退休年龄的人员，这条规定主要是为了防止出现职工在接近退休时将养老保险关系转至经济发展水平较高地区退休的情况。

3. 转移程序

基本养老保险关系转移包括三个流程：一是新参保地审核转移接续申请并向原参保地发出同意接受函，二是原参保地办理转移手续，三是新参保地接受转移手续和资金。上述每个流程须在 15 个工作日内完成，最多共计 45 个工作日。

（五）基本养老保险待遇给付

1. 基本养老保险待遇给付条件

（1）达到国家规定的退休年龄并办理相关手续。国家法定的企业职工退休年龄是男性年满60周岁，女干部年满55周岁，女工人年满50周岁。从事井下、高空、高温、特别繁重体力劳动或者其他有害身体健康工作的职工，累计工作年限符合国家规定的特殊工种年限，退休年龄为男年满50周岁，女年满45周岁。[①] 因病或非因工致残，由医院证明并经劳动鉴定委员会确认完全丧失劳动能力的，退休年龄为男年满50周岁，女年满45周岁。其他人员，城镇个体工商户、灵活就业人员和农民工的退休年龄是男年满60周岁，女年满55周岁。

（2）缴费年限（含视同缴费年限）累计达到15年。《社会保险法》第十六条规定，参加基本养老保险的个人，达到法定退休年龄时累计缴费满15年的，按月领取基本养老金。参加基本养老保险的个人，达到法定退休年龄时累计缴费不足15年的，可以缴费至满15年，按月领取基本养老金；也可以转入新型农村社会养老保险或者城镇居民社会养老保险，按照国务院规定享受相应的养老保险待遇。

参加职工基本养老保险的个人达到法定退休年龄后，累计缴费不足15年（含依照规定延长缴费），且未转入新型农村社会养老保险或者城镇居民社会养老保险的，个人可以书面申请终止职工基本养老保险关系。社会保险经办机构收到申请后，应当书面告知其转入新型农村社会养老保险或者城镇居民社会养老保险的权利以及终止职工基本养老保险关系的后果，经本人书面确认后，终止其职工基本养老保险关系，并将个人账户储存额一次性支付给本人。

视同缴费年限是适应我国城镇职工基本养老保险制度改革的现实需求而设置的，按照“老人老办法、新人新办法”的原则，横跨改革前后两个阶段的“中人”则有不缴费年限和缴费年限之分。改制规定把没有实行个人缴纳养老保险费之前的工作时间视同为缴费年限，在计算养老保险待遇时，将缴费年限和视同缴费年限合并计算。

依据企业职工基本养老保险政策，下列情况工龄可以计算为“视同缴费年限”：①国有、集体企业原全民所有制固定工，其1995年年底前符合国家规定可计算为连续工龄的工作年限，可计算为视同缴费年限；②凡已纳入基本养老保险的企业职工，其在人民解放军、武警部队服役的年限，在国家机关、社会团体、事业单位工作的原国家干部和全

---

① 此类劳动者若要提前退休须满足以下条件：（1）从事高空和特别繁重体力劳动工作累计满8年；（2）从事井下、高温工作累计满9年；（3）从事其他有害身体健康工作累计满8年。

民所有制固定工的工作年限，知识青年上山下乡、在农村参加劳动的时间，均可计算为视同缴费年限；③国有、集体企业原全民所有制固定工，流动到非国有企业工作的，其原在国有、集体企业工作期间符合规定可计算为视同缴费的工作年限，可与流动前后的实际缴费年限合并计算；④按县级以上地方政府规定实行养老保险统筹的非国有企业职工，其1995年年底以前的缴费年限，可按地方政府原有的规定计算为视同缴费年限。

根据国务院2015年颁布的《关于机关事业单位工作人员养老保险制度改革的决定》，国家机关、事业单位职工的视同缴费年限认定应当是针对2014年10月前在职的人员，从参加工作至2014年10月都视同为缴费年限。

2. 基本养老保险待遇给付标准

（1）企业职工养老保险待遇给付标准。根据《国务院关于完善企业职工基本养老保险制度的决定》（以下简称《决定》），有老、中、新三种给付标准。

“老人老办法”。《决定》实施前已经离退休的人员，仍按国家原来的规定发放基本养老金，同时执行基本养老金调整办法。

“中人中办法”。《决定》实施前参加工作的，自《决定》实施后退休且缴费年限累计满15年的人员，在发给基础养老金和个人账户养老金的基础上，再发放过渡性养老金。

“新人新办法”。《决定》实施后参加工作、缴费年限累计满15年的人员，退休后按月发放基本养老金。基本养老金由基础养老金和个人账户养老金组成。退休时的基础养老金标准为省、自治区、直辖市或地（市）上年度职工月平均工资的20%，个人账户养老金月标准为本人账户储存额除以120。个人缴费年限累计不满15年的，退休后不享受基础养老金待遇，其个人账户储存额一次支付给本人。

（2）机关事业单位职工养老保险待遇给付标准。根据《国务院关于机关事业单位工作人员养老保险制度改革的决定》，也有“老、中、新”三种给付标准。

“老人老办法”。该决定实施前已退休的人员，继续按照国家规定的原待遇标准发放基本养老金，同时执行基本养老金调整办法。

“中人中办法”。该决定实施前参加工作、实施后退休且缴费年限累计满15年的人员，按照合理衔接、平稳过渡的原则，在发给基础养老金和个人账户养老金的基础上，再依据视同缴费年限长短发放过渡性养老金。具体办法由人力资源社会保障部会同有关部门制定并指导实施。

“新人新办法”。该决定实施后参加工作、个人缴费年限累计满15年的人员，退休后按月发放基本养老金。基本养老金由基础养老金和个人账户养老金组成。退休时的基础养老金月标准以当地上年度在岗职工月平均工资和本人指数化月平均缴费工资的平均值为基数，缴费每满 1 年发给 1%。个人账户养老金月标准为个人账户储存额除以计发月数，计发月数根据本人退休时城镇人口平均预期寿命、本人退休年龄、利息等因素确定。

二、新型农村社会养老保险制度

（一）概念

新型农村社会养老保险制度（以下简称新农保），是以为农村居民年老时的生活提供保障为目的，通过个人缴费、集体补助和政府补贴相结合的集资方式，社会统筹与个人账户相结合的模式，与家庭养老、社会救助等相配套的，在政府的组织下实施的一项社会养老保险制度，是国家社会保险体系的重要组成部分。

（二）发展历程

新型农村社会养老保险制度是在之前的农村养老保险制度（以下简称老农保）的基础上，在国务院 2009 年发布《关于开展新型农村社会养老保险试点的指导意见》之后慢慢发展起来的。为了更好地了解新型农村社会养老保险的发展历程，本书从制度建立初期开始回顾新型农村养老保险制定的发展历程。

1. 建立阶段（1986—2002 年）

1986 年，为了更好地适应农村经济发展的需要，一些地方开展了农村社会养老保险的试点工作，规定只要是参加集体生产劳动 10 年以上且年满 65 周岁的男社员和年满 60 周岁的女社员，都可以享受养老金待遇，这是我国早期建立农村社会保险制度的尝试。据不完全统计，到 1989 年，全国已经有 19 个省、自治区和直辖市的 190 多个县（市、区、旗）进行了农村养老保险方面的探索，800 多个乡镇建立了乡（镇）本位或村本位的养老保障制度，并积累了一定的资金。①

1993 年，农村社会养老保险管理机构在国务院的批准下成立。与《县级农村社会养老保险方案》相配套的各种规章制度与操作方案也陆续出台，农村社会养老保险工作在全国推广，促进了农村社会养老保险的发展。

1998 年，国务院机构改革将农村社会养老保险的业务由民政部管理改由劳动和社会保障部进行管理，主管部门的转变，导致对如何建立农村养老保险制度产生了不同思路。

① 黄佳豪. 建国 60 年来农村养老保险制度的历史探索［J］. 理论导刊，2009（11）.

此外，由于中国当时受到东南亚金融危机的影响，经济下行压力增大，所以在1998年，国家决定对农村社会保险实施整顿，暂缓农村社会养老保险的发展。

2. 改革试点阶段（2003—2013年）

2002年，党在十六大提出有条件的地方要“探索建立农村养老、医疗保险和最低生活保障制度。”2003年10月，劳动和社会保障部印发《2003年劳动和社会保障事业发展计划的通知》，提出农村养老保险工作的任务是：“做好农村养老保险工作，进一步理顺农村社会养老保险管理体制，加强基金监管，清理回收挪用基金和有风险的基金，确保基金安全完整。在有条件的地方积极探索建立农村社会养老保险制度。”各地在总结经验的基础上又开始进行建立农村养老保险制度的探索。

2007年，劳动和社会保障部、民政部审计署联合发布的《关于做好农村社会养老保险和被征地农民社会保障工作有关问题的通知》规定，以农村有缴费能力的各类从业人员为主要对象，完善个人缴费、集体（或用人单位）补助、政府补贴的多元化筹资机制，建立以个人账户为主、保障水平适度、缴费方式灵活、账户可随人转移的新型农保制度和参保补贴机制。有条件的地区也可建立个人账户为主、统筹调剂为辅的养老保险制度。

2009年，国务院出台了《关于开展新型农村社会养老保险试点的指导意见》，决定从2009年开始在全国10%的县（市、区）开展新型农村社会养老保险的试点工作。

2011年3月，《国民经济和社会发展第十二个五年规划纲要》中提出要在“十二五”期间实现新农保制度全覆盖；同年6月，全国城镇居民社会养老保险试点工作部署暨新型农村社会养老保险试点经验交流会议召开，提出在本届政府任期内（2012年）基本实现新农保制度全覆盖。

3. 合并发展阶段（2014年至今）

2014年2月，国务院印发《关于建立统一的城乡居民基本养老保险制度的意见》，决定对新型农村社会养老保险和城镇居民社会养老保险制度进行合并，建立全国统一的城乡居民基本养老保险制度。基金筹集采取个人缴、集体助、政府补的方式，中央财政按基础养老金标准，对中西部地区给予全额补助，对东部地区给予50%的补助。建立统一的城乡居民基本养老保险制度，是实现党的十八大“全面建成覆盖城乡居民的社会保障体系”目标的重要举措，是落实党的十八届三中全会关于社会保障领域重点改革任务重大部署的实际行动，也是我国经济社会发展的必然要求①，是中央第一次在福利问题上取

① 李大清．对我国农村养老保险的若干思考［J］．山东农业工程学院学报，2014（31）．

消城乡区别。

（三）基本内容

按照国务院《关于开展新型农村社会养老保险试点的指导意见》规定，新型农村社会养老保险制度有以下内容。

1. 参保范围

新农保覆盖范围为年满16周岁（不含在校学生）、未参加城镇职工基本养老保险的所有农村居民。

2. 资金来源

新农保的资金来源主要包括个人缴费、集体补助和政府补贴。其中，政府补贴是新农保与原有制度的最主要的区别。

（1）个人缴费。参加新农保的农村居民需要按照规定缴纳养老保险费。其缴纳标准分为五个档次，分别为每年100元、200元、300元、400元、500元，但地方也可以依据自身实际情况增设缴费档次。缴费采取参保人自主选择档次、多缴多得原则。

（2）集体补助。村集体根据自身经济条件对参保人缴费给予适当的补助。其补助标准由村民委员会召开的村民会议民主确定。与此同时，也鼓励其他经济组织、社会公益组织、个人提供一定的资助。

（3）政府补贴。政府对符合领取条件的参保人全额支付新农保基础养老金，其中中央财政确定对中西部地区的基础养老金标准给予全额补助，对东部地区给予50%的补助。中央确定的基础养老金标准为每人每月55元。地方政府应当对参保人缴费给予补贴，补贴标准不低于每人每年30元；对选择较高档次标准缴费的，可给予适当鼓励，具体标准和办法由省（区、市）人民政府确定。对农村重度残疾人等缴费困难群体，地方政府为其代缴部分或全部最低标准的养老保险费。

3. 计发标准

国家为每个新农保的参保人建立终身记录的养老保险个人账户。养老金的计发标准是由基础养老金和个人账户养老金组成并且终身支付。如前所述，国家确定基础养老金计发标准为每人每月55元，但地方政府也可以根据自身情况提高计发标准，且可以适当加发基础养老金给长期缴费的农村居民，提高和加发的资金由地方政府负责。例如，北京市基础养老金标准为每人每月280元。居民个人账户的月计发标准是其个人账户中的全部储存额除以139。如参保人死亡，个人账户中政府补贴以外的余额，可以依法继承。国家根据经济发展和物价变动等情况，适时调整全国新农保基础养老金的最低标准。

4. 领取条件

年满 60 周岁且未享受城镇职工基本养老保险待遇的农村有户籍的老年人，可以按月领取养老金。在新农保实施时，已经年满 60 周岁且未享受城镇职工基本养老保险待遇的，不用缴费，可以按月领取基础养老金，但其符合参保条件的子女应当参保缴费；距领取年龄不足 15 年的，应按年缴费，也允许补缴，累计缴费不超过 15 年；距领取年龄超过 15 年的，应按年缴费，累计缴费不少于 15 年。

（四）特点

新农保与老农保相比，主要有以下三个特点。

1. 坚持政府统一管理，基金筹资采取个人缴费、集体补助和政府补贴相结合的方式

政府补贴的提升是区分新老农村养老保险制度的根本指标。老农保的筹资模式坚持以个人缴费为主、集体补助为辅、国家政策扶持，明确个人、集体和国家三者的责任，突出自我保障为主的原则。虽说有集体补助和国家扶持，但在实施过程中，对于参保的农民而言实际还是一种个人的养老储蓄。而相较之下的新农保的基金筹措方式对于减轻农民负担、提高其生活保障都起到了不可忽视的作用，而且也更加能够体现政府的责任。

2. 养老基金采用社会统筹和个人账户相结合，增加由国家财政保证支付的基础养老金，农村居民社会养老保险单一的个人账户模式得以改变

新农保按照城镇职工基本养老保险办法的规定，采取社会统筹与个人账户相结合的方式，为每一位参保者建立农村社会养老保险账户，且增加了基础养老金，即各级政府补助的部分作为统筹基金。至此，改变了农村居民社会养老保险单一的个人账户模式，而且这也使推行新农保制度上升为国家层面的具体行动。

3. “基础养老金+个人账户”模式提供相互衔接条件

采用“基础养老金+个人账户”模式，一方面使得老农保个人账户的全额转入和衔接更加方便，另一方面，也为实现城乡养老保险制度的相互衔接创造了条件。新农保制度的框架除了缴费基数和城镇职工的社会养老保险制度不一致外，其他的大体框架基本一致，所以直接对缴费基数调节便可实现二者的衔接。这为新农保和城镇居民社会养老保险制度在全国的合并实施目标提供了基本平台。这也为国家实现在 2020 年前，全面建成公平、统一、规范的城乡居民基本养老保险制度，与社会救助、社会福利等其他社会保障政策相配套，充分发挥家庭养老等传统保障方式的积极作用，更好保障参保城乡居民的老年基本生活创造了条件。

三、城镇居民社会养老保险制度

在城镇职工基本养老保险日趋完善、新型农村社会养老保险启动实施之后，城镇非从业居民成为我国基本养老保险制度最后没有被覆盖的群体。2011 年 6 月国务院印发《关于开展城镇居民社会养老保险试点的指导意见》，提出于 2011 年 7 月 1 日起在全国范围内启动试点城镇非从业居民的养老保险制度。

城镇居民社会养老保险是个人缴费、政府补贴相结合的社会保险制度，实行社会统筹与个人账户相结合，与家庭养老、社会救助、社会福利等其他社会保障政策相配套，以保障城镇居民老年基本生活。城镇居民社会养老保险的参保人是年满 16 周岁（不含在校生）、不符合职工基本养老保险参保条件的城镇非从业居民，符合条件的个人可以在户籍地自愿参加城镇居民社会养老保险。

城镇居民社会养老保险除了在缴费档次上有更多的选择外，在制度框架、基金筹集原则、个人账户设立、养老金待遇给付原则、给付条件等方面，均与新型农村社会养老保险一致。2014 年 2 月，国务院决定将这两项制度合并实施，在全国范围内建立统一的城乡居民基本养老保险制度。

第五节　典型国家养老保险制度

世界银行在其 1994 年出版的《防止老龄危机——保护老年人及促进增长的政策》中首次提出包含公共养老金计划（第一支柱）、职业养老保险计划（第二支柱）和个人储蓄计划（第三支柱）的“三支柱”的概念。2005 年世界银行提出“零支柱”和“第四支柱”的概念，将“三支柱”扩展为“五支柱”（见图 4-4）。但从养老基金的运行现状来看，当前各国主要采用“三支柱”模式。全世界各个国家（地区）养老保险体系各异，大部分国家的养老保险制度与世界银行提出的多支柱相近，下面选取两个典型国家——美国和德国的养老保险制度模式予以介绍。

一、美国的养老保险制度

美国是世界上建立养老保险制度较早的国家之一。美国于 1935 年制定并颁布了《社会保险法》，正式建立养老、遗属及残障保险制度即美国社会保障信托基金（OASDI），作为该国主要的养老保障制度。1920—1970 年，美国初步建立了联邦退休金制度和企业养老保险制度，两种制度在不同的框架下运行，有一定的衔接机制，两种养老保险制度

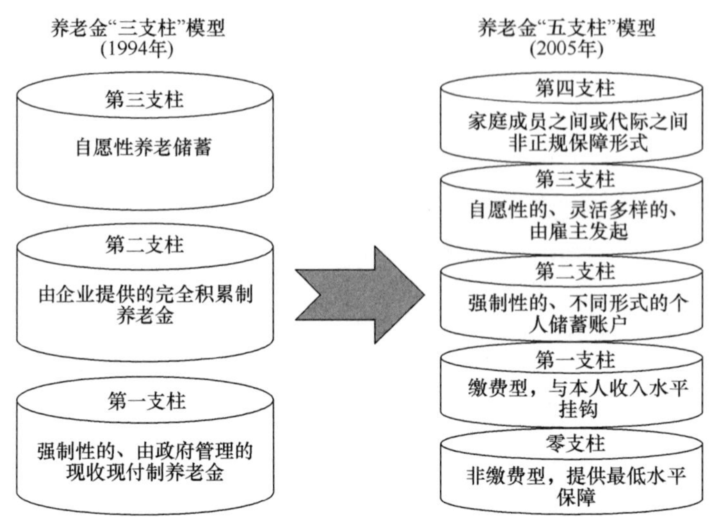

图 4-4　全球养老保险体系发展情况

资料来源：根据世界银行《防止老龄危机——保护老年人及促进增长的政策》和《21 世纪的老年收入保障——养老金制度改革国际比较》整理。

均采取“现收现付制”。随着财政困难、婴儿潮一代的老龄化等问题的出现，单纯依靠政府的养老保障模式出现危机。1974 年，美国国会通过《退休保障法》，同时修改了《国内税收法》，规定所有养老基金账户一律免税，也就是对个人账户基金投资增值时的经营收入予以免税，同时，为了更好地解决个人当年收入税申报问题，实施个人退休账户（individual retirement accounts，IRA），给予其“延迟纳税”的税收优惠。1997 年设立罗斯个人退休账户（Roth IRA），与之前的传统 IRA 并行。经过 40 余年的发展，美国逐步形成了“三支柱”型养老保险体系（见图 4-5），由联邦退休金制度、雇主养老金计划和个人退休金计划组成。这三大支柱俗称“三脚凳”，分别发挥政府、雇主和个人作用，相互补充、形成合力，为退休人员提供多渠道、可靠的养老保障。

（一）联邦退休金制度

联邦退休金制度是由政府主导、强制建立实施的社会保障计划，即美国社会保障信托基金（OASDI），由养老遗属信托基金（OASI）和残障保险信托基金（DI）两部分组成，具有全国性，覆盖了美国约 96%的劳动人口。该制度是由政府主导的基本养老保险制度，是美国政府为退休人员提供的一种保障型社会福利。

联邦退休金制度由联邦政府负责，强制参保人在工作期间缴纳社会保障税。社会保障税由雇员和雇主共同缴纳，以雇员工资为纳税基数，鼓励“工作时多存、退休多领

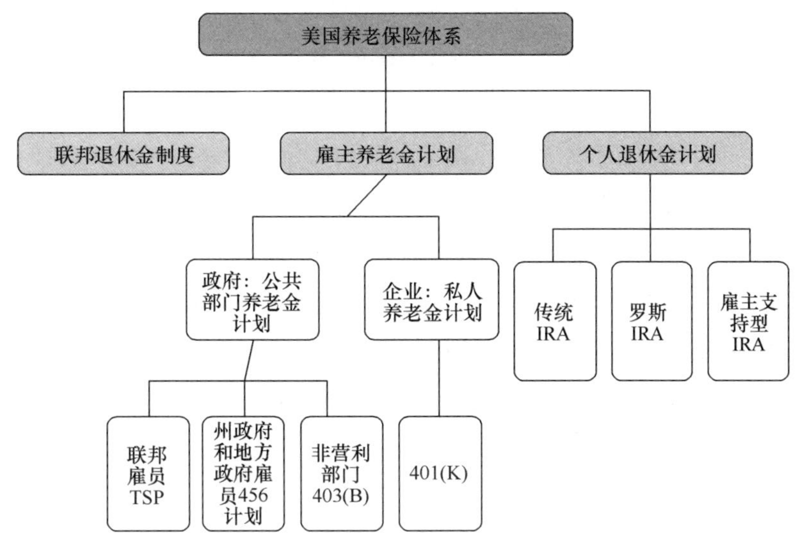

图 4-5 美国养老保险体系的“三支柱”模型

取”。工资较高的雇员缴纳的社会保障税更多，退休后领取的联邦退休金也更多。同时，为体现社会公平性，防止极少数退休人员领取过高退休金，社会保障税设定了应税工资上限，超出应税工资上限那部分工资不再缴纳社会保障税。应税工资上限随着物价和工资水平的变化而逐年调整，如 2011 年纳税基数上限为 10.68 万美元，2015 年提高至 11.85 万美元，具体的税率按照以支定收、适当留有结余的原则确定，并根据人口年龄结构等因素适时调整，2015 年雇员法定税率为工资总额的 12.4%，由雇主和雇员按 1∶1 分摊缴纳；个体经营者法定税率为 12.4%，并全部由个人承担。

联邦退休金制度规定，雇员必须纳税 40 个季度（相当于 10 年缴费年限），退休后才能按月领取联邦退休金。同时，退休金计发与实际退休年龄挂钩。联邦退休金制度对不同时间出生的人规定了不同的法定退休年龄，例如，1943—1954 年出生的人口，统一执行 66 岁的退休年龄；1955—1959 年出生的人口，执行每年延长 2 个月的递增方案，即 1955 年出生人口退休年龄为 66 岁零 2 个月，1956 年出生人口为 66 岁零 4 个月，直至 1960 年及以后出生者的法定退休年龄均为 67 岁。到法定退休年龄才退休者，可享受全额退休金。联邦退休金制度不实行强制退休，在法定退休年龄之前退休者，退休金减额发放，每提前一个月退休，养老金减发 0.56%，最早可以提前至 62 岁退休。政府鼓励在法定退休年龄之后退休，每延后一个月退休，退休金增加 0.25%。例如，70 岁退休，可领取全额退休金的 130%，年满 70 岁以后退休者，退休金不再继续增加，仍是全额退休金的 130%。退休人员被鼓励继续从事力所能及的工作。退休后从事有收入工作的，如年收入低于一定标准，仍可领取全部退休金；收入超过一定标准时，按超过部分金额的 50% 减发退休金；70 岁以上仍工作者，不管收入多少，均不减发退休金。退休人员领取联邦退休金时免税，但年收入超过一定金额者需纳税。2015 年开始，年收入超过 2.5 万美元的单身退休人员，以及超过 3.2 万美元的退休夫妇在领取联邦退休金时需纳税。这部分人约占美国退休人口的 40%。联邦退休金的受益人除了退休人员本人，还包括其符合特定条件的配偶（含离异）、未成年子女（含领养）等。

此外，对于因联邦退休金及其他收入太少、不足以维持生计的 65 岁以上老人，美国社会保障署根据联邦“附加保障收入计划”（supplemental security income program）按月发放生活补助金，为低收入老年人的生计托底。生活补助金来源于联邦政府的财政收入，而不是社会保障基金。

（二）雇主养老金计划

第二支柱是由政府和企业建立的雇主养老金计划。政府建立的雇主养老金计划为公共部门养老金计划（public sector plans），由联邦、州、地方政府为其雇员提供；企业建立的雇主养老金计划为私人养老金计划（private pension plans），也被称为企业年金计划，是由企业主导、雇主和雇员共同缴费、享受税收优惠的企业补充养老保险制度，是美国雇主为雇员提供的一种最普遍的退休福利计划，以 401（K）计划为代表。

1. 私人养老金计划

1978 年，美国《国内税收法》新增的第 401 条第 K 项条款规定，政府机构、企业及非营利组织等不同类型雇主，为雇员建立积累制养老金账户可以享受税收优惠。根据这一条款，越来越多的美国企业选择了雇主和雇员共同出资、合建退休福利的方式。因此，美国企业年金计划又称作 401（K）计划。目前，401（K）计划已成为美国诸多雇主首选的企业补充养老保险制度。

企业年金计划由雇主和雇员共同缴纳一定数量的资金，其中，雇员年度缴费总额不得超过规定上限（2018 年为 18 500 美元，50 岁以上员工缴纳上限为 24 500 美元）；雇主为雇员缴费的比例由劳资双方协议确定，一般为雇员工资的 3%~7%。401（K）账户归雇员所有，离职时由雇员自行转走，转入其选定的任何提供 401（K）计划的基金公司。提供 401（K）计划的雇主，一般会指定一个基金公司管理雇员的 401（K）账户，雇员自主决定投资决策，并承担投资风险。雇员退休后从账户领取的养老金取决于缴费多少和投资收益状况。

401（K）计划养老金领取条件是：账户持有人年满 59.5 岁；死亡或永久丧失工作能力；发生大于年收入 7.5%的医疗费用；55 岁以上离职、下岗、被解雇或提前退休。户主如在 59. 5 岁之前提前取款，将被征收惩罚性税款；但允许提前借款，再还回账户。户主退休时，可以选择一次性领取、分期领取和转为存款等方式使用 401（K）账户资金。户主在年满 70. 5 岁时，必须开始从个人账户中取款，否则将对应取款额征税 50%，这一规定目的在于刺激退休者的当期消费，避免社会落入消费不足的陷阱。

2. 公共部门养老金计划

美国公共部门养老金计划与 401（K）计划类似。1986 年 6 月，美国国会通过《联邦雇员退休制度》，规定了联邦政府所有文职人员的养老、救助和残疾福利管理办法，其主要内容与上述针对企业雇员的 401（K）计划基本一致。美国各地方层级（州、郡、市）的公务员也各自建立了类似 401（K）计划的养老金制度。

（三）个人退休金计划

个人退休金计划即个人储蓄保险，是一种联邦政府提供税收优惠、个人自愿参与的个人补充养老金计划。个人退休金计划始建于 20 世纪 70 年代，其核心是建立个人退休账户（IRA），因此个人退休金计划被称作 IRA 计划。

与 401（K）账户不同，IRA 由参与者自己设立，所有 16 岁以上 70. 5 岁以下、年薪不超过一定数额者可以到有资格设立 IRA 基金的银行、基金公司等金融机构开设 IRA，而且不论其是否参加了其他养老金计划。户主可根据自己的收入确定年度缴纳金额，并在每年 4 月 14 日之前存入账户。IRA 有最高缴费限额。例如，50 岁以下者 2014 年最高缴费限额为 5 000 美元，年薪超过一定数额者不能参加 IRA 计划。例如，已有 401（K）计划者中，未婚者年薪超过 5. 6 万美元、已婚者年薪超过 8. 9 万美元的，不得申报该年度 IRA 计划。

IRA 由户主自行管理，开户银行和基金公司等金融机构提供不同组合的 IRA 基金投资建议，户主根据自己的具体情况和投资偏好进行投资管理，风险自负。IRA 具有良好的转移机制，户主在转换工作或退休时，可将 401（K）计划的资金转存到 IRA，避免不必要的损失。户主退休后从账户领取的养老金取决于缴费多少和投资收益状况。IRA 户主在年满 59. 5 岁后方可领取 IRA 退休金，提前支取将被处以支取金额 10%的罚金。政府此举在于鼓励户主到退休后才开始使用 IRA 资金。法规同时规定户主年满 70. 5 岁后必须开始支取账户金额。

近年来，IRA 计划衍生出不同类型的个人退休账户（Roth IRA，SEP IRAs，Simple IRA）。与传统 IRA 不同，Roth IRA 等在缴费条件、年度免税额度、支取时间、免税方式等方面提供了一些不同选择，供个体工商户和小企业主等不同人群根据自己的收入和就业状况作出更个性化的安排。例如：Roth IRA 在存款时缴纳个人所得税，存的是完税后的钱，退休后支取时免税，不强制要求户主年满 70. 5 岁必须支取账户金额；此外，未婚者和已婚者年收入如分别高于 12.5 万美元和 18.3 万美元，则不得申报 Roth IRA 等计划。

IRA 计划作为美国养老保险体系的重要组成部分，也是政府经常使用的宏观调控手段。IRA 账户免税额度的提高使全美 IRA 基金中增加了巨额资金，这笔巨资通过有效的投资体系投向各行业，从而促进美国经济发展，也使普通美国人分享到经济增长的好处。

综上可见，联邦退休金制度、雇主养老金计划和个人退休金计划分别发挥了政府、企业和个人作用，达到了多层次保障效果。其中，联邦退休金制度为老年人提供最基本的养老保障，为“雪中送炭”，雇主养老金计划和个人退休金计划则能有效提高退休人员实际收入，属“锦上添花”。总体而言，美国“三支柱”型养老保险体系的优点在于养老保障机制比较完善、管理高度统一、约束力强；使用法律和经济双重手段调控退休年龄，力度大、效果好；基本养老金替代率控制在较低的水平，有利于多层次保障的发展；充分利用现代管理技术，社会化程度高，可借鉴性强。

二、德国的养老保险制度①

自 1889 年俾斯麦主导颁布《老年和残疾社会保险法》以来，德国养老保险制度已有了 100 多年历史。尽管近年来德国人口结构的变化对其养老保险制度造成了严峻挑战，但它始终保持着较好的运行效果和偿付能力，该制度的规范管理和完备法制也是各国养老保险制度之典范。和其他发达国家类似，德国现行的养老保险体系包含法定养老保险、企业养老保险和私人养老保险，其中，法定养老保险为主干，企业养老保险和私人养老保险是该体系的重要组成部分。

（一）第一支柱：法定养老保险

法定养老保险是德国养老保险体系的第一支柱。法律规定，几乎所有雇佣劳动者及一些特定的独立经营者均有义务参加法定养老保险。医生、律师、零售商等高收入者为非义务参保人，但这些人年满 16 周岁均可自愿参加法定养老保险。公务员、法官和自谋职业的农民均有相应独立的养老保险制度，不参加法定养老保险。

目前，德国法定养老保险覆盖了 90% 的雇佣劳动者，其资金的来源有两个渠道。一个是企业和员工缴纳的养老保险费，占法定养老保险资金的 75%~80%；另一个则是国家财政补贴，占法定养老保险资金的 20%~25%。自 1957 年以来，德国法定养老保险一直实行现收现付制。然而人口老龄化加剧、国内外经济和社会条件急剧变化对德国养老保险制

① 郑培军. 德国养老保险制度介绍及对我国的启示［J］. 清华金融评论，2017（3）：33-38.

度造成了严峻的挑战。法定养老保险金支付总额的持续上升和缴纳总额的不断下降使德国养老保险体系的第一支柱不堪重负。为此，德国政府自 20 世纪 90 年代以来进行了开源节流的法定养老保险改革，并取得明显的成效。总体而言其改革的主要内容简要概括如下。

1. 延长法定退休年龄

自 1992 年改革以来，德国政府多次颁布法案逐步延长退休年龄，以缓解法定养老保险的巨大支付压力。预计 2030 年德国法定退休年龄将延长至 67 岁。

2. 降低养老金水平

提高缴费率。德国政府计划将法定养老保险的缴费比例由 19% 提高至 2030 年的 22%（其中企业和员工各付一半），到 2020 年养老金替代率将由平均 53% 降为 46%，到 2030 年预计进一步降至 43%。

3. 修改养老金计算公式维持代际公平

2004 年改革引入了“可持续因子”（不仅包括本国的人口环境因素，还考虑了移民情况、劳动力参与率等因素）概念。该因子随人口赡养结构的变化而变化，如果工作人群占比减少而退休人群占比增加，该因子的数值就会下降，而退休人群领取的法定养老金水平也随之下降。通过这种方式促使退休人群分担人口结构变化带来的负担，减轻工作人群的缴费压力。

（二）第二支柱：企业养老保险

德国的企业养老保险历史悠久。19 世纪中叶开始，企业主们就已经自行设立救济基金和援助基金用于为工人提供养老保障。企业养老保险从其建立以来就是一种企业自愿提供的福利待遇，属自愿性养老保险。员工有权将自己的部分劳动收入用于建立企业养老保障，企业也有权决定是否对员工给予养老保障。因此，德国企业养老保险的资金来源可以由企业或员工一方缴纳，也可以由企业和员工双方缴纳。德国企业养老保险存在诸多实施方式，主要包括直接养老金承诺、直接保险、年金基金局、养老金基金、援助基金等。

1. 直接养老金承诺

企业承诺在员工退休时将提供养老金保障，并在企业资产负债表中计提该部分准备金（可免除企业所得税）。员工在领取养老金时将按当时的工资所得税率缴纳个人所得税。直接养老金承诺属于企业自行提供和管理的养老保障，其经办机构是企业本身，不受德国联邦金融监管局（BaFin）① 的监管。近年来德国一些企业开始采用契约信托安排

① 2002 年 5 月 1 日，德国把德意志联邦银行和保险监管、证券监管机构合并，成立统一监管组织——德国联邦金融监管局，简称 BaFin。

（contractual trust arrangement，CTA）的形式，将企业部分资产委托信托机构进行独立管理，并仅限用于履行对员工的直接养老金承诺。企业的任何债权人均无权动用该部分资产，以此确保当企业偿付能力不足时，员工仍可获得该部分养老金保障。

2. 直接保险

由企业作为投保人为员工购买团体养老保险。员工既是被保险人也是受益人。直接保险受 BaFin 的监管，在保险资金的投资运营方面受到严格限制，如股权类投资不得超过全部资金的 35%。

3. 年金基金局

年金基金局是一类服务于一个或多个企业的特殊人寿保险公司，是企业养老保险的经办机构。向年金基金局投保的企业和员工，其缴纳金额可获得一定的税收减免。年金基金局也受 BaFin 的监管，其在保险资金的投资运营方面受到一定的限制。

4. 养老金基金

此类基金有独立的法人实体，通常以股份有限公司或共同基金的形式管理。养老金基金可以由企业、金融服务机构、行业协会或工会管理的行业养老金计划出资成立。养老金基金作为企业养老保障的经办机构，退休基金募集的资金基本可自由地在资本市场上投资运营。

5. 援助基金

此类基金有独立的法人实体，通常以协会的形式管理。企业和员工向援助基金缴纳企业养老保障费用，由此类机构负责管理资金并为员工提供养老金福利。企业和员工缴纳的全部费用均减免所得税，不设减免上限。此类机构不受 BaFin 的监管，其投资运营也无任何限制，甚至可以按市场利率回借给企业资金。

对于不受 BaFin 监管的企业养老保险（直接养老金承诺、养老金基金、援助基金等），如果企业破产或面临无力支付保障的情况，德国养老保险协会（Der Pensions-Sicherungs-Verein Versicherungsverein auf Gegenseitigkeit，PSVaG）将承担相关承诺和义务，实现对员工的养老保障承诺。

德国法定养老保险的缴费比例随着人口老龄化趋势不断提高，至 2000 年时已达到 19.3% 且面临继续上升的压力。人们认识到为保证老年人退休后不陷入老年贫困，提升企业养老保险和个人养老保险参保比重的必要性。2001 年以来，德国政府通过税收优惠等政策开始大力扶持企业养老保险。至 2013 年，约 2 008.6 万人参加了各种形式的企业养老保险，企业养老保险对劳动力的覆盖率达 60%，但大量的低收入劳动力并未得到企业提供的养老保障。

为了进一步提升企业养老保险的覆盖率（尤其对低收入劳动力），2016 年 11 月，时任德国联邦劳动部长纳勒斯（Andrea Nahles）提出新的企业养老保险改革提案，建议允许企业为员工投保不保证收益的确定缴费型养老保险计划。这是德国历史上首次真正引入纯粹的确定缴费型模式，在此之前企业投保的确定缴费型养老保险产品仍需保证最终投资回报率不低于 0%。但这些新引入的确定缴费型产品的保险资金必须由企业和工会共同运营管理，且只适用于加入劳资协议的员工。这意味着企业行业协会和工会在新的企业养老保险体系中承担着重要的角色。此外，有提案还建议修改所得税法，提高减免所得税的金额上限，并建议向低收入人群提供新的税优补贴模式。

（三）第三支柱：私人养老保险

私人养老保险（第三支柱）是商业机构提供的养老保险产品，由个人自愿参加，自愿选择经办机构，其保险费全部由个人支付。目前德国的私人养老保险体系主要由商业私人养老保险产品、里斯特养老金及吕鲁普养老金计划构成。

1. 商业私人养老保险产品

此类私人养老保险产品由商业保险公司提供，付款方式、支付计划等细节因产品而异，属于投保人个性化选择的养老保险。商业保险公司受 BaFin 的监管，对养老保险产品的监管采取备案制的形式，公司申报备案时需要提供计算保费和准备金等相关信息。安联保险集团是德国商业私人养老保险市场的领导者。

2. 里斯特养老金

2001 年 5 月，德国通过以时任劳动部长里斯特命名的养老金改革法案（里斯特养老金），决定在法定养老保险之外建立单独的个人自愿参加的储蓄性养老保险计划。

参与里斯特养老金的知名商业养老金机构包括安联保险集团、德意志银行下属的零售资产管理机构、联合投资资产管理公司等。所提供的产品包括私人养老保险计划、银行储蓄计划、基金储蓄计划或房产养老金等形式。里斯特养老金对参与人群设置了一定条件，将一些特定人群排除在外，例如，免除强制保险义务的个体经营者，特定行业养老金计划强制保险的人（包括药剂师、医生、兽医、律师、税务顾问以及建筑师，此类职业由各自组成的行业协会单独承保），退休人员等。2013 年起，月收入 450 欧元以下的劳动者也被排除在外。在缴纳金额方面，按前一年收入（税前）缴纳存款的比例及最高限额也在不断提高，从 2002 年的缴纳比例 1%、最高限额 525 欧元/年提高至 2008 年以后的缴纳比例 4%、最高限额 2 100 欧元/年，每年缴纳的金额均可获得税收减免。

德国政府还通过补助等措施，鼓励人们参与里斯特养老金。参保人将获得政府给予的基本补贴和子女补贴。2008 年起，25 岁以下年轻人签订合同可获得 200 欧元的一次性工作启动奖励。这些补贴由国家补贴中心直接拨款到参保人在保险公司的个人保险账户中。也就是说，国家补贴中心、德国财政局以及各大养老保险机构在里斯特养老金这个保险产品上是三家联网的。

里斯特养老金的推出引起了巨大的争议，焦点在于养老金的市场化以及私有化是否违背其保障这一特有属性。为此，德国政府从财政、社会技术、投资渠道、市场准入、法律等层面进行了最大程度的管理、监管和调控，并在这个市场投资出现亏损的情况下以“最终担保人”的形式出现。此外，里斯特养老金并没有覆盖低收入人群。月收入 450 欧元以下的劳动者被排除在外，他们仍主要依靠法定养老保险的支持。尽管如此，里斯特养老金仍不失为一次成功的改革。2001 开始，签署里斯特养老金的合同数量不断增长，截至 2015 年已达 1 648 万份。

3. 吕鲁普养老金计划

吕鲁普养老金计划以德国著名经济学家吕鲁普（Bernd Rürup）的名字命名，于 2005 年正式推出，主要针对个体经营者和自由职业者。参与吕鲁普养老金计划的人们无法获得国家补贴，但其缴纳的保费可以享受高限额的税收减免。单身人士每年可获得税收减免的缴纳金额上限为 20 000 欧元，而已婚夫妇每年可获得税收减免的缴纳金额上限为 40 000 欧元。吕鲁普养老金计划提供终身养老金保障，但因其提供的养老保障利益在受益人身故后无法由他人继承，故该计划推行后未获得预期的反响。

德国私人养老保险支付的养老金占比目前为 10%。德国政府希望这一比例在近期能提升至 15%，在中长期提升至 25%~30%。这样，企业养老保险和私人养老保险的支柱地位将逐步提升，有望与法定养老保险接近。

复习思考题

1. 简述基本养老保险的内涵。
2. 社会养老保险包含哪些层次？
3. 我国城镇职工基本养老保险的给付条件和标准各是什么？
4. 新型农村社会养老保险具有哪些特征？
5. 比较分析美国和德国的养老保险制度。

第五章 医疗保险制度

阅读与思考

无正式劳动合同，就不能享受医疗保险吗?

苏师傅是某私营企业的电焊工人，在企业工作已经十多年了。虽然没有签订正式的劳动合同，但苏师傅觉得企业领导还不错，给他的工资也还比较满意，也就没有在意劳动合同的事情。但是，一年前，苏师傅患上了比较严重的眼疾，需要住院治疗。由于治疗费用数额较大，苏师傅无力承担，于是他找到企业领导，希望企业能够为其报销部分医疗费用。然而，企业领导却告诉他，由于双方并没有签订正式的劳动合同，所以不能为苏师傅报销医疗费用，并说企业每月发放的工资中已经包含了医疗补贴和养老补贴，苏师傅再来找企业报销医疗费用是不合理的。求助无果的苏师傅找到当地医保机构去咨询，发现企业并没有为他办理医疗保险和缴纳医疗保险费用。因此，苏师傅感叹，自己为企业勤勤恳恳、任劳任怨地工作十多年，到头来，连基本的医疗保障都没有，生活也没有了啥奔头。

苏师傅的遭遇被他所在街道的法律援助中心获知，该中心的合作律师小刘主动找到苏师傅，给他讲解了劳动合同及医疗保险的相关法律知识，鼓励他通过正规的法律渠道维护自己的合法权利。小刘告诉苏师傅，根据劳动法规定，用人单位和劳动者必须依法参加社会保险，缴纳社会保险费。双方当事人虽然没有签订正式的劳动合同，但双方存在着事实上的劳动关系。企业未按国家规定为苏师傅办理参保和缴纳医疗保险费用，致使苏师傅无法享受相关的医疗保险待遇，企业应当为此承担责任。而且，企业领导所说的工资中已经包含了医疗补贴和养老补贴的说法也不能成立。因为社会保险具有法定性，是由企业、个人、国家三方共同承担并建立的一整套保障制度，不能通过企业自行向职工发放医疗补贴和养老补贴的形式来完成。所以，企业应该为苏师傅缴纳医疗保险费。

资料来源：李勤古．老年人面对医疗保险二三事［J］．劳动保障世界，2018（31）：56–57.

问题：

1. 医疗保险的性质是什么？
2. 医疗保险制度对于普通劳动者有哪些重要意义？

第一节　医疗保险概述

一、医疗保险的内涵

（一）医疗保险的概念

医疗保险一般是指由特定的保险组织或机构经办，基于强制性或自愿性原则，通过用人单位和个人缴费的方式建立医疗保险基金，当参保人因疾病、受伤或生育接受医疗服务时，由保险组织或机构对参保人由此造成的经济损失进行补偿。医疗保险是健康人群与非健康人群之间，或保险人健康时与患病时对病患风险的一种分摊机制，它的直接功能在于保障人们在患病时对医疗卫生服务利用的财务可及性。由于医疗服务利用是为了获得健康，所以医疗保险的最终目的是维护和提高个人健康水平。①

医疗保险包括社会医疗保险和商业医疗保险两大类。由于疾病及医疗卫生服务具有的独特性，大部分医疗保险被纳入社会医疗保险的范围，仅有一小部分医疗保险作为补充医疗保险由商业保险经营。

医疗保险从承保的范围大小来看，又可分为广义的医疗保险和狭义的医疗保险。狭义的医疗保险指的是劳动者因病、受伤或生育时获得的医疗费用补偿。广义的医疗保险也被称为健康保险，范围比狭义的医疗保险更广。在发达国家，健康保险不仅补偿由疾病给人们带来的直接经济损失（医疗费用），还补偿疾病带来的间接经济损失（如误工工资），对分娩、残疾、死亡也给予补偿，甚至还包括疾病预防、康复治疗、宣传教育等一系列内容。

（二）与医疗保险相关的几组概念

1. 医疗保障

相对于医疗保险而言，医疗保障是一个层次更高的概念。医疗保障是指国家通过立法多渠道筹集医疗保障基金，保证社会成员，尤其是无收入或低收入贫困人口，在患病或遭受各种突发事故伤害时，能够得到基本的医疗服务。同时，根据经济和

① 潘杰，雷晓燕，刘国恩. 医疗保险促进健康吗？基于中国城镇居民基本医疗保险的实证分析［J］. 经济研究，2014（6）：130-146，156.

社会发展状况，逐步提高国民的健康福利水平，提高国民健康素质的一系列制度和事业的总称。

2. 社会医疗保险与商业医疗保险

从经办主体及其性质的角度划分，医疗保险主要可以分为社会医疗保险和商业医疗保险。社会医疗保险主要指由国家或政府开办，是为分散社会成员因疾病风险带来的经济损失而建立的一项社会保险。社会医疗保险主要补偿参保人员接受合理的、必要的医疗卫生服务而产生的医疗费用，一般由国家立法强制实施。

商业医疗保险主要是指由（商业化的）保险公司开发、设计并销售的，向符合条件的参保人员提供直接或间接医疗费用保障的人身保险。经营商业医疗保险的保险公司一般需要自负盈亏，所以商业医疗保险对参保人员的风险选择非常严格，虽然遵循自愿参保原则，但一般只有符合保险公司参保条件的投保人才能获得相应参保资格。

3. 基本医疗保险与补充医疗保险

从保障水平的层次角度划分，医疗保险可以分为基本医疗保险和补充医疗保险。其中，基本医疗保险是指在政府的经济与财政承受能力、卫生资源和卫生服务供给能力等达到一定水平的条件下，在国家或地区的基本健康保障范围内，为参保人获得基础性的、必不可少的医疗服务而提供的保险。基本医疗保险一般提供较低水平的医疗保险待遇，主要满足参保人员因常见病、多发病所产生的基本医疗保障需求。

作为基本医疗保险的补充，补充医疗保险主要向参保人员提供基本医疗保险保障额度以上的医疗保障，旨在满足部分参保人员高额医疗保障需求。补充医疗保险是相对于基本医疗保险而言的一个概念。

4. 其他重要的概念

医疗费用保险。医疗费用保险是指仅补偿因疾病所致的、与疾病诊疗直接相关的费用，如检查费、化验费、治疗费、手术费、药费、输血费等费用，而体检、防疫及康复等与疾病诊疗没有直接关系的费用则得不到补偿。

（1）健康保险。健康保险是指不仅补偿因疾病导致的直接的医疗费用，还补偿疾病预防、健康维护、康复等产生的间接医疗费用的保险。从保障内容来看，健康保险保障范围相比医疗费用保险要广，所以健康保险一般又被称为广义医疗保险，医疗费用保险则被称为狭义医疗保险。

（2）生育保险。生育保险指的是国家通过立法，在妇女因怀孕和分娩暂时中断劳动时，国家或社会对其给予必要的假期、经济补偿和医疗服务的社会保险制度。我国生育保险的宗旨在于通过向职业妇女提供生育津贴、医疗服务和产假，帮助她们恢复劳动能力，重返工作岗位，体现国家和社会对妇女在生育时期给予的支持和爱护。

（3）疾病保险。疾病保险是指以特定疾病的发生为保障责任，即当参保人员罹患合同中约定的疾病时，由医疗保险机构承担疾病诊疗费用补偿或给付责任的保险。商业保险领域的疾病保险主要是指重大疾病保险，多采取定额给付的方式支付保险金。社会保险领域的疾病保险一般采取费用补偿形式给付保险金，主要针对约定好的、一旦发生将产生高额医疗费用的疾病承担补偿责任。例如，新型农村合作医疗大病保险中，将儿童白血病、先天性心脏病、终末期肾病、肺癌等22种疾病列入保障范围。

（4）大病保险。大病保险是指当参保人员因罹患大病发生高额医疗费用支出时，医疗保险机构给予费用补偿的医疗保险。大病保险以发生高额医疗费用为界定标准，当患者个人自付部分超过一定额度，可能导致家庭灾难性医疗支出时，即可认为该病是大病。

（三）医疗保险的基本特征①

医疗保险作为社会保险的一个险种，既具有社会保险的共同特征，同时又具有与其他社会保险险种不同的特征。基本医疗保险作为世界绝大多数国家和地区普遍建立的一种医疗保险模式，其特征基本能够反映医疗保险的特点。

1. 覆盖对象广，保障对象具有全民性

医疗保险在社会保险各个项目中保障对象最为广泛，原则上应该覆盖全体公民。在人的不同生命阶段，失业、工伤、生育等风险并不一定发生，但难以回避疾病风险的侵害。在建立医疗保险制度的国家，所有人不论年龄、性别、职业等，应有均等机会获得医疗保险的保障。目前我国医保参保率稳定在95%以上②，已进入“全民医保”时代。

2. 保障项目的综合性与关联性

医疗保险不仅包括对被保险对象的医疗费用的经济补偿、救治期间收入损失的补偿，还包括提供的一系列的医疗服务，如预防保健、宣传教育等。同时，医疗保险又与工伤、生育、养老保险项目交织在一起。如失业者、退休者除了需要经济补偿外，还需要医疗服务的保障；生育保险因为涉及医疗问题，本身就包含医疗保险的内容。

3. 医疗保险的系统性与复杂性

从系统的观点来看，医疗保险是个复杂的系统。首先，医疗保险涉及医疗方、患者、医疗保险机构以及用人单位等多方之间的复杂关系；其次，为了确保医疗保险资源的合理利用，还存在合理引导以控制医疗服务享受者和提供者行为的问题；最后，医疗保险不仅与国

① 孙树菡，朱丽敏．社会保险学［M］．北京：中国人民大学出版社，2012.

② 国家医疗保障局《2019年全国医疗保障事业发展统计公报》。

家经济发展有关，还涉及医疗保健服务的需求和供给。各要素之间相互影响、相互作用，使医疗保险形成了较为复杂的权利和义务关系。这些都是其他社会保险项目所没有的。

4. 医疗保险补偿的短期性与经常性

由于疾病风险的随机性、突发性，医疗保险的补偿也只能是短期的、经常的。医疗保险一般属于短期性保险，保险期限通常为一年。在较短的保险期限内，由于疾病风险发生的随机性和频繁性，使医疗保险的赔付成为经常性事件。医疗保险通常是按照病情的严重程度及由此而引起的医疗费用的多少进行一定比例的补偿。但是，疾病风险的发生频率高，且轻重程度不同，医疗开支难以事前确定。因此，医疗保险相对于其他社会保险险种来讲，风险预测和费用控制更为困难。

5. 保险费测算和控制的难度高

人的一生中难免会遭遇疾病风险，甚至会多次遇到疾病风险。另外，由于疾病风险的大小及医疗机构提供服务的不同，使每个人每次发生的医疗费用也不相同。也就是说，人们发生疾病的概率及每次疾病带来的损失均难掌控，使医疗保险在保险费的预测上及保险费用的控制上都很困难。

6. 补偿形式的特殊性

在医疗保险中，参保人享受的待遇与其缴纳的医疗保险费之间往往没有直接的关系。医疗保险基金的补偿与实际发生的疾病状况及医疗服务的利用状况密切相关，通常按照实际发生的医疗费用进行适当补偿，这与社会保险其他险种实行的定额给付明显不同。

（四）医疗保险的基本原则

从世界范围来看，尽管医疗保险制度有一些差异，但总体上有几个共通的原则。

1. 社会化、全员参保与强制性原则

一般而言，医疗保险的社会化要求所有社会成员都成为医疗保险的保障对象。社会化既符合大数法则的技术要求，同时也体现医疗保险的社会公平性。西方绝大多数发达国家，如德国等，通过立法将全体国民纳入医疗保险的覆盖范围；当前我国还有少部分人群没有纳入医疗保险的范围，因病致贫、因病返贫现象屡有出现。积极扩大医疗保险的覆盖面，将所有的社会成员纳入医疗保险的保障范围，实现医疗保险的社会化，是我国医疗保险发展的基本原则和重要目标。

医疗保险的全员参保原则包括三层含义：一是无论单位性质和经济状况如何，符合政策规定的用人单位都必须参保；二是无论居民身份和职工的用工形式，符合规定的所有居民和职工都必须参保；三是无论身体状况如何、年龄多大，符合规定的居民和职工都必须参保。即无论是患者还是健康人，老年人还是年轻人，都必须参加医疗保险，从而有效减少风险的逆向选择。

医疗保险的强制性原则主要是指，医疗保险需要通过国家立法强制实施。所有符合参保条件的单位和劳动者个人都必须依照法律的规定参加，并按规定缴纳医保费用。

2. 责任合理分担和互助共济原则

国内外的医疗保险实践表明，医疗保险的实施都强调国家、企业、个人等相关主体的多方责任及其合理分担：一是在医疗保险基金来源上，通常由国家、用人单位和个人等双方或多方共同负担；二是在医疗费用的支出上，通常也要求参保个人分担一部分费用。例如，德国法定医疗保险的保险费根据个人收入比例计算，一直以来实行的是劳资双方共同缴费的原则，所有缴费全部进入医疗保险基金并由全体参保人共享；日本的公司健康保险费用也由雇主和雇员共同负担。

与责任合理分担原则相联系的是医疗保险的互助共济原则。在主要的医疗保险模式中，医疗保险基金起到了医保资金蓄水池的调节作用。参保人员缴纳的医疗保险费用而形成的保险基金能够实现参保人之间的风险分担和互助共济。即未发生风险的人帮助发生风险的人，健康水平高的人帮助健康水平低的人，缴费水平高的人帮助缴费水平低的人，从而合理有效地分担社会成员的风险。

3. 托底保障与差异化保障并存的原则

国内外的医疗保障经验表明，医疗保险以保障人们平等的健康权利为目的，其社会目标是保证基本医疗，实现对社会成员的托底保障。因此，我们所说的社会医疗保险，其实是基本医疗保险，也就是只能提供基本医疗保障。如果想要得到基本医疗以外的其他医疗服务，就只有通过补充医疗保险来解决。

与此同时，医疗保险也包括多层次的供给。除了基本医疗保障外，主流的医疗保险制度还根据参保人员的收入、医疗需求等方面的差异，提供差异化的医疗保障。补充医疗保险，以及部分高缴费水平的商业医疗保险，都是为了满足社会成员的差异化医疗保险的需求。

4. 公平与效率相结合原则

医疗保险首先强调的是社会公平性，在保证社会公平的前提下，也需兼顾效率。公平可以理解为：参保人无论年龄、职业、职位、用工形式及身体状况，均须按相应的比例缴纳医疗保险费，均可获得基本医疗的保障。效率主要体现在医疗保险基金的筹集、使用及卫生服务提供等方面。医疗保险基金能够及时、足额筹集到位，医疗服务机构能够做到因病施治、合理治疗等均是医疗保险运行效率的体现。

二、医疗保险制度的内涵

（一）医疗保险制度的概念

医疗保险制度是指一个国家或地区按照保险原则为解决居民防病治病问题而筹集、分配和使用医疗保险基金的制度。

医疗保险制度是国民医疗保健事业的有效筹资机制，是构成社会保险制度的一种比较进步的制度，也是目前世界上应用相当普遍的一种卫生费用管理模式。

医疗保险制度遵循大数法则，通过保险的方式分散个人患病所造成的经济损失。对个人来说，生病和受伤存在一定的偶然性，不可预测；而对一个群体来说则是可以预测的。医疗保险具有社会保险的强制性、互济性、社会性等基本特征。因此，医疗保险制度通常由国家立法强制实施，建立基金制度，费用由用人单位和个人共同缴纳，医疗保险金由医疗保险机构支付，以解决劳动者因患病或受伤害带来的医疗风险。

（二）医疗保险制度的基本特征

1. 医疗保险制度是一种普遍性的社会保障制度

自德国于 1883 年正式建立医疗保险制度以来，医疗保险制度已经成为世界各国普遍实施的一种制度。从制度需求的意义上讲，医疗保险制度是保障国民“病有所医”的基本途径，也是保障整个国家和社会持续健康和稳定发展的重要制度基础，因此，医疗保险制度是当今世界各国和地区普遍建立的一种重要保障制度。

2. 医疗保险制度体现公平正义的价值伦理

总体上看，公平正义是医疗保险制度的一个基本特征。医疗保险制度的设立和发展，出发点是为了保障国民的健康生存权利，因此，公平正义是医疗保险制度的应有之义。换言之，医疗、健康是一种基本权利，国民不论其健康状况、收入水平、阶层地位、职业状况等有什么样的差别，都拥有相同的权利享受医疗保险制度的保障及其相应的医疗服务。这一基本理念也是世界各国医疗保险制度建立的基本原则，并切实地得到了体现。

3. 医疗保险制度的适应性与变迁性

作为一项重要的社会保障制度，医疗保险制度的建立与发展总是与一个国家或地区的历史、政治、文化传统及经济社会发展现实相适应的。因此，世界不同国家的医疗保险制度在具体内容，如保障水平、费率等方面，都会有不同的要求，体现与本国国情相适应的特征。与此同时，医疗保险制度也总是处于变革之中，不存在长期不变的医疗保险制度。随着经济发展水平的提高、国家财政实力的增强，医疗保险制度也在不断变革，实现更高的保障水平。

4. 医疗保险制度的多样性

医疗保险制度并不具备统一的制度模式，相反，当今世界主要的医疗保险制度呈现多样性的特征。例如，从制度建构的主体来看，医疗保险制度大致有三种主要模式：一是国家医疗保险制度，主要指国家通过向社会征税等方式筹集医疗保险资金，并将医疗保险资金分拨下发给医疗机构，由医疗机构免费或低收费为国民提供医疗服务的医疗保障制度。英国的医疗保险制度就属于这一类型。二是社会医疗保险制度，指一国医疗保险的资金由社会统筹，主要由雇主与雇员按照法律设定的比例缴纳费用，以大数法则将其中部分成员偶然出现的疾病风险分散给所有参保人员的一种医疗保险制度。社会医疗保险制度体现了国家、雇主和雇员分担责任的原则。实行这一医疗保险制度模式的典型国家有德国、法国、日本和中国等。三是商业医疗保险制度，主要按照市场化的原则经营，医疗资源和服务的提供由私营医疗机构实施，个人通过购买商业化的医疗保险来应对疾病风险。美国的医疗保险制度模式是这一模式的典型。

（三）医疗保险筹资与支付

医疗保险制度既是关涉人的健康、工作及养老权利的重要制度，又是国家为改善民生进行政策布局的重要领域，同时还是解决经济社会转型时期方方面面问题的重要工具。医疗保险制度本质上是一个多主体相互联系、多环节相互连接的制度体系或系统，其主要内容包括医疗保险的立法与运作模式、医疗服务的供给、医疗保险的筹资、支付与管理等。其中，筹资与支付制度是重要内容。

1. 医疗保险基金的定义

医疗保险基金是指国家或政府根据医疗保险的相关立法，授权医疗保险机构向雇主、雇员，以及其他渠道所筹集的用于保障参保人基本医疗服务需求开支的专项资金。医疗保险基金的筹集和建立是医疗保险制度能够正常运行的重要前提条件和经济基础。

一般而言，医疗保险基金又可以分为政府主导的社会医疗保险基金和商业健康保险基金。其中，政府主导的社会医疗保险基金是我们一般意义上认为的医疗保险基金。它是国家为保障参保人获得基本医疗服务的权益，由社会保险经办机构或税务部门按照有关规定，在特定统筹区域内，按一定比例或额度向保障对象征缴医疗保险费，结合政府的财政补贴，由专门机构管理的专项财务资金。社会医疗保险基金的筹集有一些典型的特点：一是缴费的强制性；二是资金的互剂性；三是雇主、雇员共同责任；四是实行以收定支、收支平衡的原则。实行社会医疗保险的国家，资金的筹集大都具有上述特点。

而商业健康保险基金则是保险公司用以补偿被保险人由于健康风险所致损失的一种保险基金。

2. 医疗保险基金的筹集渠道①

从国内外的经验来看，医疗保险基金的筹集渠道比较多元化，一般包括国家财政补贴、企业（雇主）缴费、个人缴费等。此外，医疗保险基金的筹资渠道还会包括一部分的医疗保险基金利息增值、投资收益以及社会捐赠。

（1）国家财政补贴。一般而言，国家是医疗保险基金筹集的重要主体。国家会通过财政补贴的方式，充实医疗保险基金。当然，国家提供的资助或补贴，其数额大小会受到国家的卫生制度、福利政策、经济发展水平和医疗保险制度等因素的影响。例如，英国、瑞典等国直接通过国家的财政预算来筹集医保资金。我国的医疗保险制度中，中央政府和地方政府也会给予一定的财政补贴。

（2）企业（雇主）缴费。企业或雇主的医保缴费是医保基金的重要来源。例如，在德国、韩国和日本，医疗保险费用由雇主和雇员各自承担 50%。在我国的城镇职工基本医疗保险中，企业承担的缴费比例大致为职工工资总额的 6%。当然，企业缴纳的医疗保险费需要计入企业的生产成本。医保缴费率的变化会对企业的成本收益带来直接的影响，因此，合理的缴费水平是医疗保险制度设计中需要考虑的重要内容。

（3）个人缴费。个人缴费也是医疗保险基金的重要组成部分。医疗保险个人缴费的比例在不同的国家或地区有一定的差别。例如，日本雇员缴纳的保险费大致为本人工资的 4%~5%；新加坡雇员缴纳的费用为个人工资的 3%。实行个人缴费充分体现了多方责任分担原则，有利于提高医疗保险的筹资规模，保障医疗保险基金的充实和稳定；有利于降低国家财政和企业成本的负担；有利于提升医疗保险资源的使用效率，防止被保险人的过度医疗以及由此带来的医疗保险资源浪费。

（4）其他渠道收入。这部分资金主要包括医疗保险基金利息增长及投资收益、社会捐赠等。从国内外经验来看，为了实现医疗保险基金的保值增值，医疗保险基金也会参与一些必要的投资，从而获得一些投资收益和利息收益。这些收益也会用于充实医疗保险基金。此外，一些社会团体、企业家或个人，也会对医疗保险机构给予一些捐赠，这部分捐赠也是医疗保险基金的重要补充性来源。

3. 医疗保险基金的构成②

从基金的使用而言，医疗保险基金一般包括管理费、风险储备金、预防保健费和医

---

① 周绿林，李绍华. 医疗保险学［M］. 北京：科学出版社，2016.

② 邓大松. 社会保险［M］. 北京：中国劳动社会保障出版社，2009.

药补偿费等部分。

（1）管理费。管理费主要是指用于医疗保险业务管理方面的费用，它主要包括医疗保险机构工作人员的工资、奖金、福利以及保险机构的设备、办公经费等。在西方国家，医保管理费用的提取比例较高，例如，加拿大的医保管理费占保险基金的7%左右，德国为13%，美国为25%。

（2）风险储备金。风险储备金主要用于突发性和偶然性的大病、重病暴发流行时或医保基金赤字时的支付调节，是为增强医保基金的抗风险能力而设立的。

（3）预防保健费。预防保健费主要用于实施儿童计划免疫、妇女产前产后保健，以及一些地方病的预防支出。

（4）医药补偿费。医药补偿费主要用于被保险人病后就诊所发生的各项医药费用补偿，是医疗保险基金最主要的使用方向，一般占到医保基金的80%以上。

4. 医疗保险费用的偿付

医疗保险费用偿付又称医疗保险费用支付，主要是指医疗保险机构按照保险合同的规定，对被保险人因病就医所花费的医疗费用进行补偿的行为，以及对医疗服务机构提供相关医疗服务所耗费资源的补偿行为。

医疗保险费用的偿付是医疗保险制度的重要环节和内容，其作用主要包括：维持医疗保险基金的收支平衡、调节医疗服务供需双方的行为、调控卫生资源的配置和使用、切实体现医保制度的保障作用等。

医疗保险费用偿付的方式有多种类型。按照偿付的时间划分，有预付制和后付制。其中，预付制主要指在医疗服务发生之前，医疗保险机构按照预先确定的标准，向被保险人及医疗服务提供机构偿付医疗费用。后付制则是指在医疗服务发生之后，医疗保险经办机构根据医疗服务发生的数量、医疗费用发生额以及偿付标准进行偿付的方式。此种偿付方式是比较常见、使用广泛的一种偿付方式。

医疗保险的偿付也可以按照偿付的依据及标准等进行分类。①

（1）按服务项目付费。按服务项目付费是指医疗保险经办机构根据医疗机构提供的医疗服务项目和服务量，依据规定的每项医疗服务的付费标准，对医疗机构给予费用补偿的方式。这种偿付方式是一种典型的后付制形式，使用比较广泛。

（2）按人头付费。按人头付费是指医疗保险经办机构根据医疗机构实际提供的服务人次向医疗机构偿付医疗费用。这种付费方式是一种预付制的形式，医疗保险经办机构

① 邓大松. 社会保险［M］. 北京：中国劳动社会保障出版社，2009.

会按照合同规定的时间以及被保险人人数和支付定额标准，预先支付医疗机构一笔固定的医疗费用。

（3）按病种付费。按病种付费又称按疾病诊断分类定额支付，是指根据国际疾病分类法，将患有不同疾病的病人分为若干组，根据病人的疾病轻重程度、有无并发症等分成不同的组别，按照差别性的标准向医疗机构给予费用偿付。

（4）按服务单元付费。按服务单元付费是指医疗保险经办机构按照预先确定的住院日费用标准或每次门诊费用标准，分别支付住院病人的费用或门诊病人费用。同一所医院所有病人的每日住院或每次门诊费用支付都是相同和固定的，与病人每日或每次治疗的实际花费无关。

（5）总额预算制。总额预算制又称总额预付制，是指医疗保险经办机构与医疗机构事先确定年度医疗费用预算总额，医疗保险经办机构在支付该定点医疗机构医疗费用时，不管实际医疗费用是多少，都以此预算总额作为偿付的最高限度。定点医疗机构对所有参保患者都必须提供规定的医疗服务。

三、医疗保险的功能

（一）减轻疾病经济负担及服务功能

医疗保险的直接作用就是通过对参保患者提供经济补偿，分担参保患者的医疗费用，从而在一定程度上减轻患者的疾病经济负担。现代医疗保险不仅补偿人们由于疾病带来的经济损失（如医疗费用、误工工资等），也趋于强调服务功能，一些发达国家已开始涉及疾病预防等一系列工作。

（二）保障居民健康

保障国民及家庭的基本健康权和生存权，是建立社会医疗保险制度的根本目的，同时也是政府的基本职责和国民应享有的基本权利。医疗保险除了能够直接减轻人们的经济负担外，还可通过对参保人提供健康体检、预防接种、健康教育等多种健康保障活动，从根本上提高人们的身体素质、保障人们的身体健康。

（三）提高劳动生产率

医疗保险是社会进步、生产力提高的必然结果。反过来，医疗保险制度的建立和完善又会进一步促进社会的进步和生产力的发展。一方面，医疗保险减轻了劳动者的经济负担，使其安心工作，从而可以提高劳动生产率；另一方面，保证了劳动者的身心健康，保证了劳动力的正常再生产，而劳动力再生产是社会再生产的基础。因此，在很多国家，医疗保险制度已成为其经济发展不可或缺的配套措施。同时，医疗保险可以提高医疗服务提供的质量、合理性、科学性和规范性，促进医疗卫生事业的发展与完善。

（四）维护社会稳定

医疗保险对患病或遭受意外伤害的劳动者给予经济上的帮助，维持这些人的正常生活，有助于消除因疾病或意外伤害带来的社会不安定因素。

（五）规范医疗服务供需双方行为

医疗保险以协议的形式要求医疗服务机构做到因病施治、合理检查、合理用药和合理治疗；通过费用分担的办法促使医疗服务需方形成费用节约意识，从而达到控制医疗费用过快增长的目的。

（六）促进社会文明与进步

医疗保险具有社会互助共济的基本性质，这种性质体现在不同收入的劳动者之间，以及不同疾病风险概率的劳动者之间的风险分担和转移，是建立在互助合作的思想基础上的一种制度安排。医疗保险体现了“一方有难、八方支援”的人道主义精神，展示了一种社会互助、同舟共济的良好社会风尚，是社会文明与进步的表现。

（七）助力人们对更加美好生活的追求

在经济社会转型阶段，社会成员常常会面临各种各样的生活风险及不确定性。单纯依靠个人及家庭的能力往往难以有效应对，这也会降低人们的生活质量和社会预期。医疗保险能够有效降低人们生活的风险（疾病、伤害等），进而增进社会成员对更加美好生活的积极追求，提升社会成员的幸福感和认同感。

四、医疗保险制度的四种主要类型

受不同国家或地区的历史传统、文化、经济、政治等多种因素的影响，医疗保险制度主要形成了四种不同的制度，即国家医疗保险制度、社会医疗保险制度、商业医疗保险制度和个人储蓄医疗保险制度。

1. 国家医疗保险制度

国家医疗保险制度又称国民健康保险或福利型医疗保险制度，主要指政府通过税收或缴费的方式筹集资金，以财政预算拨款和专项基金的形式，向医疗机构提供资金，由医疗机构向国民直接提供免费或低收费的医疗服务的医疗保险制度。

这一医疗保险制度的特点主要包括：(1) 为全体公民提供免费或低收费的医疗服务，具有国家福利的性质；(2) 医疗保险基金主要来源于税收及财政预算，有利于政府对医疗保险进行总体控制；(3) 医疗服务机构大多由政府经办，或是私人医疗机构与政府签订定向购买服务协议，医疗费用的偿付主要有国家承担，市场机制不明显。

实施这一医疗保险制度的代表性国家主要有英国、瑞典等国。

2. 社会医疗保险制度

社会医疗保险制度主要指国家通过立法形式强制实施，由雇主和雇员按一定比例缴纳保险费，形成医疗保险基金，并由此向社会成员提供医疗服务的医疗保险模式。

这一医疗保险制度的特点主要包括：(1) 雇主和雇员按工资比例缴纳保险费，并构成保险基金的主要资金来源；(2) 保险基金具有共享和互济的作用；(3) 保险基金采取现收现付原则，费用支付采取以收定支、收支平衡的原则；(4) 医疗保险的待遇水平与医疗保险基金的支付能力相关联；(5) 依法设立社会化的管理机构统一管理医疗保险基金，并按规定向提供医疗服务的医疗机构给予医疗费用补偿。

社会医疗保险制度是最主要的一种医疗保险制度，被世界上大多数国家采用。

3. 商业健康医疗保险制度

商业健康医疗保险制度是指由商业保险机构经办，按照市场原则和自愿参保原则，为参保人提供多层次、多类型医疗服务的一种医疗保险制度，也称自愿保险。

这一医疗保险制度的特点主要包括：(1) 采取自愿投保方式，医疗保险基金的资金主要来源于参保人的保险费；(2) 提供医疗保险服务的机构一般为私营机构；(3) 医疗保险机构与参保人签订商业健康保险合同，建立受法律保护和约束的权利义务关系；(4) 医疗保险服务形式多样化，保障水平根据个人需求及出价能力确定。

采用这一保险制度的国家主要以美国最为典型。

4. 个人储蓄医疗保险制度

个人储蓄医疗保险制度主要指依据法律规定，强制要求劳动者（或雇主、雇员共同）出资，建立以个人或家庭为单位的医疗保险账户，用以保障劳动者及家庭成员生病时能够获得补偿的一种医疗保险形式。

这一医疗保险制度的特点主要包括：(1) 采取法律强制储蓄的方式筹集医疗保险基金；(2) 筹资以个人责任为主，强调劳动者的自我保障意识和费用控制意识；(3) 个人储蓄医疗保险账户的资金只能用于劳动者个人和家庭成员的医疗消费；(4) 患者根据自己的支付能力自主选择医疗服务项目，发生的医疗费用从个人储蓄医疗保险账户中扣除，接受的医疗服务越多，个人自付的费用也就越多。

采用这一医疗保险制度的国家主要以新加坡最为典型。

第二节　医疗保险制度的形成与发展

一、西方医疗保险制度的发展

医疗保险最早起源于18世纪工业革命时代的欧洲大陆，它是资本主义经济、政治发展到一定阶段的产物，伴随着失业保险、养老保险及工伤保险制度的产生而创立。在自然经济形态下，劳动者遭受到的年老、疾病、受伤等风险完全由家庭或家庭成员来承担。西方的教会及国家虽然也为贫民提供一定的救济，但是水平极低且范围有限，不过是以缓解社会冲突为目的，以施舍、恩赐为突出特点的早期社会自我保护方式与制度。现代意义上的医疗保险出现于资本主义进入工业化社会后。18世纪末19世纪初，以“共济会”“友谊社”为代表的民间保险在欧洲兴起。它是在行业或地区的基础上，由劳动者自愿筹资组建的互助团体，为成员提供疾病补助、老年年金以及死亡安葬费等救助。这种保险形式曾经在抵御疾病等危害、减少劳动者经济损失等方面发挥了重要的作用，但是随着医疗卫生资源价格的上涨以及医疗费用开支的增大，大多因资金来源有限而难以正常运转。

在这种情况下，由政府组织的医疗保险开始受到关注。政府采取措施，鼓励雇主为工人投保，作为改善工人健康状况和安抚工人的手段之一。1883年德国颁布了《疾病社会保险法》，明确规定：（1）某些行业中工资少于限额的工人应强制加入疾病保险基金会；（2）基金会强制征收工人和雇主应缴纳的基金。这是世界上第一部社会保险法，标志着现代社会保险法的诞生。《疾病社会保险法》所采取的强制性社会保险原则既体现了医疗保险在社会发展中的重要性，也表明了政府开始介入健康与医疗问题。

继德国之后，奥地利在1887年、挪威在1902年、英国在1919年、法国在1921年也相继立法实施了医疗保险制度。20世纪30年代上半叶，医疗保险覆盖人群从低收入工人逐渐扩展到较高收入工人，保险范围也从医疗服务、药品扩大到住院医疗，后来又发展至牙科、眼科等。这一阶段约有50多个经济较发达的国家先后建立了医疗保险制度。但由于各国在社会结构、经济发展、政治制度、文化传统等方面的差异，它们的医疗保险制度在模式选择、技术机制和运转机制等方面存在较大差异。之后，医疗保险制度逐渐扩展至欧洲之外的其他地区。1922 年，在亚洲日本首先通过了《健康保险法案》，1924 年南美洲的智利和秘鲁等国也建立了医疗保险制度。第二次世界大战后，医疗保险制度出现新的形式。英国首先建立由财政支持、政府负责的全民卫生服务体系，并在瑞典、芬兰、挪威、冰岛、丹麦等北欧国家普遍推行。同时，一些发展中国家也相继开始了医疗保险制度的探索实践。

第一次世界大战后至 20 世纪 70 年代是医疗保险在全球普遍发展的时期，尤其是在西方发达国家，其实施范围不断扩大，标准不断提高。德国的医疗保险已覆盖到全体公民的 90%，由医疗保险支付的医疗费用占医药费总支出的 72%；这两项指标日本分别是 95%和 85%；法国为 98%和 76%，意大利为 91%和 87%，瑞典为 98%和 91%。

20 世纪 70 年代以来，西方社会进入经济衰退和滞胀时期，再加上人口老龄化，传统的医疗保险制度遇到许多问题，各国政府纷纷采取措施，对医疗保险制度进行改革，它们在努力解决扩大医疗保险覆盖面、提高医疗服务质量以及控制医疗卫生费用上涨等老问题的同时，还要应对医疗技术和信息技术的发展，以及人口老龄化加剧所带来的新问题和挑战。总之，由于经济发展水平、政治制度、社会制度、文化传统等方面存在差异，各国在医疗保险制度的改革中结合自身的特点采取了不同的对策。

二、我国医疗保险制度的发展

（一）1949—1991 年：计划经济体制下传统医疗保险制度的建立

从 1949 年到改革开放初期，我国的医疗保险制度主要由公费医疗、劳保医疗和农村合作医疗保险构成。早在 1951 年，政务院就颁布了《劳动保险条例》，确立起了劳保医疗制度。1953 年，国家进一步颁布《中华人民共和国劳动保险条例实施细则修订草案》等相关法规，进一步完善了劳保医疗制度。1952 年，政务院发布《关于全国各级人民政府、党派、团体及所属事业单位的国家工作人员实行公费医疗预防的指示》，逐步建立公费医疗制度。1965 年以后，卫生部、财政部等部门先后颁布了《关于改进公费医疗管理问题的通知》等法规，对公费医疗制度进行修订和发展。与此同时，国家也在 20 世纪 50 年代初推动建立以互助互济为原则的农村合作医疗制度，以满足农村居民的医疗服务需求，提高农民的健康水平。①

---

① 母玉清. 我国医疗保险制度发展的历程、现状及趋势［J］. 中国初级卫生保健，2016（2）：16-17.

但是改革开放后，尤其是20世纪90年代提出建立社会主义市场经济体制以来，传统公费医疗和劳保医疗面临覆盖面窄、绝大多数就业者无医疗保险、无稳定经费来源、社会化程度低、医疗费用增长过快、社会互济程度较低等诸多问题。①

这一时期，我国公费医疗制度和劳保医疗制度的显著特点主要体现在两个方面。第一，医疗福利是一种刚性福利。无论形式如何，基本都是公益性的，不核算成本、不追求效率。医保福利刚性的功绩不应该被完全抹杀，从一定意义上来说，它是计划经济时期对个人低工资的一种补偿方式。第二，退休人员无须缴费。由于计划经济时期工资较低的缘故，职工医保福利的覆盖面除了在职职工以外还包含了退休的工人。

（二）1992—2009年：经济体制改革时期的医疗保险制度

20世纪90年代以来，我国进入了新型职工医疗保险制度的探索和实施阶段。新型职工医疗保险制度大致可以分为医疗费用控制和建立全国医疗保险制度两个阶段。医疗费用控制自1992年之前就已经展开，改革关键领域是公费医疗和劳保医疗制度，改革重点是建立需方的激励约束，具体措施是费用分担机制，同时也约束医疗服务者与需方串通牟利的行为。自1992年开始，我国医疗保险制度改革正式进入提高社会化程度、兼顾控制费用和探索新型城镇职工医疗保险的阶段。1994年的“两江”试点是我国医疗保险推进费用改革、账户改革并扩大覆盖面的具有里程碑意义的事件。“两江”试点是根据国家经济体制改革委员会、财政部、劳动部、卫生部共同制定的《关于职工医疗制度改革的试点意见》，经国务院批准，率先在江苏省镇江市、江西省九江市开展的统账结合的支付制度改革。“两江”试点的改革经验被推广到全国38个地区。在试点改革的经验基础上，1998年国务院颁布《关于建立城镇职工基本医疗保险制度的决定》，确立了统账结合的医疗保险制度模式及政策设计。该决定具有划时代的意义，标志着中国医疗保险由传统劳动保险、企业单位型医疗保险进入社会医疗保险的崭新时代。20世纪90年代以来，中国宏观社会环境最显著的时代特征是社会主义市场经济体制改革与发展。计划经济时期盛行的社会福利理论日趋淡化，社会保障概念与理论成为主流话语。② 2009年，中共中央、国务院颁布《关于深化医药卫生体制改革的意见》，拉开了新医改的序幕，也标志中国医药卫生体制与社会医疗保险体系发展进入新的历史发展阶段。

① 胡晓义. 走向和谐：中国社会保障发展60年［M］. 北京：中国劳动社会保障出版社，2009：187-190.

② 国家经济体制改革委员会. 社会保障体制改革［M］. 北京：改革出版社，1995：1-2.

（三）2010 年至今：经济社会转型时期的医疗保险

2010 年以来，伴随经济社会转型的深化，我国的医疗保险制度也实现了重要范式的变革。这一时期，以“两纵”（职工医疗保险和城乡居民基本医疗保险）和“三横”（医疗救助、基本医疗保险、商业健康保险）为主的基本医疗保障制度格局逐步形成和完善，全民医保不断取得实质进展。[①] 较长时期以来，城镇居民医保和新型农村合作医疗（以下简称新农合）制度，由财政给予补贴，覆盖了城市和农村缴费的个人。但由于医疗保险统筹层次较低，县级财政负担较重，部分经济不发达地区由县级以下财政统筹资金，所以，城镇居民医保和新农合的政府补贴既对地方政府形成较大压力，也面临着资金不足的问题。同时，随着我国全民医保、大病医改、老龄化医改等问题的提出，新时期我国医疗保险制度越来越细化，越来越复杂，新的项目不断增加，各省市在操作上的差异也非常大。

《关于深化医药卫生体制改革的意见》正式颁布之后，我国开始朝着医保全民覆盖的目标迈进。2010 年颁布的《社会保险法》在延续城镇职工基本医疗保险制度要点的基础上，同时扩大医保覆盖面、增设医保项目灵活度。到 2012 年，我国医药卫生体制改革取得了重要进展，初步建立了覆盖城乡居民的基本医疗卫生保障制度，进入建立全民医保制度国家行列；初步建立了国家基本药物制度，使人民群众能够公平地获得防治疾病所必需的安全有效的药物；健全了城乡基层医疗卫生服务体系，极大地便利了基层农村群众的看病就医需求；基本公共卫生服务均等化不断推进，一些和环境因素相关的重大疾病得到控制。2014 年十二届全国人大三次会议提出，城乡居民大病保险试点扩大到所有省份，疾病应急救助制度基本建立，全民医保覆盖面超过 95%。基层医疗卫生机构综合改革深化，县乡村服务网络逐步完善，公立医院改革试点县市达到 1 300 多个。同时，此次会议决定对基本医疗卫生体制及大病保险制度展开部署，全国加快健全基本医疗卫生制度。

在大病医保问题上，2012 年，国家发展改革委等六部门出台了《关于开展城乡居民大病保险工作的指导意见》，要求各地方省市开展试点方案，明确针对城镇居民医保、新农合参保（合）人群大病负担重的情况建立大病保险制度，以减轻城乡居民的大病负担，同时明确大病医保报销比例不低于 50%。2014 年国务院医改办发布《关于加快推进城乡居民大病保险工作的通知》，进一步要求尚未开展城乡居民大病保险试点的省份要在 2014 年 6 月底前启动试点工作。

---

① 赵斌，尹纪成，刘璐. 我国基本医疗保险制度发展历程［J］. 中国人力资源社会保障，2018（1）：22-25.

在解决老龄化医保问题上，国家着力推进两项制度改革。其一是退休者医疗保险缴费，其二是老年人健康护理保险的推行。这两项改革主要是为了应对我国日趋严重的老龄化及日益提升的医疗服务需求。

此外，为统筹城乡医疗保险制度的发展，2016年，国务院出台《关于整合城乡居民基本医疗保险制度的意见》，明确提出推进城镇居民医疗和新农合制度的整合并轨，逐步在全国范围内建立统一的城乡居民医保制度。各地普遍按照覆盖范围、筹资政策、保障待遇、医保目录、定点管理、基金管理“六统一”的要求，积极推动城乡居民医保的整合，部分地区完成了基本医疗保险管理机构的合并，部分省份开始探索“三险整合”的医保一体化管理制度。①

党的十九大之后，医疗保险制度的改革更是快速推进并取得重要进展。党的十九大报告中明确提出，完善统一的城乡居民基本医疗保险制度和大病保险制度。在此背景下，2018年，国家医疗保障局成立，为我国医疗保险制度的发展提供了重要的体制基础。此后，我国医疗保险制度相应地取得重要进展。例如，城乡分割的居民基本医疗保险制度并轨整合得以实现，医疗保险政策范围内的给付水平有所提升，医疗保险的信息化建设水平进一步提高等。此外，医疗保险制度还能够助力精准扶贫。2018年，国家医疗保障局、财政部、国务院扶贫办联合印发《医疗保障扶贫三年行动实施方案（2018—2020年）》，重点聚焦深度贫困地区和因病致贫返贫的特殊贫困人口，提出基本医保、大病保险和医疗救助对农村贫困人口的全覆盖目标。同时，从参保缴费、待遇支付、保障标准、管理服务和就医结算等方面作出了相关安排。统计数据显示，到2019年年底，我国全口径基本医疗保险参保人数达到135 436万人，其中，参加职工基本医疗保险为32 926万人，参加城乡居民基本医疗保险102 510万人，全国参保率稳定在95%以上，基本实现了全民医保的目标。

第三节　中国的医疗保险制度

一、中国内地的医疗保险制度

中国的医疗保险制度从最初的传统劳保医疗和公费医疗制度，到城镇职工基本医疗保险制度的建立，其间经历了将近半个世纪的探索。之后基本医疗保险制度在运行过程

① 赵斌，尹纪成，刘璐. 我国基本医疗保险制度发展历程［J］. 中国人力资源社会保障，2018（1）：22-25.

中取得了一定的成绩，也出现了一些问题需要在未来的制度发展中加以改进。

（一）城镇职工医疗保险制度

1. 传统城镇职工医疗保险制度

城镇居民基本医疗保险与城镇职工基本医疗保险、新农合及城乡医疗救助共同组成中国基本医疗保险体系，分别覆盖城镇非就业人口、城镇就业人口、农村人口和城乡困难人群，它是社会医疗保险的重要组成部分。[①] 20 世纪 50 年代初，我国在城镇职工范围内建立了医疗保险制度，这种传统的职工医疗保障体制由公费医疗和劳保医疗两部分构成，是与当时高度集中的计划经济相适应的，以城镇有工资收入的职工为主要对象，并惠及亿万城镇居民。这一阶段，大体完成了传统医疗保障制度的基本立法，其框架体系沿袭至今。

（1）公费医疗制度。公费医疗是对国家机关、事业单位工作人员实行的免费治疗和预防疾病的一种福利制度。1952 年 6 月，政务院颁布的《关于全国各级人民政府、党派、团体及所属事业单位的国家工作人员实行公费医疗预防的指示》，确立了公费医疗制度。同年 8 月，政务院批准发布《国家工作人员公费医疗预防实施办法》，进一步明确了享受公费医疗待遇人员的范围。1953 年 1 月其范围又扩展到乡干部和大专院校在校学生。

享受公费医疗待遇的主要包括国家机关及全民所有制事业单位（包括民主党派，工会、共青团、妇联等人民团体，文化教育、卫生、科研等事业单位）的工作人员和离退休人员。此外，还包括二等乙级以上革命残废军人，国家正式核准设置的高等院校在校学生。公费医疗经费全部由国家预算拨款，从各单位的“公费医疗经费”项目中开支，由各级政府卫生行政部门设立公费医疗管理机构统筹管理，实行专款专用，或由享受单位自管。享受公费医疗人员在指定的医疗机构就诊、住院（经批准转院），符合规定的医疗费用实报实销。

（2）劳保医疗制度。劳保医疗制度是我国对实行劳动保险的企业职工及其家属规定的伤病免费医疗及预防疾病医疗的保险制度。1951 年，政务院发布了《劳动保险条例》，标志着劳保医疗制度的正式建立。劳保医疗的实施范围包括全民所有制企业和城镇集体所有制企业的职工及退休人员。企业根据国家制定的劳保医疗政策自行组织实施。享受劳保医疗的职工患病，在本企业自办的医疗机构或指定的社会医疗机构就医，可享受近乎免费的医疗待遇，供养直系亲属可享受半费医疗待遇。

---

① 潘杰，雷晓燕，刘国恩. 医疗保险促进健康吗？——基于中国城镇居民基本医疗保险的实证分析［J］. 经济研究，2014（06）：130-142，156.

（3）传统城镇职工医疗保险制度的评价。我国于20世纪50年代初建立的公费医疗、劳保医疗制度，全面保障了城镇劳动者及其家属的基本医疗。一方面，它彻底改变了过去缺医少药的历史，地方病及传染病得到了有效控制，推动了医疗卫生事业的迅速发展，提高了职工的健康水平。另一方面，公费、劳保医疗制度的实施，解除了职工的后顾之忧，极大地调动了职工的生产积极性，促进了经济建设，维护了社会稳定。

但是，随着社会主义市场经济体制的确立以及国有企业改革的不断深化，这一带有计划经济体制下浓厚的“大锅饭”特征和高福利色彩的制度出现越来越多的缺陷。首先，医疗费用的筹资手段不合理，医疗经费完全由国家和企业负担费用的做法导致个人的权利和义务脱节，而且没有科学的经费提取标准、提取办法和调整机制。其次，医疗保险覆盖范围窄，严重滞后于市场经济的发展。再次，医疗保险管理和服务的社会化程度低，公费医疗、劳保医疗两大系统各自为政，既不利于劳动力的合理流动，容易滋生新的社会矛盾，也造成资源的浪费。最后，一直沿用第三方事后按服务项目付费的方式支付医疗费用，对医疗服务供方（医院和医生）缺乏有力的约束，造成医疗需求不足和医疗资源浪费并存的现象。

2. 改革开放以后城镇职工基本医疗保险制度

（1）20世纪80年代初至90年代初的改革探索。随着经济体制改革的不断深化，中国医疗保险制度于20世纪80年代开始了一系列的改革探索。从最初的部分企业和单位自发改革探索到地方政府的介入，再到中央政府全面主导医疗保险的改革试点，经历了三个不同层次的责任主体主导变革的阶段。从内容上看，主要是针对职工就医适当负担部分医疗费用，以及改革公费医疗管理制度和经费管理办法，部分省市开展了离退休人员的社会统筹和职工大病医疗费用的社会统筹。

1993年劳动部印发《关于职工医疗保险制度改革试点的意见》，提出把单一的大病统筹基金变为医疗保险基金的组成部分，医疗保险基金由个人专户、单位调剂金和大病统筹金组成。自此，建立新型医疗保障制度逐渐成为共识。1992年广东省深圳市政府颁发了《深圳市社会保险暂行规定》，在全国率先对公费医疗、劳保医疗进行全面综合的改革，实行全市统一的医疗社会保险，从而拉开了城镇职工医疗保险制度全局性和根本性改革的序幕。

1993年11月，党的十四届三中全会通过了《中共中央关于建立社会主义市场经济体制若干问题的决定》，明确提出了城镇职工养老和医疗保险金由单位和个人共同负担，实行社会统筹和个人账户相结合的要求。1994年国务院决定在江苏镇江市、江西九江市进行社会统筹和个人账户相结合的医疗保险制度试点，并于1996年5月把试点城市扩大到近40个。这一阶段在全国形成了三大类具有代表性的“统账结合”改革模式：镇江、九江为代表的“三段通道”模式（个人账户支付+自费段+社会统筹段），海南、深圳为代表的“板块”模式（个人账户+社会统筹基金），青岛、烟台为代表的“三金”模式（个人账户+社会统筹基金+企业调剂基金）。

（2）城镇职工基本医疗保险制度的建立。1998年12月，国务院召开全国医疗保险制度改革工作会议，在总结试点工作经验的基础上发布了《关于建立城镇职工基本医疗保险制度的决定》，标志着我国医疗保险制度的改革进入了一个崭新的阶段，传统医疗保险制度被全新的城镇职工基本医疗保险制度取代。该决定确定了新的城镇职工基本医疗保险制度的大致框架，奠定了未来统一的全国医疗保险制度的基础，便于各地在制定改革方案时有所遵循。同时，也给各地留下了根据实际情况做出具体规定的空间，主要内容包括以下方面。

1）城镇职工医疗保险制度改革的任务和原则。改革的主要任务是：建立城镇职工基本医疗保险制度。改革的基本思路是低水平、广覆盖、双方负担、统账结合。根据这一思路，建立城镇职工基本医疗保险制度的基本原则是：基本医疗保险水平要与社会主义初级阶段的生产力相适应，城镇所有用人单位及职工都要参加基本医疗保险并实行属地管理，基本医疗保险费由用人单位和职工双方共同负担，基本医疗保险基金实行社会统筹和个人账户相结合。

2）基本医疗保险制度的主体框架。覆盖范围涵盖城镇所有的用人单位和职工。企业（国有企业、集体企业、外商投资企业、私营企业等），机关事业单位社会团体，民办非企业单位及其职工，都要参加基本医疗保险。但对于乡镇企业及其职工、城镇个体户及其从业人员是否参加，该决定未作要求，由各省、自治区、直辖市人民政府决定。在筹资机制方面，实行基本医疗保险费由单位和个人共同负担。用人单位缴费率控制在单位职工工资总额的6%左右，职工个人缴费率一般为本人工资的2%。

3）实行社会统筹和个人账户相结合的管理模式。用人单位的缴费一部分计入统筹基金，另一部分按用人单位缴费的30%左右划入个人账户。职工个人缴费全部计入个人账户。两者分别核算，个人账户主要支付门诊和小病医疗费，统筹基金主要支付住院或大病医疗费。统筹基金在支付时，要按照“以支定收、收支平衡”的原则，根据各地的实际情况和基金的承受能力，确定起付标准和最高支付限额，原则上统筹基金的起付标准控制在当地职工年平均工资的10%左右，最高支付限额在当地职工年平均工资的4倍左右。

4）基本医疗保险实行属地化、社会化管理。原则上实行地市级统筹，所有单位及其职工都要按照属地化管理原则，参加所在统筹地区的基本医疗保险，执行统一的政策、统一的待遇标准和统一的社会化管理，基本医疗保险基金统筹集、使用和管理。

5）健全医疗保险基金的基金管理和监督机制。基本医疗保险基金要纳入财政专户，专款专用，任何单位和个人不得挤占和挪用。建立健全基金的预决算制度、财务会计制度和社会保险经办机构的内部审计制度。另外，统筹地区要设立由政府有关部门代表、用人单位代表、医疗机构代表、工会代表和有关专家参加的医疗保险基金监督组织，加强社会监督。

6）加快医疗、医药体制改革，强化医疗服务管理。要确定基本医疗服务范围和标准，制定基本医疗保险药品目录、诊疗项目和医疗服务设施标准以及相应的管理办法；对提供基本医疗服务的医疗机构和药店实行定点管理，对医疗机构进行调整、改革，分流富余人员，并在经济运行分析和成本核算的基础上，合理提高医疗技术的收费价格，体现劳务技术的价值；实行医药分开核算、分开管理；积极发展社区卫生服务，将社区卫生服务中的一些项目纳入基本医疗保险的范围。

7）对特殊人员的医疗待遇采取特殊政策。离休人员、老红军、二等乙级以上革命伤残军人的医疗待遇不变，医疗费用由原渠道解决；退休人员参加基本医疗保险，个人不缴纳基本医疗费，对退休人员个人账户的计入金额和个人负担医疗费比例给予适当照顾；国家公务员在参加基本医疗保险的基础上享受医疗救助政策，允许特定行业的企业建立职工补充医疗保险，国营企业下岗职工的基本医疗保险费（包括单位缴费和个人缴费），由再就业服务中心以当地上年度职工平均工资的60%为基数缴纳。

现行城镇职工基本医疗保险制度建立了社会化的医疗保险体系，为国有企业改革创造了良好的社会环境，同时也增强了人们的自我保障意识，确立了责任分担的观念。2018年年末，参加城镇职工基本医疗保险的人数达到31 681万人，其中职工23 308万人，离退休人员8 373万人。城镇职工基本医疗保险制度的发展在保障城镇职工的健康权利、降低医疗费用负担等方面起到了重要的作用。与此同时，我国城镇职工基本医疗保险制度也仍然面临着一些亟待改进的问题，例如，如何提升医疗资源、医疗经费的使用效率的问题，医疗服务与医疗需求之间的匹配问题等。

（二）农村合作医疗制度

农村合作医疗制度从萌芽到产生直至在全国迅速发展，然后逐渐衰落，再到建立新型农村合作医疗制度，经历了曲折的历程。

1. 早期农村合作医疗制度

农村合作医疗是在各级政府的支持下，按照参加者互助共济的原则组织起来的，为农村社区人群提供基本医疗卫生保健服务的医疗保健制度。农村合作医疗萌芽于20世纪30年代陕甘宁边区创立的保健药社和卫生合作社，正式出现于1955年农业合作化时期。人民公社化运动和政府对合作医疗的重视使得合作医疗在全国迅速发展，并在“文化大革命”期间掀起高潮，成为我国农村一项重要的医疗保障制度。到1976年，合作医疗的村覆盖率达到90%。农村合作医疗为保障农民健康发挥了重要作用。“农村合作医疗”“合作社保健站”和“赤脚医生”成为解决农村医疗卫生问题的三大法宝。人民公社制度下的集体经济模式为农村合作医疗提供了主要的资金。

1978年开始，以家庭联产承包经营责任制为主的农村改革在全国开始推广。集体经济的逐渐瓦解，加上制度本身在控制道德风险和医疗需求，以及资金筹集等方面存在的缺陷，农村合作医疗覆盖面急剧缩减。曾经被世界银行和世界卫生组织高度赞誉为“发展中国家解决卫生经费的唯一范例”的农村合作医疗制度面临解体的危险。

为了恢复和重建农村合作医疗制度，国家相继发布了一系列文件，并于1994年在全国7个省14个县市开展“中国农村合作医疗制度改革”试点及跟踪研究。1997年1月，中共中央、国务院在《关于卫生改革与发展的决定》中，提出要积极稳妥地发展和完善合作医疗制度，并确定了合作医疗的原则。然而，农村合作医疗制度恢复和重建的效果并不够理想，村覆盖率仍然很低，1993年仅为10%，即使在重建高峰的1997年也仅有17%。恢复和重建农村合作医疗困难的原因主要在于筹资方面，根据“以个人投入为主、集体扶持、政府适当支持”的筹资原则难以筹集足够的资金，因此政府迈出了依靠财政为农村合作医疗筹资的步伐，新型农村合作医疗制度随之产生。

2. 新型农村合作医疗制度

2003年国务院办公厅转发卫生部、财政部和农业部《关于建立新型农村合作医疗制度的意见》，要求从2003年起，各省、自治区、直辖市至少要选择两到三个县市先行试点，取得经验后逐步推开，到2010年实现在全国建立基本覆盖农村居民的新型合作医疗制度的目标，以减轻因疾病给农民带来的负担。

新型农村合作医疗制度是由政府组织、引导、支持，农民自愿参加，个人、集体和政府多方筹资，以大病统筹为主的农民医疗互助共济制度，重点解决农民的因病返贫、因病致贫问题。新型农村合作医疗制度采取个人缴费、集体扶持和政府资助相结合的筹资机制。农民个人每年的缴费标准不应低于10元，经济发达地区可以相应提高缴费标准；

有条件的乡村集体经济组织应对本地新型农村合作医疗制度给予适当扶持，鼓励社会团体和个人资助新型农村合作医疗制度；中央财政为中西部参加新型农村合作医疗的农民补助 10 元，地方省、市、县级财政再补助 10 元。2006 年，卫生部等部委局联合印发《关于加快推进新型农村合作医疗试点工作的通知》，决定从 2006 年起，中央财政对中西部市区除市区以外的参加新型农村合作医疗的农民由每人每年补助 10 元提高到 20 元，地方财政也要相应增加 10 元。

新型农村合作医疗基金实行县（市）级统筹，按照以收定支、收支平衡的原则进行管理，做到专款专用、专户储存，由农村合作医疗管理委员会及其经办机构进行管理。基金主要补偿参保农民的大额医疗费用或住院医疗费用，有的地方实行大额医疗费用补助与小额医疗费用补助相结合的办法。在开展新型农村合作医疗试点的同时，政府对五保户和农村贫困家庭实行了医疗救助，通常采取资助其参加当地合作医疗和支付医疗费用补助的形式。医疗救助的资金来源于政府投入和社会各界的自愿捐助。

自 2003 年起，新型农村合作医疗的试点工作在全国各地陆续开展。截至 2010 年年底，这一制度覆盖人数达 8.35 亿人，成为世界上覆盖人口最大的一个医保制度，报销比例达到 60%，缩小了农村居民与城镇职工医保的差距。新型农村合作医疗虽然取得了一定的成绩，但是实施时间尚短，而且在实践中遇到了一些问题。

（1）筹资难题。中共中央、国务院在 2002 年发布的《关于进一步加强农村卫生工作的决定》中，明确要求各级政府积极组织引导农民建立大病统筹为主的新型农村合作医疗制度。到 2010 年《社会保险法》确立新农合制度时，新农合在广泛推进的八年里得到了迅速发展，在一定程度上缓解了农民“看病难、看病贵”问题。但是，筹资难仍然是新农合制度的重要问题。新农合采取多方筹资原则，参保农民个人自愿缴费，中央和地方政府给予补贴。具体来看，农民以家庭为单位自愿参加新农合，按时足额缴纳合作医疗经费；乡（镇）、村集体要给予资金扶持。中央政府对于新农合的补贴分为三个阶段。2007 年之前，中央财政按照地方政府出资给予补贴，但由于资金滞后，给新农合制度带来了一定问题。所以，从 2007 年开始，中央财政采取“当年全额预拨、次年据实结算、差额多退少补”的办法，但仍然是按照自下而上的筹资顺序，是以农民个人缴费和地方财政补助资金确实足额到位为前提。2010 年中央再次调整中央财政补助拨付方式，改变了筹资顺序，即中央财政根据上一年筹资情况下达补助资金预算，真正实现了提前预拨，为参保农民及时报销医疗费用以及新农合基金的稳定运行提供了重要保障。地方财政对新农合的补贴也随中央财政进行了微调，具体的调整权力在省级政府，而筹资压力则突出显示在县级政府。由于省级财政补助存在明显的省间差异，且筹资标准不统一，所以，不同县（市）的负担水平不同，一些农业大县、人口大县和贫困县困难较大。

（2）新农合医疗待遇给付不足，也导致农民参保积极性不高。新农合对乡镇卫生院医疗费用上涨的补偿比例最高，以鼓励农民到乡镇卫生院看病，但是医疗费用总体上涨的速度超过了农民收入上涨的速度，致使许多农民特别是低收入农民不能及时就医，造成了农村卫生服务的有效需求降低。同时由于医疗设备、医疗技术水平有限，乡镇卫生院并不是农民生大病时就诊的首选。

（3）保大病还是保小病，也是新农合的重要问题。新农合的政策目标是以大病统筹为主，补助参保者大额医疗费用或住院医疗费用，有条件的地方可以将大额医疗费用与小额医疗费用相结合补助。但是，2003 年新农合制度开始试点，各个统筹地区保障待遇支付的政策选择一直在保大病还是保小病之间纠结徘徊。保障待遇支付也曾经有过多种政策模式，如住院+家庭账户模式、住院+门诊统筹模式、住院+门诊大额模式、住院+家庭账户模式+门诊统筹模式等。理论界对新农合保障待遇支付政策是保大病还是保小病有不同的观点。一种观点认为新农合本质上是基本医疗保险，应该覆盖低概率、高损失的医疗服务，所以主张保大病，取消门诊家庭账户。另一种观点认为，从投入与绩效的角度来看，与农民健康更为相关的是常见病和多发病，所以，应当保小病。这也被作为鼓励农民自愿参保的重要理由，如果是保大病，由于大病发生概率低，很多农民并不原参保。

针对这些问题，应完善制度设计，切实解决筹资难题，保证政府资金足额到位，以政府信誉引导农民积极参保。同时，要加强对基金的监管，保证基金安全运行。在完善制度的同时，也要规范农村医药市场、加强农村医疗卫生服务网的建设，为制度规范运行创造良好的环境。

（三）城镇居民基本医疗保险制度

1. 城镇居民基本医疗保险制度的建立

建立城镇居民基本医疗保险制度，是我国在建立城镇职工基本医疗保险制度和新型农村合作医疗制度之后的又一重大举措，保障目标为城镇非从业居民。2007 年国务院出台了《关于开展城镇居民基本医疗保险试点的指导意见》，决定实行城镇居民基本医疗保险试点。根据指导意见，2007 年在有条件的省份选择二至三个城市启动试点，2008 年扩大试点，争取 2009 年试点城市达到 80%以上，2010 年全面推开，逐步覆盖全体城镇非从业居民。城镇居民医疗保险坚持低水平起步、自愿参保、属地管理和统筹协调原则推行。

（1）参保范围。不属于城镇职工基本医疗保险制度覆盖范围的中小学阶段的学生（包括职业高中、中专、技校学生），少年儿童和其他非从业城镇居民都可自愿参加城镇居民基本医疗保险。

（2）筹资水平。试点城市应根据当地的经济发展水平以及成年人和未成年人等不同人群的基本医疗消费需求，并考虑当地居民家庭和财政的负担能力，恰当确定筹资水平。探索建立筹资水平、缴费年限和待遇水平相挂钩的机制。

（3）缴费和补助。城镇居民基本医疗保险以家庭缴费为主，政府给予适当补助。参保居民按规定缴纳基本医疗保险费，享受相应的医疗保险待遇，有条件的用人单位可以对职工家属参保缴费给予补助。国家对个人缴费和单位补助资金制定税收鼓励政策。对试点城市的参保居民，政府每年按不低于人均 40 元标准给予补助。

（4）费用支付。城镇居民基本医疗保险基金重点用于参保居民的住院和门诊大病医疗支出，有条件的地区可以逐步试行门诊医疗费用统筹。城镇居民基本医疗保险基金的使用要坚持以收定支、收支平衡、略有结余的原则，要合理制定起付标准、支付比例和最高支付限额，完善支付办法，合理控制医疗费用。

（5）组织管理。对城镇居民基本医疗保险的管理，原则上参照城镇职工基本医疗保险的有关规定执行。鼓励有条件的地区结合城镇职工基本医疗保险和新型农村合作医疗管理的实际，进一步整合基本医疗保障管理资源。

（6）服务管理。对城镇居民基本医疗保险的医疗服务管理，原则上参照城镇职工基本医疗保险的有关规定执行，具体办法由试点城市相关部门制定。

（7）充分发挥城市社区服务组织等的作用。整合、提升、拓宽城市社区服务组织的功能，加强社区服务平台建设，做好基本医疗保险管理服务工作。

2010 年颁布的《社会保险法》第二十五条对该制度专门作出规定，国家建立和完善城镇居民基本医疗保险制度；城镇居民基本医疗保险实行个人缴费和政府补贴相结合；享受最低生活保障的人、丧失劳动能力的残疾人、低收入家庭 60 周岁以上的老年人和未成年人等所需个人缴费部分，由政府给予补贴。

2. 城镇居民基本医疗保险实施现状及效果

到 2016 年，我国城镇居民基本医疗保险的参保人数达到 4.49 亿人。历史地看，城镇居民基本医疗保险制度的建立与发展，对促进社会安定、社会公平，对城镇居民提供基本医疗服务等都起到了较重要的作用。城镇居民基本医疗保险通过居民个人缴费、政府补贴的方式，给居民提供了一些基本的医疗救助，一定程度上降低了城镇居民的医疗费用负担，保证了城镇居民的基本医疗需求。同样，城镇居民基本医疗保险制度在实施的过程中也暴露了一些问题，例如，区域间的经济发展水平、财政能力的差异导致不同地区城镇居民基本医疗保险的保障水平有较大差异，相比于东部地区而言，广大中西部地区的城镇居民基本医疗保险的偿付水平相对较低。同时，城乡之间居民的基本医疗保险适用于不同的制度安排，也在一定程度上带来了城乡之间的医疗保障不平等的弊端。

3. 城镇居民基本医疗保险与新型农村合作医疗的合并

2016 年之前，城镇居民基本养老保险和新农合分立，使得我国城乡居民的医疗保险处于二元分化的状态，这既不符合保险大数法则的风险分担原则，也有损制度的公平性和参保人的权益。在此背景下，2016 年就成为中国医疗保险制度变革史上具有重要意义的一年，城乡居民基本医疗保险的整合进入实质性推进阶段。2016 年年初，国务院发布《关于整合城乡居民基本医疗保险制度的意见》（以下简称《意见》），将城镇居民基本医疗保险和新农合合并为统一的城乡居民基本医疗保险。《意见》提出，整合城乡居民医保制度是推进医药卫生体制改革、实现城乡居民公平享有基本医疗保险权益、促进社会公平正义、增进人民福祉的重大举措，要在全国范围内逐步建立统一的城乡居民医保制度。

该《意见》就整合城乡居民医保制度政策明确提出了“六统一”的要求。一要统一覆盖范围。城乡居民医保制度覆盖除职工基本医疗保险应参保人员以外的其他所有城乡居民。二要统一筹资政策。坚持多渠道筹资，合理确定城乡统一的筹资标准，现有城镇居民医保和新农合个人缴费标准差距较大地区可采取差别缴费的办法逐步过渡。三要统一保障待遇。逐步统一保障范围和支付标准，政策范围内住院费用支付比例保持在 75% 左右，逐步提高门诊保障水平。四要统一医保目录。由各省（区、市）在现有城镇居民医保和新农合目录的基础上，适当考虑参保人员需求变化，制定统一的医保药品和医疗服务项目目录。五要统一定点管理。统一定点机构管理办法，强化定点服务协议管理，建立健全考核评价机制和动态的准入退出机制。六要统一基金管理。城乡居民医保执行国家统一的基金财务制度、会计制度和基金预决算管理制度。

在此之后，各地在国家整合城乡居民医保意见的指导下，从整合项目、管理部门、筹资与待遇、工作进程等方面做出了具体的贯彻落实。

2019 年，国家医疗保障局和财政部联合下发《关于做好 2019 年城乡居民基本医疗保障工作的通知》，其中明确提出：全面建立统一的城乡居民医保制度。城镇居民基本医疗保险和新型农村合作医疗制度尚未完全整合统一的地区，要在 2019 年年底前实现两项制度并轨运行向统一的城乡居民医保制度过渡。要巩固城乡居民医保覆盖面，确保参保率不低于现有水平，参保率连续稳定，做到应保尽保。同时，各地要在确保覆盖范围、筹资政策、保障待遇、医保目录、定点管理、基金管理“六统一”的基础上，统一经办服务和信息系统，进一步提高运行质量和效率，确保统一的城乡居民医保制度全面建立，实现制度更加完善、保障更加公平、基金更可持续、管理更加规范、服务更加高效的基本目标。

统一的城乡居民医疗保险制度取得了较大的成功。数据显示，到 2018 年年底，全国参加城乡居民基本医疗保险的人数达到 89 741 万人，比上年末增加 2 382 万人；2018 年全年城乡居民基本医疗保险基金收入 6 974 亿元，增长 27.1%，支出 6 285 亿元，增长 28.9%。到 2019 年年底，参加城乡居民基本医疗保险的人数达到 102 510 万人，2019 年全年城乡居民基本医疗保险基金收入 8 451 亿元，支出 8 128 亿元，三项数据较 2018 年都有较大增长。

（四）补充医疗保险制度

补充医疗保险是在基本医疗保险制度之外存在及发展，并对社会成员起补充作用的各种社会性医疗保险措施的总称，它是整个医疗保险体系的重要组成部分。补充医疗保险可以在更大范围内和更高层次上满足社会成员健康保障的需要，调节收入分配和社会消费结构，有利于强化医患制约，并帮助企业吸引人才、增强职工的凝聚力。发展补充医疗保险也是深化我国医疗保险制度改革、建立多层次医疗保险体系的需要。

1. 补充医疗保险制度的建立

1994 年国家体改委、财政部、劳动部等发布的《关于职工医疗制度改革的试点意见》中规定，发展职工互助基金和商业性医疗保险，作为社会医疗保险的补充，以满足国家规定的基本医疗保障之外的医疗需求，但要坚持自愿参加、自由选择的原则。1996 年 5 月国务院办公厅在《转发国家体改委等四部委关于职工医疗保障制度改革扩大试点意见的通知》指出，各试点城市人民政府可根据实际情况确定社会统筹医疗基金所能支付的最高医疗费用限额，超过限额的医疗费用由各试点城市探索其他解决办法。1998 年 12 月国务院颁布的《关于建立城镇职工基本医疗保险制度的决定》，以及 2001 年的《中华人民共和国国民经济和社会发展第十个五年计划纲要》均提倡要发展补充医疗保险制度。

在国家宏观政策的指导下，许多地区和城市在建立城镇职工基本医疗保险的同时，纷纷积极筹建多种形式的补充医疗保险。如厦门、成都、上海、秦皇岛、广州、北京、青岛等城市先后建立了补充医疗保险，并制定了相关政策和具体实施办法。

2. 补充医疗保险制度的形式

我国现行的补充医疗保险形式多样，主要包括企业补充医疗保险、公务员补充医疗保险（医疗补助）、职工医疗互助补充保险。它们在不同方面对基本医疗保险制度发挥着补充作用，并对维护劳动者的健康起着重要的支持作用。

（1）企业补充医疗保险。企业补充医疗保险是指企业在参加基本医疗保险的基础上，国家给予政策鼓励，由企业自主举办或参加的一种补充性医疗保险形式。建立企业补充医疗保险的条件是：参加了基本医疗保险、足额发放职工工资和缴纳社会保险费用、有需要及有能力参加的企业。企业为职工缴纳的补充医疗保险费，按国家规定的列支渠道列支；企业补充医疗保险费在工资总额4%以内的部分列入成本，超出4%的部分由企业税后利润负担。企业补充医疗保险通常有三种实施方式：一是由社会保险机构主办、商业医疗保险机构经办；二是由企业主办、社会保险机构经办；三是由事业单位及大企业自行举办。

（2）公务员医疗补助。1998年国务院《关于建立城镇职工基本医疗保险制度的决定》中规定，国家公务员在参加基本医疗保险的基础上，享受医疗补助政策。在此基础上，劳动和社会保障部于2000年5月出台《关于实行国家公务员医疗补助的意见》，对国家公务员补充医疗补助政策的原则、范围、经费来源、经费的使用、经办机构等问题作出了相应的规定。建立公务员医疗补助制度是为了解决国家公务员超过基本医疗保险费用待遇之外的医疗费用及大额医疗费用。医疗补助的经费完全由财政拨付，补助水平与当地经济发展水平和财政负担能力相适应，和基本医疗保险的水平相衔接，并随经济发展有所提高。

（3）职工医疗互助。补充保险职工医疗互助是指由工会组织主办、职工群众自愿参加，资金由职工个人筹集为主，行政资助为辅，职工群众内部互助互济性质的一种补充医疗保险形式。职工医疗互助补充保险主要由中华全国总工会主办的中国职工保险互助会组织和经营管理，资金主要来源于职工保险互助会会员的个人缴费、各级行政部门给予的补助、工会的资助以及资金的利息等，保障对象为中小企业职工以及基本医疗保险制度未包括的原享受半费医疗待遇的职工家属。参加医疗互助的职工及家属在发生疾病或非因工负伤时，除享受基本医疗保险之外，由该补充医疗保险给予职工相应的经济保障。

（五）生育保险制度

中国生育保险基本上是一种职工生育保险，其覆盖对象主要是城镇就业职工。我国生育保险制度的建立和发展大致可以分为三个时期，即：新中国成立初期、20世纪60年代初至70年代末，以及经济转轨时期。

1. 新中国成立初期的生育保险

在新中国成立初期，生育保险制度就已经建立，主要体现在第一部全国统一的社会保障法规——《劳动保险条例》之中，其保障对象为“女工人与女职员”。1955 年《国务院关于女工作人员生产假期的通知》使“机关女工作人员”也有了基本相同的制度保障。

根据《劳动保险条例》的相关规定，生育保险制度的覆盖人群仅仅限于城镇企业，具体指雇用工人和职员人数在 100 人以上的国营、公私合营、私营及合作社经营的工厂、矿场及其附属单位与业务管理机关，以及铁路、航运、邮电的各个企业单位及其附属单位。

在保险待遇方面，这一时期给予女性职工如下待遇：（1）女职工生育、产前产后可享受产假 56 日，产假期间工资照发。（2）女职工怀孕不满 7 个月流产的，根据医师的意见，可以享受 30 日以内的产假，产假期间工资照发。（3）女职工难产或双生的，产假可增加 14 日，工资照发。（4）产假期满仍不能工作的，经医院证明后，按关于疾病待遇的规定处理。[①]

2. 20 世纪 60 年代初至 70 年代末的生育保险

社会主义改造与“文化大革命”时期，我国的生育保险制度发生了一些变化。20 世纪 60 年代初，随着私营经济的社会主义改造完成，私营经济和公私合营经济都转制成了国营经济，劳动者单位所有制逐步形成。1969 年 2 月，财政部颁发了《关于国营企业财务工作中几项制度的改革意见（草案）》规定国营企业一律停止提取工会经费和劳动保险金，企业的退休职工、长期病号工资和其他劳保开支，改在企业营业外列支。从此，社会保险的统筹制度中断了，生育保险制度随之也发生了变化：生育保险的国家统筹消失，企业生育保险形成，各企业只对本企业的女工负责；随着临时工实际上都成了固定工，生育保险从适合多种用工制度变成了只适合单一的用工制度。

3. 经济转轨时期的生育保险

20 世纪 70 年代末，随着改革开放的逐步推进，企业实行自负盈亏、独立核算，企业用人制度和用工制度的改革也已经有了新的气象，但是生育保险成本依然由企业各自负担。为避免更多的“性别亏损”，追求利润最大化，企业或者减少使用女工，或者在落实企业生育保险规定时“打折扣”，妇女公平就业的权利因此而受到损害。为了不让招收女工较多的企业在就业竞争中处于不利地位，不让女性因承担生育责任而影响就业，将企业生育保险改革为社会生育保险，生育保险基金社会统筹，就成了此时我国生育保险制

① 乔宁波. 中国剩余保险政策变迁探析［J］. 保定学院学报，2015（3）：37-41.

度改革的方向。1988 年，国务院颁布《女职工劳动保护规定》，女职工产假由原来 56 天增加至 90 天（其中产前 15 天）。1953 年的《劳动保险条例》中有关女工人、女职工生育待遇的规定和 1955 年《国务院关于女工作人员生产假期的通知》同时废止。1993 年 11 月，卫生部等多部门联合下发《女性保健工作规定》，其中对女性职工产后保健、哺乳期保健等内容给予了明确的说明。

1994 年，劳动部发布《企业职工生育保险试行办法》，第一次对生育保险进行了系统的规定，内容涉及生育制度建立的目标、管理原则、生育保险基金筹集与管理、生育保险待遇等。例如，该办法明确规定：（1）生育保险根据“以支定收，收支基本平衡”的原则筹集资金，由企业按照其工资总额的一定比例向社会保险经办机构缴纳生育保险费，建立生育保险基金。生育保险费的提取比例由当地人民政府根据计划内生育人数和生育津贴、生育医疗费等项费用确定，并可根据费用支出情况适时调整，但最高不得超过工资总额的 1%。企业缴纳的生育保险费作为期间费用处理，列入企业管理费用。职工个人不缴纳生育保险费。（2）女职工生育按照法律法规的规定享受产假。产假期间的生育津贴按照本企业上年度职工月平均工资计发，由生育保险基金支付。（3）女职工生育的检查费、接生费、手术费、住院费和药费由生育保险基金支付。超出规定的医疗服务费和药费（含自费药品和营养药品的药费）由职工个人负担。女职工生育出院后，因生育引起疾病的医疗费，由生育保险基金支付；其他疾病的医疗费，按照医疗保险待遇的规定办理。女职工生育或流产后，由本人或所在企业持当地计划生育部门签发的计划生育证明，婴儿出生、死亡或流产证明，到当地社会保险经办机构办理手续，领取生育津贴和报销生育医疗费。（4）企业欠付或拒付职工生育津贴、生育医疗费的，由劳动行政部门责令企业限期支付；对职工造成损害的，企业应承担赔偿责任。

2004 年，劳动和社会保障部印发的《关于进一步加强生育保险工作的指导意见》，对我国生育保险制度的发展与完善，保障职工生育的合法权益等起到了重要的作用。该意见要求：（1）各级劳动保障部门要将建立和完善生育保险制度作为完善社会保障体系的一项重要任务，纳入当地劳动保障事业发展规划，逐步建立和完善与本地区经济发展相适应的生育保险制度。没有出台生育保险办法的地区，要积极创造条件，尽快建立生育保险制度。已经出台生育保险办法的地区，要逐步完善政策措施，确保生育保险制度稳健运行和可持续发展。（2）各地要充分利用医疗保险的工作基础，以生育津贴社会化发放和生育医疗费用实行社会统筹为目标，加快推进生育保险制度建设。要充分利用医疗保险的医疗服务管理措施和手段，积极探索与医疗保险统一管理的生育保险医疗服务管理模式。（3）各地要按照《中国妇女发展纲要（2001—2010 年）》提出的 2010 年城镇职工生育保险覆盖面达到90%的目标要求，制定发展规划，积极扩大参保范围。（4）各地要按照国务院《女职工劳动保护规定》明确的产假期限和当地职工工资水平，合理确定生育津贴标准并及时支付，逐步实现直接向生育职工发放生育津贴，保障女职工生育期间的基本生活。暂不具备条件的地区，可以先实行生育医疗费用社会统筹，生育津贴由用人单位负担的办法，以保障生育职工的合法权益。生育保险筹资水平按照以支定收、收支基本平衡的原则合理确定，并及时调整。这些都表明了国家对生育保险制度建设的高度重视。

4. 全面推进生育保险与职工基本医疗保险的合并

全面推进生育保险和职工基本医疗保险（以下统称两项保险）合并实施，是保障职工社会保险待遇、增强基金共济能力、提升经办服务水平的重要举措。

2017年，《生育保险和职工基本医疗保险合并实施试点方案》获得国家批准通过。该《方案》明确要求于2017年6月底前启动两项保险合并实施的试点工作，试点期限为一年左右。同时，选择河北邯郸、山西晋中、辽宁沈阳、江苏泰州、安徽合肥、山东威海、河南郑州、湖南岳阳、广东珠海、重庆市、四川内江、云南昆明等城市作为两项保险合并的试点城市。试点内容主要包括：统一参保登记、统一基金征缴和管理、统一医疗服务管理、统一经办和信息服务、维持职工生育期间的生育保险待遇不变。2019年，两项保险合并实施工作更进一步。在试点经验的基础上，国家明确提出全面推动两项保险的合并实施。国务院办公厅《关于全面推进生育保险和职工基本医疗保险合并实施的意见》明确要求：参加职工基本医疗保险的在职职工同步参加生育保险，要实现应保尽保；将生育医疗费用纳入医保支付方式改革范围，生育医疗费用原则上实行医疗保险经办机构与定点医疗机构直接结算；到2019年年底前实现两项保险合并实施。至此，传统的生育保险转变成为职工基本医疗保险的重要内容之一（生育保险基金并入职工基本医疗保险基金）。

5. 计划生育保险

计划生育保险与城镇职工生育保险分属不同的系统，两者在覆盖范围、资金来源、管理机构等方面都有所不同（覆盖对象有所重合），因此，讨论生育保险时常常忽略计划生育保障的内容。但如果从国外研究习惯来看，我国优惠独生子女家庭的政策，例如，独生子女费以及有些省市规定的父亲护理假等，应该属于中国生育保障制度的一部分。

将人口政策与生育保险相联系是世界许多国家的通用做法。一些鼓励增加人口的国家往往在生育保障中奖励多子女家庭，如法国、加拿大等。

二、中国港澳台地区的医疗保险制度

中国港澳台地区由于社会制度与内地不同，其医疗保险制度也有其特殊性。它们在某些制度安排以及具体运作过程中取得的经验值得内地借鉴。

（一）香港特别行政区的医疗保险制度

1. 医疗卫生政策概况

香港地区政府医疗卫生政策的宗旨是：不让任何一位香港地区居民因为缺乏生活来源而无法接受及时而有效的医疗服务。香港地区的医疗服务体制是双重体制，公营私立机构同时并存。

医疗机构分为三类：一是政府举办的公立医院；二是由非营利团体主办、政府补助的医院；三是私立医院，以营利为目的。前两者现统归法定的医院管理局管辖，第三类主要由卫生署审批、发牌及监管。成立于 1990 年的医院管理局，负责管理香港地区所有公立医院，并通过特区政府卫生福利及食物局局长向政府负责。

2. 医疗保险制度

现行香港地区的医疗保险制度是以“全民健康服务”为主的多层次、全方位的医疗保险模式。香港地区本地居民到公立医院看病基本免费或低费，其他费用由政府负担。是否需要某种检查、是否住院治疗，由医生来决定。诊疗项目限制在常见病、多发病方面。

香港地区公立医院由政府财政全额拨款，急诊病人和意外事件的伤者均被送往各大型医院的急症室接受治疗，费用全免。香港地区八成以上的居民都在公立医院诊治疾病，只有经济富裕的人才到私立医院治病。从严格意义上讲，私立医院是市场化主体，不是社会福利范畴，收费昂贵。

3. 医疗保险制度的特点

（1）经费有稳定的来源。香港地区的公立医院由政府拨款建设及维持日常费用。半官方的医院由政府给予固定的资助或拨款。

（2）适应了各阶层居民的医疗需求。香港地区的医疗保险是分层次的，政府只承担贫困者和低收入者的医疗保险有限责任，高中收入者所需要的完备、高质量的医疗服务由其个人来承担。

（3）社会参与医疗保险制度的管理。政府花钱办医院，由民间机构来管理，这是香港地区医疗保险制度的一大特色。政府机构只负责拨款和间接管理，对日常事务没有行政干预，卫生署和医院管理局只行使监督权。

(4) 医疗机构的监督体系比较健全。香港地区所有公立和私立医院都设有患者投诉部，患者对医院服务不满，可以投诉，有关部门要给予答复。医院管理局要向卫生署报告医院使用经费的情况，卫生署要向立法会提交报告，立法会对此项工作进行全面审查。

香港地区公营医疗制度总体是公平的，不论贫富均可享有同等权益，为居民提供了可获取低廉医疗服务的机会。不过，由于公立医院完全依赖政府拨款，面对人口老龄化、医疗成本上涨，以及公众对医疗服务的期望越来越高等挑战，政府的财政压力日增。同时，还存在着医疗服务质量偏差，欠缺有效的外界监管机制，医疗架构“分裂隔离”情况严重等问题。医疗保险制度改革已刻不容缓。对此，有关人士提出香港地区在继续维持公私营医疗双轨制，并保持均衡发展，让市民有所选择的基础上，对公营医院服务重新定位。也有专家建议推行“就业人士全民医疗保险计划”，以解决医疗融资问题。

（二）澳门特别行政区的医疗保险制度

1. 医疗保健体系

澳门地区医疗保健工作由卫生局负责，而各层面的医疗保健服务由卫生局及私立机构共同负责提供。在基层门诊服务方面，卫生局属下设八间卫生中心（六间位于澳门本岛，两间位于离岛），为市民提供各项免费的门诊式医疗保健服务，如产前保健、家庭计划、儿童及成人保健、疾病医药治疗等。仁伯爵综合医院和镜湖医院也设有门诊服务。此外，多间非营利性的社团机构在提供门诊服务方面亦扮演积极的角色，且收费较为低廉；为数不少的专人执业医生，亦参与基层门诊服务，运作方式以营利为原则。

澳门地区只设有两所西医医院：公立的仁伯爵综合医院和私立的镜湖医院。仁伯爵综合医院的住院服务收费方式与门诊一样，除特定人群外，其他都是按次收费。镜湖医院的住院服务则分为三类：第一类的设备较为豪华，收费最为昂贵（费用超过成本水平）；第二类是以“用者自付”的原则收取费用；第三类则属于慈善性质，当中再细分免费及象征性收费两种，对象一般是贫苦大众。镜湖医院所提供的慈善医疗服务，其经费主要来自两方面：一是政府的资助计划，二是该院的慈善拨款计划。两所医院在提供服务上互相补足，在必要时仁伯爵医院还会将病人转到镜湖医院治疗，有时甚至转到香港地区或内地的医院治疗，所有开支均由卫生局负责。

2. 医疗保健体系的特征

在医疗保健服务的提供上，澳门地区私立机构的角色相当重要，其规模比公立体系还大，所提供服务的数量更超过公立机构。但有两点值得注意。

其一，镜湖医院作为最大的私立医疗机构，2000 年有 16.7%的门诊服务及 47%的住院服务属于慈善性质，可以被视为“半慈善”的医疗机构。此外，该医院的部分服务受卫生局资助。

其二，不少开设诊所的私立社团，都属于慈善或非营利团体，且部分机构亦受到政府的资助。

因此，虽然政府所提供医疗服务的数量少于私立体系，但在整体医疗保健成本的分担上，政府所占的比例较私立体系大。1998 年政府共支付了 79%的整体医疗保健费用，而私立部分仅支付 21%。由于政府的主要财政来源是税收，所以澳门地区是以集体融资方式为主导支付整体的医疗保健开支。

由于政府的基层医疗保健服务是免费的，专科及住院服务也豁免了相当比例人口的收费，而其收费服务只是收回部分成本，实际上政府也给予了资助，所以，公立的医疗保健服务具有一些全民性的元素，即无论是富者或贫者，都能够享受公立的医疗保健服务。

从公立体系在服务费用上的负担程度和公立服务的覆盖程度上看，澳门地区医疗保健体系具有“全民保健服务模式”的部分特征。但是如果与英国、瑞典等采用“全民保健服务模式”的典型国家相比，澳门地区公立体系的规模仍有一定的差距，故我们不能把澳门地区的体系直接归类为该模式，最多可视为“半全民保健服务模式”。

澳门地区医疗保健体系的收费相当低，社会的整体负担不算沉重，但其服务表现效果却相当不俗，与亚洲及欧美发达地区不相伯仲。因此，该体系在宏观效率方面的表现十分理想。

（三）台湾地区的医疗保险制度

1. “全民健康保险”基本内容

“全民健康保险”是一种全民普及和强制参保的社会健康保险，目标是以市民缴纳保险费、共同分担风险的方式提供市民平等的就医权益。台湾地区居民不分职业、民族、年龄都得参加该项保险。单位（雇主）有责任扣缴保险费，不扣不缴要受罚。经 2001 年 1 月修改的“全民健康保险法”，将军人也全部纳入该体系。

保险对象分为六种类型：第一类为公营民营事业机构人员、公务或公职人员、私立学校教职员、自营作业者雇主；第二类为工人及外雇职员；第三类为农民、渔民；第四类为军人家属；第五类为低收入户；第六类为退伍军人（荣民）及其家属等。第一至第四类人员的保险费由行政当局、雇主及被保险人三方共同缴纳，只是不同人群的保险费负担比率不同。低收入户全部由行政当局来投保。第六类即“荣民”也是如此，但其家属则需个人负担30%，其余70%由行政当局出资。

台湾“全民健康保险”的财务具有“随收随付”特性，即当期收取保险费，当期支付医疗费用；所有被保险人享有的服务及整个健康保险制度的运作，全依赖于保险费的收入。“全民健康保险”的主管机关是“行政院”卫生署，下设“全民健康保险监理委员会”“医疗费用协定委员会”“全民健康保险争议委员会”和“精算小组”。“全民健康保险”的具体承办单位是“健康保险局”，下设台北、高屏、西区、北区、东区、南区六个分局及四个联合门诊中心。

根据“全民健康保险法”的规定，参与健康保险服务的医疗服务机构必须经过审查，以确定其资格。经审查合格的医疗服务机构，成为健康保险的特约医疗服务机构，包括特约医院及诊所、特约药店、保险指定医疗检验机构及其他经主管机关指定之特约医疗业务机构。民众可以自由选择“全民健康保险”定点医疗机构（可以是私立医院也可以是私人诊所）就医，就医时须提供身份证和保险卡（使用统一的IC健保卡）。

根据“全民健康保险法”，医疗费用应由病人自己负担一部分，比例因门诊和住院而不同。病人自己负担的费用以定额方式收取，每年由主管机关公布在不同级别医院和诊所就诊病人所应负担的金额。

2. 对台湾地区“全民健康保险”的总体评价

台湾地区“全民健康保险”开办以全民缴纳保险费为目标，社会共同分担风险。几乎所有民众都可以参加健康保险，大大降低了民众就医的经济障碍，特别是老、弱、妇、孺等医疗照护需求高的民众，无须花费昂贵的医疗费用就可接受医疗照护。此外，对重大伤病的民众免除部分负担，使贫困及重症的家庭免于因病而致的经济困顿之窘。但同时，“全民健康保险”制度在实施过程中也存在以下问题：缺乏对消费者的有效管理机制，健康保险财务开支过大使改革政策阻力较大，缺乏实证基础的支付标准等。这些问题与挑战都需要在未来逐渐解决。

第四节　典型国家医疗保险制度

从筹资模式上看，当今世界医疗保险模式基本可以划分为以德国为代表的社会医疗保险制度，以英国为代表的国家医疗保险制度，以美国为代表的商业健康保险制度，以及以新加坡为代表的个人储蓄医疗保险制度四类，了解这些国家的医疗保险制度模式有利于我们更好地审视中国社会医疗保险制度的发展。

一、德国的医疗保险制度

1883年，德国政府颁布的《疾病社会保险法》标志着强制性医疗保险制度的诞生。经过100多年的发展，德国的医疗保险已经发展成为覆盖广泛的医疗保障体系，由法定医疗保险、私人医疗保险和其他方式共同保障国民的健康。

（一）覆盖范围

法定医疗保险覆盖月税前收入低于法定义务标准的雇员、无固定收入的雇员配偶和子女、退休人员、失业者、自雇人员、义务兵、大学生和就业前的实习生。这部分人群占德国总人口的90%。德国的《医疗卫生改革法》规定了法定医疗保险的人员范围、结构原则、缴费义务、待遇和组织形式。参加法定医疗保险的人群分为三类：义务投保人、自愿投保人和家庭联保人。

（二）缴费比例

法定医疗保险的缴费由雇主和雇员各承担50%。若雇员取得的劳动报酬较低，则由雇主承担全额的医疗保险费。对于几类特殊的群体，还适用特别的规定。缴费以投保人的毛收入为缴费基数。缴费基数设封顶线和保底线，由政府每年加以调整，工资性收入低于保底线的可免除缴费义务，在封顶线以上的部分不再征缴。德国的医疗保险实行分散管理，全国没有统一的医疗保险缴费率。费率由医疗保险经办机构根据收支预算自行确定，报监督机关审批后实施。一般情况下缴费占工资收入的14%~15%。

（三）待遇支付

法定医疗保险的投保人及其享受医疗保险的配偶和子女都可获得医疗保险卡，有效期为5年。投保人获得由医疗保险局提供的实物或服务形式的医疗保险待遇，投保人也可放弃享受这种实物或服务形式的医疗保险待遇，而选择享受经允许的或经授权的医疗服务提供方提供的医疗服务并事后报销的做法。对符合条件参加法定医疗保险的雇员，其家庭成员可一起享受医疗保险的各种待遇，包括：由雇主支付的病假工资、因丧失劳动能力领取的医疗津贴、生育补贴、丧葬补贴、疾病治疗费用、孕产期待遇等。

（四）组织管理

德国政府不参与法定医疗保险的具体操作，政府的医疗保险管理机构只负责对经办机构进行监督检查。德国卫生部负责全国的医疗卫生管理，颁布政策、制定规划；各州卫生管理部门负责对医院的监督和对医生的组织；州以下一级的地方部门负责公共医疗问题。

德国医疗保险的经办由100多家法定的医疗保险机构来承担。这些承担法定医疗保险职责的社会医疗保险的经办项目，按地区、职业和行业分主要包括：地方医疗保险（AOK）、手工业同业工会医疗保险（IKK）、企业医疗保险（BKK）、技术人员医疗保险（TKK）、德国职员医疗保险（DAK）、德国农业社会保险（LSV）等。投保人可以自由选择医疗保险经办机构，医疗保险经办机构与提供医疗服务的医生、药店和医院签订合同，在被保险人患病时提供医疗服务，医疗费用由经办机构承担，被保险人无须支付费用。

（五）私人医疗保险

德国的私人医疗保险覆盖公共服务行业中享受政府医疗补贴的就业者，如公务员、法官、军人、自由职业者，以及月税前收入高于法定义务标准的雇员。私人医疗保险由商业性的私人保险公司运作，联邦保监会监督，参保者及其家属与保险公司签订合同，保费根据风险确定，保险待遇也不同。德国有的企业还建立了企业医疗保险，为员工提供保障。

（六）其他保障

除了法定医疗保险和私人医疗保险之外，德国还有其他渠道提供的医疗保障，例如，护理保险、工伤保险、社会救济、战争受害者的保障、公务员医疗补助、警察和联邦国防军医疗福利等。

由于医疗保险费用支出上涨过快，德国开展了一系列改革，改革方案包括把非工资性收入并入缴费基数，取消不应由医疗保险支出的项目（如装假牙、佩戴隐形眼镜）等，适当提高住院治疗的自付费用，建立以家庭医生为中心的护理模式，通过提高烟草税收解决生育的家庭护理费用等。此外，德国自2004年起强制实行按病种付费的制度，以抑制医疗费用过快增长的趋势。

二、英国的医疗保险制度

英国是世界上最早实行全民医疗保健制度的国家，是国家医疗保险制度代表。1911年英国通过《国民保险法》，自此英国医疗保障进入社会保险阶段，实行由雇主、雇员、政府共同缴费的社会保险制度。1944年英国政府提出“国民卫生服务”的口号和建议。

1948 年的《国民医疗保健服务法》使所有医疗机构国有化，医疗机构的医护人员成为国家卫生工作人员。1964 年颁布的《国家卫生服务法》规定对所有公民提供免费医疗。

（一）“国民卫生服务”的特点

医疗总费用由政府税收、患者个人负担部分及其他收入组成，其中政府税收占大部分；国家负责办医院、雇用医务人员或者购买私人医疗服务、购买药品，向全民提供几乎免费的医疗服务和药品；卫生费用由国家预算，实行中央集权管理；全科医生在医疗卫生服务中处于中心地位，负责实施社区卫生服务和初级卫生保健。

（二）医疗服务体系

英国的医疗服务体系由初级服务、地段服务和医院服务组成。初级服务由全科医生提供，居民患病时首先要到全科医生的诊所就医，如需转院，则通过全科医生介绍到地区综合医院或专科医院治疗。全科医生根据到诊所登记注册的居民数领取政府发放的工资。地段服务由当地政府提供，内容包括妇幼福利、家庭看护、巡回医疗、防疫注射、学校卫生服务、健康教育、病人运送、残疾人服务以及早产儿童照顾等。医院服务是医疗服务体系的核心，提供门诊、住院及疗养等形式的服务，因此医院经常出现由于过度需求而排队等候住院及手术的现象。医院作为医疗服务的供给方与政府签订合同，支付方式包括人头包干法、总额包干法、超额人次付费法。

英国医疗服务体系的药品由全科医师开处方配给，处方使用国家规定的形式，少部分药品由医院处方提供。为了控制药品支出，英国制定了免费医疗的药品目录，规定只能使用成本较低的药品，同时注意控制药品价格。

（三）组织管理

英国的医疗保健制度实行政府统一管理的方式，卫生部是最高医疗行政权力机构，通过地区卫生局和地段卫生局实行垂直领导。卫生部负责卫生资源分配，地区卫生局负责制定计划，地段卫生局负责医院服务及社区卫生服务的工作。地段卫生局代表当地居民利益，可提出地段卫生工作建议，对地区卫生局的工作进行评价和监督。另外还有“家庭医生委员会”对家庭医生进行管理。

（四）私人医疗保险

英国在“国民卫生服务”之外，由私人医疗保险作为补充，以满足较高层次的医疗服务需求。私人医疗保险公司提供的保险项目主要有普通私人医疗保险、危急病医疗保险和长期医疗保险。普通私人医疗保险只承保可治愈疾病，危急病医疗保险针对癌症、中风、心脏病等病症，长期医疗保险可支付部分家庭护理费用。

英国的全民医疗保健制度保证所有的国民都能平等享受医疗服务，以较低的成本获得了较高的产出，在卫生资源配置方面效率较高。但这种制度容易出现过度需求的倾向，国家控制医疗资源也妨碍了医疗需要的多样化。针对制度的弊端，英国开展了一些改革，例如，加大医疗项目病人付费的力度，扩大私人医疗保险服务的作用，引进竞争机制以提高效率等。

三、美国的医疗保险制度

美国是以实行商业健康保险为主的医疗保险制度的典型代表，其医疗保险制度的形成有其特殊的历史原因。20 世纪 30 年代到 60 年代中期，美国的医疗保险主要是个人自愿投保，由蓝十字组织等民间组织经营。罗斯福总统在任时推出的《社会保障法》曾考虑把医疗保险包括在内，但由于担心影响整个法案的推行而放弃。杜鲁门曾经支持为每位国民提供医疗保险的计划，但因遭到美国医疗协会的强烈反对而告终。20 世纪 60 年代美国政府通过了将强制性方案与自愿性计划结合的提议，从 1965 年政府开始推行社会医疗保险，例如，1965 年通过了老年健康保险的立法，1972 年通过了残疾人健康保险的立法。自此，美国医疗保险由商业保险和政府保险组成。目前美国的医疗保险分为三种类型：医疗照顾、医疗救助和商业保险。美国政府还向印第安人和阿拉斯加的少数民族群体提供免费医疗保险，经费单独列支。

（一）医疗照顾

医疗照顾是美国政府资助的、为 65 岁以上的老年人和身患残疾两年以上的伤残人士支付大部分住院和医疗费用的一种普遍性项目。医疗照顾分为两种：以住院为主的医疗保险和以门诊为主的辅助保险。医疗照顾制度根据 1965 年制定的《老年医疗保险法》实施，其资金来源于雇主和雇员缴纳的社会保险税中的 1.45%。医疗照顾制度由健康与国民服务部的社会保障署直接管理，支付住院和住疗养院的康复费用、就诊和接受家庭护理服务的康复费用。

（二）医疗救助

医疗救助是由各州政府确定贫困线，对低收入者、失业者和残疾者提供的部分免费的医疗保险项目。医疗救助的对象是符合法律规定的贫困者、临时性穷困者和缺医少药者，经调查其家庭收入和资产在规定限额以下的人才能获得医疗救助。医疗救助制度的资金来源于所得税，由预算确定支出数额。联邦政府和州政府共同承担医疗救助计划所需费用，按照州人均收入的高低确定联邦政府的分担费用比例，联邦政府还负担各州50%的管理费用。医疗救助提供的基本医疗服务包括：住院病人和门诊病人服务，X 光透视和体检服务，农村卫生门诊服务，对成年人的熟练护理服务，医生服务，家庭保健计划服务，设备供给，对有资格享受熟练护理人员的家庭卫生服务，对合格儿童进行检查、诊断和治疗，以及护士和助产专业人员提供的服务。各州也可以提供一些如私人护理、门诊、牙医、理疗、康复器械、配戴眼镜和其他相关的选择性医疗服务。

（三）商业医疗保险

商业医疗保险是美国医疗保险体系的主体。美国 1 800 多家商业医疗保险组织为80%以上的国家公务员和 74%的私营企业雇员提供商业医疗保险，这些群体未受到社会医疗保险的保护。商业医疗保险分为非营利性和营利性两种，前者可享受税收优惠。蓝十字和蓝盾是美国两家最大的非营利性商业医疗保险公司，分别由医院联合会和医生组织发起，承保范围分别为住院医疗服务和门诊服务。二者的资金都来源于参保者缴纳的保险费，其保险基金可免缴 2%的保险税。营利性的商业保险公司通过费用共担的“共保险”的办法降低保险金，仅提供低廉的医疗服务，对费用高昂的项目单独设立险种。

（四）特点

美国的医疗保险制度主要由市场经营和管理，即使是医疗照顾和医疗救助计划，有时也受政府委托，由私人保险公司负责经办。政府只负责老年者、残疾者、贫困者的医疗保险，而很多人享受不到任何形式的医疗保险，因此制度的公平性较差，这体现了美国社会强调个人责任的价值取向。

2010 年 3 月 23 日，美国总统奥巴马签署了《医疗保险改革法案》，成为美国医疗保险体系 40 多年来的最大变革。该法案的核心是创建一个联邦监管的医疗保险市场，而政府将成立公共保险机构出售医疗保险；法案首次明确规定，几乎所有美国人都应在 2014 年前拥有医疗保险。对于年收入低于 43 320 美元的个人和低于 73 240 美元的三口之家，联邦政府将给予医保补贴。全美大约 4 600 万人没有医保，该法案将使其中 3 200 万人获保，从而使医保覆盖率从 85%升至 95%，距离全民医保只有一步之遥。对于低收入人群来说，这一法案将极大地扩大美国医疗救助的范围。2010 年美国《医疗保险改革法案》被认为是自 1965 年美国设立“医疗保险计划”和“医疗补助计划”以来最重要的国内立法。当然，美国医改也面临诸多挑战，即民众对复杂公共问题的有限了解，民意的不稳定性和自相矛盾迫使人们重新思考民意与公共决策之间关系；利益集团在资源和组织形式上的优势，使他们比普通民众更有效地参与和影响公共政策结果；公共决策的意识形态导向体现当代美国两大主流价值观——自由至上和平等优先观念的矛盾与融合。也正是受到上述复杂因素的影响，奥巴马的医疗保险改革方案并没有真正成功，2017 年被奥巴马之后的下一任总统特朗普签署行政令予以废除。①

四、新加坡的医疗保险制度

新加坡的医疗保险制度由医疗储蓄计划、健保双全计划、保健基金计划共同组成，保证国民获得基本的医疗服务。新加坡医疗保险制度的第一个层次是在全国范围内推行的、具有强制性的、旨在帮助个人储蓄和支付医疗保险费用的医疗储蓄计划；第二个层次是非强制性的、对大病进行保险的健保双全计划；第三个层次是政府拨款建立旨在帮助贫困者支付医疗费用的保健基金计划。

新加坡的医疗储蓄计划是在公积金制度基础上制定的储蓄计划。1984 年推出的医疗储蓄计划规定相当于工资 6%的缴费记入保健账户，用来支付个人和家庭的住院医疗费用和重病医疗费用。医疗账户计划的缴费由雇主和雇员分摊。账户余额用于支付本人及家庭成员的住院和部分门诊检查及治疗费用。保健账户基金可免缴个人所得税，超过全年最高限额则自动转入普通账户，可获得平均利率。如果住院费用超过保险账户存款，不足部分要用现款支付，以保证参保人退休后患病时能支付住院费。保健账户所有者去世后，基金余额可由亲属继承，且不缴遗产税。

健保双全计划是个人自愿参加的、带有社会统筹性质的、帮助参加者支付大病或慢性病医疗费用的大病保险计划。健保双全计划自 1990 年开始实施。中央公积金局从参加计划的参保人账户中提取少量费用，实行社会统筹并调剂使用。参保人个人只需支付很少的保费，且可以用医疗储蓄账户支付，具体保费额与投保人年龄相关。

保健基金计划自 1993 年开始实施，是由政府建立救济基金、向无力支付医疗费用的贫困者提供帮助的计划。无力支付医疗费用的贫困者可向保健基金委员会提出申请，由委员会批准和发放基金。

---

① 曾庆捷，孙一平．民意、利益集团和社会正义：美国医疗保险改革的政治学分析［J］．黑龙江社会科学，2011（2）：23-27.

新加坡的医疗卫生机构包括综合诊所和医院，其经费来源主要是政府补贴，同时向服务对象收取少量费用。综合诊所负责辖区内的医疗、预防保健并向医院介绍病人，只有如小型 X 光机、B 超机等简单的医疗设备，不设病床。医院包括综合医院和专科医院，接受由综合诊所转来的病人。医院的工作人员是政府雇员，拿固定工资。政府补贴主要针对全民医疗保健服务，按提供的服务量对公立医院提供财政补贴。

政府对医疗服务的管理主要体现在制定并实施医院重组计划、控制医生及病床数、强化成本核算、对医院收入总量控制、对药品进行控制、抑制高科技在医院滥用等方面，其目的在于控制医疗成本，提高医疗服务效率。

新加坡的医疗储蓄计划的资金具有纵向积累的特点，对高效使用医疗资金和卫生资源有推动作用，但是此种模式过分强调效率，公平性有所欠缺。

复习思考题

1. 梳理我国医疗保险制度改革的阶段性特征。
2. 新型农村合作医疗制度与城镇居民基本医疗保险制度合并的原因有哪些？
3. 试论生育保险制度的积极意义。
4. 企业为员工购买了基本医疗保险，可以不支付患病职工的病假工资吗？为什么？

第六章　工伤保险制度

阅读与思考

工伤保险让打工妹“重生”

2003 年春节后，18 岁的邓英为了减轻家里的经济负担，来到了 Z 市某建筑公司打工。她的工作是在建筑工地上抬水泥。本来还憧憬着多挣一些钱补贴家用，但是她美好的愿望在一个下午破灭了。在抬水泥的过程中，由于工地架板断裂，导致她从几米高的地方摔下来，瞬间就失去了知觉。

邓英被及时送往医院抢救，待醒来之时，医生告诉她必须实施双下肢截肢手术。要知道，邓英本来家庭条件就不好，其所在的企业经营效益不太好，也没有参加工伤保险。尽管企业给予了一部分的赔偿，但持续治疗的医疗费用和生活护理费远远超出了赔偿的金额。由此，邓英家人和其打工的公司为相关费用补偿一直争议不休，难以取得各方都满意的结果。

幸好，2004 年，《工伤保险条例》正式实施。邓英所在的建筑公司被整体纳入了当地的工伤保险。邓英作为老工伤人员被社保机构接纳参保。由此，邓英的医疗费用有了一些着落。后来某公益机构还帮助她安装了假肢。曾经一度对生活绝望的邓英，又重新站了起来，重新燃起了对生活的希望。

资料来源：邓德均．工伤保险让她重生［J］．中国社会保障，2007（9）：71.

问题：

1. 工伤保险对于职工的意义是什么？
2. 工伤保险的性质及享受条件是什么？

第一节　工伤保险概述

一、工伤保险的内涵

（一）工伤及工伤保险的概念

1. 工伤的概念

工伤，顾名思义为工作伤害，也称作职业伤害，其概念始见于 1921 年的国际劳工大会公约中，指由于工作直接或间接引起的事故伤害。生产力的发展促进了社会化大生产，同时也给劳动者带来了更大的劳动风险和职业伤害，因此，作为社会保障制度中最先创立的制度之一的工伤保险制度应运而生，这时的“工伤”专指工业事故造成的伤害，职业病并不包含在内。此后伴随经济发展及工业化进程加快，职业病问题越来越凸显，职业病才逐渐被各国添加到工伤范畴。

1968 年，第 48 届劳工大会通过的《工伤事故津贴公约》将职业病正式纳入工伤的范围，同时，将工人上下班时的交通事故也确定为工伤。美国国家标准 ANSI16. 1《记录与测定工作伤害经历的方法》中，将“工作伤害”定义为“任何由工作引起并在工作过程中发生的（人受到的）伤害或职业病，即工作活动或工作环境导致的伤害或职业病”。中国国家标准 GB 6441—86《企业职工伤亡事故分类》中将“伤亡事故”定义为“企业职工在生产劳动过程中，发生的人身伤害、急性中毒”。1991 年劳动出版社出版的《中国职业安全卫生百科全书》将工伤定义为“企业职工在生产岗位上，从事与生产劳动有关的工作中，发生的人身伤害事故、急性中毒事故。但是职工即使不是在生产劳动岗位上，而是由于企业设施不安全或劳动条件、作业环境不良而引起的人身伤害事故，也属工伤”。按照我国大多数学者观点，所谓的工伤就是指劳动者在执行工作的过程中或者依照法律规定的情形发生的事故伤害或者职业病。

综合而言，工伤可以定义为：劳动者在生产工作过程中由于生产环境中的不安全因素直接或间接导致的事故造成的人身伤害，包括事故伤残和职业病，以及因这两种情况造成的死亡。上下班途中的交通事故造成的伤亡和出差过程中的伤亡也属于工伤。

2. 工伤保险的概念

对于工伤保险，不同的国家有不同的定义。通常经济相对发达的西方福利国家对工伤保险的定义范围较为广泛，不仅包括工伤补偿，而且包括工伤预防、职业康复等方面；而经济发展水平相对较低的国家对工伤保险的定义范围则较为狭窄，大多仅指工伤补偿。我国学者认为，工伤保险又名职业伤害保险或职业安全健康保险，是指国家和社会为在生产、工作中遭受事故伤害和患职业性疾病的劳动人员及亲属提供医疗救治、生活保障、经济补偿、医疗和职业康复等物质帮助的一种社会保障制度。

工伤保险可分为工伤商业保险和工伤社会保险，本文所提的工伤保险均指工伤社会保险。在我国，工伤保险同养老保险、医疗保险、失业保险、生育保险共同构成了社会保险，同立法、监察构成了市场经济时期国家安全生产的三大支柱，其实施可以保障职工的工伤权益，分散用人单位的工伤风险，有助于促进安全生产、保护和发展生产力、维护社会的和谐稳定。我国工伤社会保险是国家通过立法建立，并由社会集中建立工伤保险基金，针对职业风险设定的，对在工作过程中因公负伤、致残或因接触职业有害因素患职业性疾病的职工及工亡家属提供医疗救治、工伤康复、经济补偿和基本生活保障等物质帮助的一种社会保障制度。

（二）工伤保险模式

从各国工伤保险的实施情况看，目前形成了三种工伤保险模式：工伤社会保险模式、雇主责任保险模式以及二者相结合的模式。

1. 工伤社会保险模式

工伤社会保险模式可以分为三种类型：第一种是工伤保险制度与社会保险制度相互独立，自行制定其管理制度，并拥有工伤保险基金的自由支配权。实行这种类型工伤保险制度的国家有德国、加拿大、日本等；第二种是虽然工伤保险制度与社会保险制度相互独立，但它们都从属于同一行政机构管理，法国、菲律宾和奥地利都是实行的这种模式；第三种模式是工伤保险制度包含在社会保险制度中，是其重要的组成部分，这种模式的代表国家有阿尔及利亚、巴拿马、哥伦比亚及英国等。

2. 雇主责任保险模式

雇主责任保险模式是由雇主为雇员向商业保险公司投保，以国家是否强制雇主为雇员参保为依据，雇主责任险也可划分为三种类型：第一种是国家并没有出台相关政策强制要求雇主为雇员参保，代表国家有阿根廷、印度、巴基斯坦、斯里兰卡和缅甸等；第二种是国家规定高危行业的雇主必须为其雇员投保，代表国家有马来西亚、乌拉圭、萨尔瓦多和哥斯达黎加等；第三种是国家强制性规定，所有雇主必须为其雇员投保，代表国家有意大利、澳大利亚、芬兰及新加坡等。

3. 工伤社会保险模式和雇主责任保险模式相结合的模式

很多国家工伤社会保险模式和雇主责任保险模式并存。美国是这种模式的典型代表，在美国，社会保障总署并不负责管理全国的工伤保险工作，这项工作被分配给各州政府的劳工部门负责，这就形成了一些州实行工伤社会保险而另一些州实行雇主责任保险的情况。但是，无论实行哪种模式，雇主都必须为雇员缴纳工伤保险费。

（三）工伤保险的特征

我国工伤保险根据“职业风险”的原则建立，它具有补偿和保障的性质，经费由企业负担，与其他社会保险项目（如养老、失业、医疗等）相比较，待遇最优厚、保险内容最完备、保险服务最周到，且易于实现。作为社会保险的组成部分，它具有社会保险的所有特点。

强制性。工伤保险是宪法确立的劳动者的一项基本权利，为保障劳动者这一权利的实现，国家必须通过建立法规来强制实施。法规所规定范围内的用人单位及职工，都应该参加工伤保险，缴纳保险费。工伤具有突发性，多属意外事故；同时工伤也有不可逆转性，其造成的损失往往难以挽回，给个人也容易带来终身痛苦，于企业不利，对国家不利，因而工伤保险应是强制性的。

社会性。工伤保险是世界上历史最悠久、实施范围最广的社会保障制度，其对象包括社会上不同地区、不同行业及不同经济成分的劳动者，因此保险金领取的人数众多，对社会经济生活都会产生广泛影响。政府部门可通过对社会经济生活的一定干预，在发生劳动风险与未发生劳动风险的人员之间进行收入再分配，切实达到保障劳动者基本生活的目的。

互济性。工伤保险可以通过统筹基金来分散劳动风险，这是社会保险的基本办法。由于工伤人员在社会上分布不均，必须依靠社会力量进行保险，解决企业和地区之间承受的不同压力。这样的操作可以使企业和劳动者双方形成保护机制，可在较大范围内分散风险。

福利性。工伤社会保险基金属劳动者所有，是保障劳动者安全健康的基础，要专款专用，国家不征税，并由国家财政提供担保，应当由隶属于政府部门的非营利性质的工作单位经办，为受保人服务。

同时，工伤保险与其他类别社会保险相比，具有四大特点。

一是工伤保险强制性最强，实施范围最广泛。工伤保险从其前身雇主责任制起，国家就以立法形式强制雇主必须对雇员负责。一百多年来，雇主负责工伤赔偿，并从法律强制变成了一种习惯。在实行社会保险的国家中，96%的国家有工伤保险。

二是工伤保险保障性最强，保障项目最全面。它不仅仅是一次性的经济补偿，更重要的是对因工伤残者、死亡者全过程的保障。工伤保险可报销的项目众多，包括治（医）疗费、住院伙食补助费、外地就医交通费、食宿费、康复治疗费、辅助器具费、停工留薪期工资、生活护理费、一次性伤残补助金、丧葬补助金、供养亲属抚恤金等。

三是工伤保险在社会保险体系中待遇最优。个人不仅不需要缴纳工伤保险费，而且工伤保险待遇比疾病、失业和养老保险的待遇都要高。养老保险是保障基本生活；失业保险虽也保障失业者的生活，但带有救济性质；工伤保险除了保障伤残人员的生活外，还要根据其伤残情况补偿因工受伤的经济损失。

四是工伤保险的给付条件最宽。享受工伤待遇的劳动者不受年龄、工伤条件的限制，凡是因工伤残的，均给予相应的待遇。

（四）工伤保险的基本原则

工伤保险遵循的原则是无过失补偿原则（无责任补偿原则），个人不缴费原则，风险分担、互助互济原则，补偿与预防、康复相结合的原则，区别因工与非因工的原则。

1. 无过失补偿原则

无过失补偿原则也被称作无责任补偿原则，是指劳动者在生产工作过程中发生工伤事故时，只要不是劳动者故意行为所致，受伤害者都有权利按照法律享受工伤保险待遇。这一原则包含两层含义：一是不论事故伤害的责任人是谁，工伤者都会得到经济补偿。二是工伤事故伤害的补偿责任并不仅由用人单位来承担，而是由工伤保险基金来支付。无责任补偿原则解除了劳动者的后顾之忧，使他们清楚即使发生工伤事故，生活也是有保障的，从而激发他们的工作积极性。

2. 个人不缴费原则

工伤保险采用的是用人单位缴费原则，职工个人不需要缴费，这是与养老保险、医疗保险、失业保险存在差异的地方。这主要是考虑到，职工为用人单位创造财富的同时也承担着工作风险，所以职工因工受伤时用人单位理应从所获利益中拿出一定份额进行经济补偿，机器设备需要维修，劳动者受伤后也需要修复，这是用人单位对生产要素市场的投入，用人单位缴费原则已经成为国际惯例。

3. 风险分担、互助互济原则

工伤保险的互助互济原则体现在工伤保险基金的运行过程中，具体表现为国家通过立法，经由社会保险机构强制性向用人单位征收工伤保险费，从而建立工伤保险基金，并实行区域统筹，由社会保险机构在行业、企业、人员之间进行再分配，分担经济风险。它使得高风险行业免于承担工伤事故带来的沉重负担，降低工伤事故给用人单位和个人带来的经济损失。

4. 补偿与预防、康复相结合的原则

工伤保险包括工伤预防、工伤医疗、工伤康复。工伤预防贯彻了“安全第一、预防为主”的方针，事前预防能减少导致工作伤害的因素，从源头上减少工伤事故；工伤医疗是指事故发生时对工伤者给予及时的救治；工伤康复是事故发生后帮助工伤者进行康复训练，并帮助他们重新走上工作岗位。对于社会利益和职工利益来说，事前预防很有必要，工伤事故的减少，能够减少工伤补偿和康复支出，应拿出更多的资金进行工伤预防，以形成工伤保险基金的良性循环。这一原则在工伤保险制度相对成熟的国家比较流行。

5. 区分因工和非因工的原则

工伤保险由工伤而起、因工伤而设，职业伤害与工作或职业有直接关系，对因工和非因工的区分是建立工伤保险的前提和基本出发点。工伤保险不同于其他社会保险，它的待遇具有补偿的性质，工伤保险待遇的领取不受年龄、性别、缴费期限的限制，它与工伤事故或职业病造成的伤残程度有关。非因工伤害与职业无关，其医疗、伤残、死亡待遇均要低于因工待遇，因此，工伤保险坚持严格区分因工和非因工的原则。

二、工伤保险制度的功能

工伤保险作为社会保险制度的一个组成部分，是通过立法强制实施的，是国家对劳动者履行的社会责任，也是劳动者应该享受的基本权利。工伤保险的实施是人类文明和社会发达的标志。建立和实施工伤保险制度无论对于劳动者、企业还是国家而言，都具有非常重要的意义和功能。

对劳动者而言，工伤保险制度的意义主要体现在以下三点。

（1）工伤保险制度保障了劳动者在工作中遭受事故伤害和患职业病后获得医疗救治、生活保障、经济补偿和职业康复的权利，是维护职工合法权益的必要措施。

（2）工伤保险制度能够保障劳动者在发生工伤后，劳动者本人及其家属在生活发生困难时的基本生活需要，防止受工伤的劳动者及其家属陷入生活贫困状态，在一定程度上解除了劳动者及其家属的后顾之忧。工伤保险制度是为受工伤的职工及其家属提供帮助的社会保障制度。

（3）工伤保险制度保障了受伤害劳动者及其家属的合法权益，是社会对劳动者所做的社会贡献的肯定，有利于增强劳动者的工作积极性。

对企业而言，工伤保险制度的意义主要体现为以下两点。

（1）工伤保险保护了企业和雇主，尤其是资金不足的小企业。因为工伤保险具有互助互济的特点，它统一筹措资金、分担风险，所以对于企业和雇主来说，尤其是资金紧张的企业，当遇上一个重大的工伤事故，需要支付受伤职工较大数额补偿费时，由社会保险机构在社会范围内调剂基金进行支付，能够弥补企业资金的不足，也可以把工伤给企业和雇主带来的风险和损失降到最低。

（2）工伤保险有利于促进企业安全生产。工伤保险与改善劳动条件、安全教育、防病防伤宣传、医疗康复等措施相结合，可以提高劳动者的安全意识，促进企业安全生产的顺利进行，减少工伤事故发生率，由此减少给企业带来的经济损失。

对于国家和社会而言，工伤保险制度的意义主要体现在以下两点。

(1) 促进社会和谐稳定。工伤保险保障了受伤害职工的合法权益，有利于妥善处理事故和恢复生产，维护正常的生产、生活秩序，维护社会安定，促进社会和谐。

(2) 增强国家合法性，形成良好的国家形象。工伤保险制度发展是现代国家发展程度的重要标志。保障工人和企业合法权益是现代国家的重要任务，而工伤保险制度的不断完善和发展，有利于塑造国家在劳动者和企业中的良好形象，能够极大地增强国家的合法性。我国是社会主义国家，工伤保险制度的发展更是体现我国体制和制度优越性的重要方面。

第二节　工伤保险制度的形成与发展

一、西方工伤保险制度的发展

补充阅读

《贝弗里奇报告》与工伤保险制度

1941 年，英国政府委托伦敦经济学院院长贝弗里奇教授负责制订战后英国的社会保障计划。这个计划于 1942 年年底发表，题为《社会保险及有关的服务》（即著名的“贝弗里奇报告”）。该报告以消除贫困、疾病、肮脏、愚昧和怠惰懒散五大社会疾病为目标，制订了以社会保险制度为核心的全面的社会保障计划。第二次世界大战结束后，这一计划于 1946—1948 年通过，英国政府照此实施了一整套社会保障法规：家庭补助法、国民卫生保健服务法、工伤保险法、国民救助法、社会保险法等。1948 年，英国宣告建成世界上第一个福利国家。

工伤保险是贝弗里奇报告的重要内容。报告首次将工伤的救济作为社会保障制度的一部分。其中涉及工伤保险的规定，例如，因为事故或者职业病致残的，在头 13 周与其他疾病同样对待，可以享有疾病补贴。如果在 13 周后，其伤势还没有痊愈，疾病保险待遇就由工业年金代替，大约相当于受伤前工资的 2/3。部分伤残人员得到的补偿金依据他所丧失的劳动能力的程度来计算。贝弗里奇报告对英国工伤保险制度的完善与发展起到了重要的影响，具有里程碑意义。

资料来源：史探径．世界社会保障立法的起源和发展［J］．外国法译评，1999（2）：12.

工伤保险制度是伴随着近代以来西方国家工业革命或工业化大生产的出现而不断发展的。自 1884 年德国颁布《工伤事故保险法》并率先确立工伤保险制度以来，西方各国也根据自身情况建立了工伤保险制度。经过一百多年的发展，世界上已经有 190 多个国家或地区建立了工伤保险制度或采取了相关立法。

（一）工伤保险制度建立前的工伤保护与雇主责任认定

工业革命的进程自英国开启以来，大量的工人无产者成为资本主义生产机器压榨的对象。唯利是图的资本家为了获得更多的利润和资本积累，或故意忽略对工人的劳动安全防护，或仅仅提供极少的保护。在此情景下，工人劳动过程中的工伤事故频频发生，日益演变成当时西方社会的重大问题。

在工伤保险制度确立之前的很长一段时间里，资本家却借助当时国家劳动法律的相关原则规避或逃脱对工人工伤的责任。在 19 世纪的大多数时间里，西方国家侵权行为法中的“风险承担理论”和“过错责任”原则是解决工人在劳动过程中受伤害问题的主要依据。其中“风险承担理论”将工人劳动过程中受到的伤害及其责任纳入工人与雇主的劳动契约之中，即工人在与雇主签订劳动契约时已经知晓工作的风险及其后果责任，无论是因为机器故障还是工人过失所导致的任何伤害都由工人个人承担，雇主不用承担任何责任。“风险承担理论”认为“如果当事人同意承担风险，则不存在法律上的伤害”，受害者“同意的行为所导致的伤害不能带来诉讼”。很显然，这一法律原则极大地忽略了工人阶级的利益，使得工人在劳动过程中受到的伤害不能得到保护。同样，根据“过错责任”原则，工人要想保护自身的利益，获得伤害保护和赔偿，就必须通过法律举证证明雇主应承担的责任。然而，在现实中，劳动者要证明雇主存在过错并不容易。在不平等的劳动关系和法律关系中，雇主往往占有很大的优势。当时，雇主可以享有三种抗辩的理由。（1）假定风险抗辩。如果劳动者清楚地知道该工作场所存在危险，但还是接受该工作，则雇主不承担任何责任。（2）有过失抗辩。如果劳动者可以通过采取一般注意就可以避免事故发生的情况，雇主不承担任何责任。（3）同事抗辩。如果伤害是由同事引起的，则雇主没有责任。这三种抗辩理由被称为“邪恶的三位一体”，为劳动者通过民事侵权诉讼获得赔偿设置了巨大的障碍。

随着工伤事故的高发和工人抗争运动的兴起，到 19 世纪下半叶，西方国家对相关法律进行了部分修正，无过失责任原则替代了之前的工伤损害的认定原则。无过失责任又称无过错责任，指不以行为人的过错行为为责任要件而以法律规定确定当事人责任的一种责任形式。这一原则加大了雇主的责任，一定程度上改变了过错责任下受伤工人的权利缺失的状态。1848 年，德国普鲁士在铁路运输行业建立了无过失民事责任制度之后，英国也于 1880 年确定了雇主责任法，意大利于 1898 年颁布灾害赔偿法和德国 1871 年颁布雇主责任法也确定了无过失责任原则。无过失责任原则虽然有一定的进步意义，但是没有真正改变工伤情境下，工人权利没有被充分保护的状态。因为，受工伤的劳动者仍然要通过民事法律诉讼的途径要求雇主承担赔偿责任，法律成本依然很高，阻碍了工人权利的有效保护。

在工伤保险制度尚未正式确立之前，在工人工伤赔偿得不到法律充分保护的背景下，西方国家产生工人互助保险这一形式。例如，17 世纪初期德国普鲁士的矿工弟兄会、矿工联合会以及手工业者行业互助会、徒工互助会等。在英国，也出现了由工人组织的“友谊社”和“工会俱乐部”等互助机构，为成员提供老、弱、病、残等多种救济津贴。在友谊社，其成员平时会投入部分互助资金，当有成员发生工伤灾害时，便可从公共基金中获取一定的补偿。其覆盖的范围包括疾病治疗、丧葬、养老、残废、遗嘱等事项。当然，友谊社的工伤互助保障能力有限，其成员被限定在一定范围之内，并且对成员的身体条件、健康状况等有较高的要求。此外，在美国，1868 年，由内战期间的老兵也是熟练铁路工人阿普卡奇创立的美国第一家合作保险协会——联合工人兄弟会，也是较为有影响力的工人工伤保护互助组织。联合工人兄弟会以维护工人阶级利益为主要任务，成为美国工人互助伤残保险的重要力量。这一互助保险组织因为其所具有的分散劳工风险、提供救济的功能得到了工人群体的欢迎，同时也因为能够缓解政府负担、缓和劳资矛盾得到了美国政府的支持和鼓励。

（二）工伤保险制度的正式建立与发展

19 世纪 70 年代以来，工业革命在西方社会进一步加速发展。特别是德国，经历了普法战争之后，其工业革命取得了巨大的成就，但也出现了严重的工伤事故问题。1873 年，经济大萧条席卷西方世界，也使得德国的工伤事故问题越发严峻。为应对经济危机和工伤事故，缓解社会矛盾，尤其是缓和工人阶级的抗争，1881 年，德国皇帝威廉一世宣称：“社会弊病的医治，一定不能仅仅依靠对社会民主党进行过火行为的镇压，同时要积极争取工人的福利。”为此，德国政府在 1884 年颁布了《工伤事故保险法》，率先确立了以工伤保险解决工伤事故的做法——由雇主缴纳工伤保险费，以备发生工伤灾害时向受害劳工支付赔偿费用，工伤保险制度由此诞生。德国工伤保险制度确定了三项重要任务：其一是预防，即通过采取一切有效的手段预防事故和控制职业病的发生，以保护劳动者的利益；其二是康复，即在发生工伤事故之后，积极采取适当措施，为工伤事故受害者或职业病患者提供医疗服务，使其身体逐渐恢复健康（包括职业康复和社会活动的康复）；其三是待遇给付，即给予工伤事故受害者及其家属一定的现金补偿。

在德国的工伤保险制度建立后，其他国家（英国、法国、美国、日本等）也相继建立自己的工伤保险制度，确立了职业伤害赔偿的基本原则，形成了雇主责任保险的制度。1897年，英国颁布了《劳工赔偿法令》，规定凡发生工伤事故，除非劳动者自身出于故意或有重大过失，否则均由雇主向受害者进行赔偿。其形式可以是直接向受害者给予赔偿，也可以通过缴纳工伤保险费的方式由受害者获得赔偿支付。

西方国家工伤保险制度自建立后也持续地进行了修正和完善。第一次世界大战前后，少数欧洲国家开始用社会保险来弥补雇主责任保险的不足。工伤保险开始作为社会保险的一部分，由国家立法，政府有关部门负责工伤保险管理，统一筹措保险基金，共担风险。之后，在国际劳工组织的倡导和推动下，一些国家又逐步将职业病也列入工伤保险的范围。例如，1906年，英国通过"职业补偿法修正案"率先将6种职业病（炭疽热、铅中毒、水银中毒、黄磷中毒、砷中毒、矿工锡虫病）纳入工伤保险的补偿范围。之后，丹麦于1916年、法国于1919年、卢森堡于1925年、德国于1925年、比利时于1927年、荷兰于1928年、意大利于1929年，也将职业病纳入工伤保险范畴。

总体上，到第二次世界大战前后，工伤保险制度已经发展成为一项比较普及的制度，其普及率甚至比养老、医疗和失业保险制度更高。

二、我国工伤保险制度的发展

（一）新中国成立以前工伤保险制度的雏形

我国古代是以农耕为主的社会，其生产方式意味着工伤事故的概率极低，即便发生事故也不能称为工伤事故。中国自古有"守望相助，疾病扶持"的传统风尚，对于现代意义上的保险制度的需要并不迫切。由于工业发展落后，更是缺乏工伤保险制度形成的土壤。然而，这并不影响我国工伤保险的萌芽。例如，有观点认为，宋朝理学家朱熹所倡导设立的社仓制，就类似于欧洲早期社会的互助组织。社仓的基本操作办法就是按人们所拥有财产的多少，折合成一定量的粮食存放于社仓，或由相关人共同负责向官方贷米存仓，一旦遇到灾荒，就可以分贷给原设立者，以解燃眉之急。清朝末期以后，为对抗西方列强对中国的入侵，部分仁人义士认识到只有兴实业，才能振兴中华。于是在较短的一个时期内民族工业陆续创办。但由于工业发展积贫积弱，加之战事连连，工伤事故仍然没有得到足够重视，只不过出现了一些关于工伤保险的规定或立法。例如，民国时期交通部于1929年公布的《邮政养老抚恤金支给章程》规定，邮政人员凡非因自己之过失，因职业灾害致成伤病死亡时，应给予抚恤。1929年公布、1931年实施的《工厂法》规定，工人因执行职务而致伤病或死亡者，工厂应给其医药补助费及抚恤费。这些规定，可以被视为劳动者工作中遭受事故伤害补偿法制化的一些反映。

同样，工伤保险制度的雏形在共产党领导中国革命期间的一些举措中也有一定的呈现。早在1922年中国劳动组合书记部拟定的《劳动立法原则》就提出，一切保险规章事业之订立，均应使劳动者参加之，俾可保障政府、公共及私人企业中劳动者所受到的损失，其保险费完全由雇主或国家分担之，不得使被保险者负担。1931年中央苏区制定的《中华苏维埃共和国劳动法》也对包含工伤保险在内的诸保险进行了规定说明：社会保险，对于一切雇佣劳动者，不论他在国家企业，协作社或私人的企业，不论工作时间之久暂，及付给工资的形式如何都得施及之。1940年颁布的《陕甘宁边区战时工厂集体合同暂行准则》《晋察冀边区政权工作人员伤亡褒恤条例》，1941年颁布的《晋冀鲁豫边区劳工保护条例》，1942年颁布的《陕甘宁边区劳动保护条例》等重要法律法规中，均有关于工伤保险的相关规定。1948年12月27日，中国共产党领导下的东北行政委员会颁布的《东北公私营企业战时暂行劳动保险条例》及其《实施细则》可以被视为新中国成立前夕，我国较为完善的一部涉及工伤保险的社会保障法规，也一定程度上成为新中国劳动保险条例的原型。该条例规定：以工伤待遇为例，工伤者除一律享受免费医疗外，在确定残废后，按致残的原因发给不同标准的残废抚恤金；非由本人原因致残的，发给相当于40%~50%或50%~60%的本人工资；由于本人疏忽或无意的过失致残的，只发给30%~40%的本人工资，这是一项不能工作后的长期待遇。由于当时仍然处于战争阶段，相关工伤事故的法律规范并没有全面实施。①

（二）1949—1957年：工伤保险制度的初步创立②

新中国成立之初，面对百废待兴的国家经济、落后的安全理念与生产方式带来的职业事故频发问题，党和政府一方面确立了以集中优势配置经济资源、保证重工业发展为目标的计划经济体制，以迅速恢复和发展国民经济，维护新生政权，改善人民生活；另一方面则在开展劳动保护政策宣传的同时，积极建立以保障劳动者权益为重要目标的社会保险制度。1951年政务院颁布的《劳动保险条例》将工伤保险列在各保险项目之首，对其实施范围、资金来源、待遇项目和给付方式等作了较为详细的规定。1953年发布的《劳动保险条例若干修正的决定》以及《劳动保险条例实施细则修正草案》，在扩大实施范围的基础上，进一步细化了“因工负伤、残废、死亡待遇”的相关规定，并涉及安装

---

① 于欣华. 中国工伤保险制度的演进［J］. 现代职业安全，2014（1）：103-105.

② 孙树菡，朱丽敏. 新中国工伤保险制度六十年的发展变迁［J］. 河北学刊，2009（6）：1-6.

辅助器具，举办疗养院、休养所等一些康复性质的工作。需要说明的是，这一阶段，劳动保险条例仅适用于企业职工（全民所有制企业职工），对于国家机关及事业单位的劳动者并不适用。[①] 国家机关及事业单位工作人员的工伤保险有单独的法规安排。例如，1950年12月，内务部公布的《革命工作人员伤亡褒恤暂行条例》对伤残死亡待遇进行了单独的规定，之后也多次修改，不断提高了待遇水平。同时，为了应对日益严重的职业病伤害，加强对职工职业病伤害的保护，卫生部于1957年2月颁布了《职业病范围和职业病患者处理办法的规定》，将危害职工健康比较严重的14种与职业活动有关的疾病正式引入职业病的范围，并首次将其纳入工伤保险的范畴，享受因工伤残和死亡的相关待遇。总体上，通过这一系列法规的颁布，党和政府较好地构建了与计划经济体制相适应的工伤保险制度的基本框架。

这一时期工伤保险制度呈现如下特点：（1）在服务于恢复和发展国民经济的同时，保障劳动者权益是主要的政策目标；（2）工伤保险制度实行“国家负责、企业包办”的运作模式；（3）低工资、高福利政策使得工伤保险成为职工福利的一部分，而不是现代意义上的风险分散机制；（4）内容上以补偿加救治为主，康复工作虽有涉及，但与现代医学意义的康复有较大距离，工伤预防被割裂出来，由劳动部门中的劳动保护机构负责，与工伤保险成为并行的制度安排；（5）工伤保险制度的体系还相对不成熟。

（三）1958—1977年：工伤保险制度的调整与退化

1957年党的八届三中全会后，伴随社会保险制度的调整和完善，工伤保险制度也在待遇、认定范围及死亡抚恤等方面进行了诸多的调整，并增加了职业病类型。劳动部、全国总工会及卫生部先后多次就工伤保险的实施作出补充规定。但是，“大跃进”以后，已平稳运行多年的工伤保险制度进入非正常状态。例如，企业劳动保险业务无人管理，企业正常的缴费机制被打乱，原有的保险制度无法正常运行。1969年，劳动部根据工作需要接管了劳动保险的日常工作，在保险经费收支方面，按照财政部发布的《关于国营企业财务工作中几项制度的改革意见（草案）》要求，国营企业一律停止提取劳动保险金，企业的退休职工、长期病号工资和其他劳保开支在营业外列支。这使得国家和政府的责任在社会保险行为中退出，并直接导致包括工伤保险在内的社会保险退化为“企业保险”和企业责任，社会保险的统筹调剂功能彻底丧失。

这一时期工伤保险制度的主要特点有：（1）对职工权益保障的观念趋于淡化；

---

① 于欣华. 中国工伤保险制度的演进［J］. 现代职业安全，2014（1）：103-105.

(2) 前期的调整充实了当时的工伤保险制度，但因随之而来的社会失序遭到破坏；(3) 工伤社会保险退化为“企业保险”，导致制度扭曲，但其主体框架并未改变；(4) 风险统筹调剂功能的缺失造成企业负担不均衡，不同企业间职工待遇悬殊，国家直接承担的保障力度弱化。

(四) 1978—1995 年：工伤保险制度的延续和新探索

1978 年之后，我国开启了市场化发展的进程，国有企业改革成为这一时期经济体制改革的重要领域。相对而言，这一时期工伤保险制度曾一度与经济社会发展所带来的现实问题不相适应：一方面，经济迅速发展和 GDP 持续增长，原有的以企业为依托、沿用新中国成立初期待遇水平和项目设置的企业工伤保险仍然被延续；但另一方面，企业安全生产事故持续上升，原有的工伤保险不仅不能分散企业风险，反而导致企业负担畸轻畸重，与企业追求经济效益的生产经营目标相矛盾。而且，由于工伤预防制度的缺失，工伤保险制度并没有发挥降低事故发生率的积极作用。于是，劳动部于 1988 年提出探究社会保险改革方案，试图构建工伤保险改革的新框架，并从 1989 年起开展工伤保险的改革试点。之后，1990 年中共中央《关于制定国民经济和社会发展十年规划和“八五”计划的建议》、1991 年的《中华人民共和国国民经济和社会发展十年规划和第八个五年计划纲要》，都明确提出改革工伤保险制度的要求；1993 年党的十四届三中全会通过《中共中央关于建立社会主义市场经济体制若干问题的决定》，再次强调要普遍建立企业工伤保险制度；1994 年《中华人民共和国劳动法》出台，最终将工伤保险制度以法律的形式确定下来，并将其在所有企业、个体经济组织和与之形成劳动关系的劳动者中实施。

这一时期工伤保险制度的主要特点是：(1) 在“效率优先”的原则下，全面保障职工权益的观念仍相对薄弱；(2) 对工伤保险制度的重视程度有一定的提高，强制性有一定的加强，但“企业负责”的管理模式和基本制度框架并未发生根本性改变；(3) 国有企业改革与企业工伤保险制度之间的不匹配不断催生对新制度的探索。

(五) 1996—2003 年：社会化工伤保险制度的正式形成与发展

1996 年是我国工伤保险制度发展的一个重要变革点。这一年，劳动部颁布实施《企业职工工伤保险试行办法》，以部门规章的形式规范了企业工伤保险办法，成为中国历史上首部针对工伤保险的专项立法，在中国工伤保险制度发展史上具有重要意义。第一，它确立了工伤保险作为风险分散机制的功能，确立了工伤保险由劳动部门行政化管理的机制。其中，加强了职业康复的相关规定，工伤预防也被作为工伤保险制度的组成部分统一由劳动部门管理。这意味着运行了 40 多年的职工福利性质的工伤企业保险得以实现真正意义上的转变。第二，通过实行工伤保险属地管理，以中心城市或地级市为主的工伤保险费用由社会统筹，变工伤企业保险为工伤社会保险，回归了工伤保险制度的本来属性，真正确立了工伤保险的保险模式。第三，对工伤补偿待遇水平和项目设置进行改革，在提高待遇支付标准的同时，增设了一次性伤残补助金等项目，并确立了工伤伤残抚恤金和供养亲属抚恤金随职工平均工资增长的机制，保障力度得到加强，基本适应了经济社会发展对工伤保险制度提出的要求。第四，将工伤保险制度的覆盖人群扩展到“中华人民共和国境内的企业及其职工”，并对到参保企业实习的大中专院校、技工学校、职业高中学生发生伤亡事故的情况给予了相应规定，扩大了制度的覆盖范围。与此同时，国家还制定实施了《职工工伤与职业病致残程度鉴定标准》（1996 年），发布了《职工非因工伤残或因病丧失劳动能力程度鉴定标准（试行）》的通知（2002 年），并颁布了《职业病防治法》（2001 年）、《安全生产法》（2002 年）、《使用有毒物品作业场所劳动保护条例》（2002 年）等法律法规，2002 年还调整发布了新的《职业病目录》，初步形成了工伤保险及事故预防、职业病危害防治相结合的一整套法律法规体系。

这一时期工伤保险制度的主要特点是：（1）从单纯追求经济效率向促进经济社会协调发展转变，全面保障劳动者权益的观念得以加强；（2）工伤保险制度发生了根本性变革，由“企业负责”的管理体制过渡到国家主管的社会统筹属地管理体制，国家责任开始回归；（3）工伤预防理念初现，职业康复处于初步探索阶段，补偿加救治仍是核心内容。

（六）2004 年至今：社会化工伤保险制度的定型与持续完善

2004 年 1 月 1 日，《工伤保险条例》正式实施，它对我国工伤保险的适用范围、工伤保险基金的来源、工伤认定的标准、劳动能力鉴定、工伤保险待遇以及工伤争议的处理等作出了原则性的规定，标志着中国工伤保险制度进入法制化发展的新阶段。该条例提出建立统一的、健全的工伤社会保险体系，把工伤预防、康复与补偿一并列为中国工伤保险制度的三大职能。同时，该条例还将适用范围扩大到中华人民共和国境内的各类企业、事业单位、社会团体、民办非企业单位等组织和有雇工的个体工商户，并适当提高了待遇水平，科学规范了相关标准和程序，对基金收支、工伤认定、监督管理等也作了较为详细的规定，把工伤保险制度带入一个全面发展的新时期。之后，一系列与工伤保险相配套的法律法规相继出台，例如，《工伤认定办法》（2004 年）、《劳动保障监察条例》（2004 年）、《关于印发加强工伤康复试点工作指导意见的通知》（2007 年）、《关于印发〈工伤康复诊疗规范（试行）〉和〈工伤康复服务项目（试行）〉的通知》（2008年）等重要法规。同时，国家还颁布了针对具体行业、人群的专项规范性文件，由此构建了比较完整的工伤保险制度以及事故预防、职业病防治相结合的体系框架，并从法制的角度保障了实施的有效性。这标志着我国工伤保险制度的基本定型。

2010年《中华人民共和国社会保险法》正式颁布，并在第四章对工伤保险作出了专门规定，将工伤保险的立法层次提升到法律高度。与此同时，《工伤保险条例》在2010年12月20日进行了修改并于2011年开始实施。随后，人力资源社会保障部紧锣密鼓地修订了《工伤认定办法》，颁布了《部分行业企业工伤保险费缴纳办法》《非法用工单位伤亡人员一次性赔偿办法》《实施〈中华人民共和国社会保险法〉若干规定》《社会保险基金先行支付暂行办法》等规定，推动了我国工伤保险法立法体系的逐步完善。2011年4月22日第十一届全国人民代表大会常务委员会第二十次会议修正了《中华人民共和国建筑法》和《中华人民共和国煤炭法》，解决了这两部法律与《工伤保险条例》实施中存在的冲突，确立了工伤保险相对于意外伤害险的优先性和强制性。2011年12月31日，第十一届全国人民代表大会常务委员会第二十四次会议通过了《关于修改〈中华人民共和国职业病防治法〉的决定》，修正了《职业病防治法》。2013年4月25日人力资源社会保障部发布了《关于执行〈工伤保险条例〉若干问题的意见》，针对工伤保险实务中存在的问题提出了指导性意见。这一系列立法和修法，也标示着我国工伤保险制度在实践中不断地得到完善。

这一时期工伤保险制度的主要特点有：（1）在“以人为本”的理念下，切实保障人的生命和健康的价值逐步被认可与接受；（2）工伤保险制度进入全面发展时期，法制化程度提高，工伤“预防、补偿、康复”相结合的特征更加明显；（3）国家责任得到了进一步强化，工伤保险制度得到前所未有的重视；（4）伴随经济社会的转型，工伤保险制度仍然存在着继续改革完善的空间。

第三节　我国的工伤保险制度

我国的工伤保险制度始建于20世纪50年代。到2004年，随着第一部工伤保险立法《工伤保险条例》的实施，我国的工伤保险制度框架基本完善和定型。之后，2010年10月28日第十一届全国人民代表大会常务委员会第十七次会议通过了《社会保险法》；2011年1月1日，国务院《关于修改〈工伤保险条例〉的决定》开始实施。由此奠定了我国工伤保险制度的法律法规基础和基本模式。

一、覆盖范围

修订后的《工伤保险条例》规定，我国境内的企业、事业单位、社会团体、民办非企业单位、基金会、律师事务所、会计师事务所等组织和有雇工的个体工商户，均应当为单位全部职工或雇工缴纳工伤保险费，保障他们享受工伤保险待遇的权利。

二、工伤的认定

关于工伤认定，《工伤保险条例》规定职工有下列情形之一的，应当认定为工伤：（1）在工作时间和工作场所内，因工作原因受到事故伤害的；（2）工作时间前后在工作场所内，从事与工作有关的预备性或收尾性工作受到事故伤害的；（3）在工作时间和工作场所内，因履行工作职责受到暴力等意外伤害的；（4）患职业病的；（5）因工外出期间，由于工作原因受到伤害或发生事故下落不明的；（6）在上下班途中，受到非本人主要责任的交通事故或者城市轨道交通、客运轮渡、火车事故伤害的；（7）法律、行政法规规定应当认定为工伤的其他情形。

同时，职工有下列情形之一的，视同工伤：（1）在工作时间和工作岗位，突发疾病死亡或在 48 小时之内经抢救无效死亡的；（2）在抢险救灾等维护国家利益、公共利益活动中受到伤害的；（3）职工原在军队服役，因战、因公负伤致残，已取得革命伤残军人证，到用人单位后旧伤复发的。

需要注意的是，符合上述条件，但有下列情形之一的，不得认定为工伤或视同工伤：（1）故意犯罪的；（2）醉酒或吸毒的；（3）自残或自杀的。

职工发生事故伤害或者按照《职业病防治法》规定被诊断、鉴定为职业病的，所在单位应当自事故伤害发生之日或者被诊断、鉴定为职业病之日起 30 日内，向统筹地区社会保险行政部门提出工伤认定申请。遇有特殊情况，经报社会保险行政部门同意，申请时限可以适当延长。用人单位未按前款规定提出工伤认定申请的，工伤职工或者其近亲属、工会组织在事故伤害发生之日或者被诊断、鉴定为职业病之日起 1 年内，可以直接向用人单位所在地统筹地区社会保险行政部门提出工伤认定申请。社会保险行政部门应当自受理工伤认定申请之日起 60 日内作出工伤认定的决定，并书面通知申请工伤认定的职工或者其近亲属和该职工所在单位。

三、工伤保险基金及缴费

我国的工伤保险基金由用人单位缴纳的工伤保险费、工伤保险基金利息和依法纳入工伤保险基金的其他资金构成。用人单位须按月缴纳工伤保险费，员工不需要缴费。工伤保险费实行现收现付制，征缴的原则是以支定收、略有结余。费率实行行业间差别费率和行业内部浮动费率。行业风险程度是确定行业类别的依据，不同工伤风险类别的行业执行不同的工伤保险行业基准费率。各行业工伤风险类别对应不同的全国工伤保险行业基准费率：一类至八类分别控制在该行业用人单位职工工资总额的 0.2%、0.4%、0.7%、0.9%、1.1%、1.3%、1.6%、1.9%左右。统筹地区社会保险经办机构根据用人单位工伤保险费使用、工伤发生率、职业病危害程度等因素，确定其工伤保险费率，并可依据上述因素变化情况，每 1~3 年确定其在所属行业不同费率档次间是否浮动。对符合浮动条件的用人单位，每次可上下浮动一档或两档。统筹地区工伤保险最低费率不低于本地区一类风险行业基准费率。费率浮动的具体办法由统筹地区人力资源社会保障部门商财政部门制定，并征求工会组织、用人单位代表的意见。另外，每个行业内的费率档次通过费率浮动的办法确定：一类行业分为三个档次，即在基准费率的基础上，可向上浮动至 120%、150%，二类至八类行业分为五个档次，即在基准费率的基础上，可分别向上浮动至 120%、150%或向下浮动至 80%、50%。工伤保险行业风险分类表见表 6-1。

表 6-1 工伤保险行业风险分类表

行业类别	行业名称
一	软件和信息技术服务业，货币金融服务，资本市场服务，保险业，其他金融业，科技推广和应用服务业，社会工作，广播、电视、电影和影视录音制作业，中国共产党机关，国家机构，人民政协、民主党派，社会保障，群众团体、社会团体和其他成员组织，基层群众自治组织，国际组织
二	批发业，零售业，仓储业，邮政业，住宿业，餐饮业，电信、广播电视和卫星传输服务，互联网和相关服务，房地产业，租赁业，商务服务业，研究和试验发展，专业技术服务业，居民服务业，其他服务业，教育，卫生，新闻和出版业，文化艺术业
三	农副食品加工业，食品制造业，酒、饮料和精制茶制造业，烟草制品业，纺织业，木材加工和木、竹、藤、棕、草制品业，文教、工美、体育和娱乐用品制造业，计算机、通信和其他电子设备制造业，仪器仪表制造业，其他制造业，水的生产和供应业，机动车、电子产品和日用产品修理业，水利管理业，生态保护和环境治理业，公共设施管理业，娱乐业
四	农业，畜牧业，农、林、牧、渔服务业，纺织服装、服饰业，皮革、毛皮、羽毛及其制品和制鞋业，印刷和记录媒介复制业，医药制造业，化学纤维制造业，橡胶和塑料制品业，金属制品业，通用设备制造业，专用设备制造业，汽车制造业，铁路、船舶、航空航天和其他运输设备制造业，电气机械和器材制造业，废弃资源综合利用业，金属制品、机械和设备修理业，电力、热力生产和供应业，燃气生产和供应业，铁路运输业，航空运输业，管道运输业，体育
五	林业，开采辅助活动，家具制造业，造纸和纸制品业，建筑安装业，建筑装饰和其他建筑业，道路运输业，水上运输业，装卸搬运和运输代理业

续表

行业类别	行业名称
六	渔业，化学原料和化学制品制造业，非金属矿物制品业，黑色金属冶炼和压延加工业，有色金属冶炼和压延加工业，房屋建筑业，土木工程建筑业
七	石油和天然气开采业，其他采矿业，石油加工、炼焦和核燃料加工业
八	煤炭开采和洗选业，黑色金属矿采选业，有色金属矿采选业，非金属矿采选业

用人单位缴纳的工伤保险费数额为本单位职工工资总额乘以单位缴费费率之积。对难以按照工资总额缴纳工伤保险费的行业，其缴纳工伤保险费的具体方式由国务院社会保险行政部门规定。

工伤保险基金存入社会保障基金财政专户，用于工伤保险待遇、劳动能力鉴定、工伤预防的宣传、培训等费用，以及法律法规规定的用于工伤保险的其他费用的支付。工伤保险基金设定一定比例的储备金，用于统筹地区重大事故的工伤保险待遇支付。储备金不足支付的，由统筹地区的人民政府垫付。

四、工伤保险待遇给付

《工伤保险条例》中明确规定了职工发生工伤时应享有的工伤保险待遇。针对伤残对象的不同，大体分为三类：工伤医疗及康复待遇、伤残待遇、死亡待遇。

（一）工伤医疗及康复待遇

工伤医疗及康复待遇主要有四项：工伤医疗费用、伙食补助费、停工留薪待遇及辅助器具配置待遇。进行工伤治疗时，可以从工伤保险基金支付的项目有符合工伤保险诊疗目录、工伤保险药品目录、工伤保险住院服务标准的工伤治疗费用，伙食补助费，到统筹地区以外的医疗机构治疗的交通费、食宿费。工伤职工需要停止工作接受治疗的享受停工留薪待遇，治疗期间停工留薪的费用由用人单位支付，在此期间因生活不能自理需要护理的也由用人单位负责。进行工伤康复的费用，只要符合规定，从工伤保险基金中支付，还包括安装假肢、矫形器、假眼、假牙和配置轮椅等辅助器具。

（二）伤残待遇

伤残待遇是指职工发生工伤，经治疗伤情相对稳定后存在残疾，影响劳动能力的，通过劳动鉴定委员会进行劳动能力鉴定伤残等级，享受有关待遇的统称。工伤职工已经评定伤残等级并经劳动能力鉴定委员会确认需要生活护理的，从工伤保险基金按月支付生活护理费。伤残待遇按照伤残鉴定等级的不同而有所区别。所有等级享受从工伤保险基金按伤残等级支付的一次性伤残补助金，不同等级伤残职工还分别享受不同的待遇。

1. 一次性伤残补助金

标准为：一至四级伤残分别为27、25、23、21个月的本人工资；五级、六级伤残分别为18、16个月的本人工资；七至十级伤残分别为13、11、9、7个月的本人工资。

2. 伤残津贴

被鉴定为一级至四级伤残的工伤职工，保留劳动关系，退出工作岗位，享受以下待遇：从工伤保险基金按月支付伤残津贴，标准分别为本人工资的90%、85%、80%、75%。被鉴定为五级、六级伤残的，保留与用人单位的劳动关系，由用人单位安排适当工作。难以安排工作的，由用人单位按月发给伤残津贴，标准分别为本人工资的70%、60%，并由用人单位按照规定为其缴纳应缴纳的各项社会保险费。伤残津贴实际金额低于当地最低工资标准的，由用人单位补足差额。

职工因工致残被鉴定为一级至四级伤残的，由用人单位和职工个人以伤残津贴为基数，缴纳基本医疗保险费。工伤职工达到退休年龄并办理退休手续后，停发伤残津贴，按照国家有关规定享受基本养老保险待遇。基本养老保险待遇低于伤残津贴的，由工伤保险基金补足差额。

3. 一次性工伤医疗补助金及一次性伤残就业补助金

被鉴定为七至十级伤残、经工伤职工本人提出，该职工可以与用人单位解除或者终止劳动关系，由工伤保险基金支付一次性工伤医疗补助金，由用人单位支付一次性伤残就业补助金。

（三）死亡待遇

因工死亡包含下列几种情况：职工因发生工伤事故、职业中毒直接导致死亡或在职业病医疗期间死亡、工伤旧伤或者职业病旧病复发死亡，以及全残职工享受伤残津贴期间死亡。死亡待遇由下列三项构成：一是丧葬补助金；二是供养亲属抚恤金；三是一次性工亡补助金。因工死亡职工的近亲亲属可以从工伤保险基金领取上述三项待遇。

《工伤保险条例》也规定了工伤职工有如下情形之一的，停止享受工伤保险待遇：（1）丧失享受待遇条件的；（2）拒不接受劳动能力鉴定的；（3）拒绝治疗的。

五、工伤保险管理制度

我国的工伤保险制度按照属地原则实行统一管理。属地管理是指不进行行业纵向管理，而是以行政区域为单位实行的管理，所有用人单位都要在企业所在地参加工伤保险。属地管理的具体表现如下：国务院社会保险行政部门负责全国的工伤保险工作，地方各级人民政府社会保险行政部门负责本行政区域的工伤保险工作；社会保险行政部门设立社会保险经办机构（以下称经办机构）承办工伤保险事务。工伤保险工作的管理机构包括三类。

（一）工伤保险行政管理机构

人力资源社会保障部门是工伤保险行政管理机构，负责监管工伤保险费征缴和工伤保险基金支付工作。工伤保险行政管理机构由上到下划分为三个层级：（1）人力资源社会保障部，其职责是从总体上设计工伤保险制定并出台相关条例；（2）各省、自治区、直辖市人民政府，其职责是以《工伤保险条例》的授权为依据，制定其辖区范围内工伤保险的具体操作办法；（3）统筹地区的人民政府，它的职责是以经济发展为标准，并参考通货膨胀情况，对工伤保险的待遇支付进行调整。

（二）工伤保险经办机构

经办机构的职责是处理工伤保险相关业务，例如，为用人单位办理工伤保险登记并负责工伤保险费的征缴工作；走访辖区的用人单位，调查并统计其工伤参保情况；管理工伤保险基金的支配，为工伤职工清算工伤保险待遇。此外，还会向社会提供咨询服务。尽管现行的《工伤保险条例》中未强制性要求其需要承担预防及康复的工作，它仍负责与工伤保险医疗服务机构和工伤辅助器具服务机构签订相应的服务协议，且以工伤条例为依据为工伤职工清算康复支出。

（三）劳动能力鉴定机构

劳动能力鉴定机构的委员会分别由社会保险行政部门、卫生行政部门、工会组织、经办机构代表以及用人单位代表组成，其职能包括建立并管理医疗专家库，对工伤职工做出生活护理依赖程度的鉴定、劳动能力鉴定并进行伤残等级评定，对需要延长工伤医疗期、配置辅助器具的工伤人员的确认工作，还承担着对办理提前退休职工、供养亲属劳动能力的鉴定工作。

第四节　典型国家工伤保险制度

自德国首先建立正式的工伤保险制度以来，工伤保险制度的发展始终与各个国家和地区经济社会发展的现实需要相适应。工伤保险制度在保障工人权益、促进生产安全、缓解劳资矛盾和促进工业经济的发展等方面起到了重要作用。到目前为止，工伤保险制度已经成为国内外重要的社会保险项目之一。当然，由于不同国家工业化发展的起点、路径，以及国家制度环境均有一定的差别，所以，工伤保险制度的建构与发展在不同国家和地区也呈现不同的经验模式。认识和理解世界主要的工伤保险制度模式，能够为我们国家工伤保险制度的完善提供重要的启示和借鉴。

一、德国的工伤保险制度①

德国是世界上第一个建立工伤保险制度的发达国家。1884 年 7 月 6 日，德国颁布《工伤事故保险法》，确立了“不以追求事故责任者确定赔付原则”的社会化工伤保险制度，实现了工伤保险法律责任从工人或雇主承担民事赔偿责任到社会互济方式的转变。数据显示，德国大致 60%左右的人受到工伤保险的保护。到目前为止，德国已经建立了比较完备的工伤保险制度体系。德国的工伤保险包括三大生产部门：工商业部门、农业部门以及公共部门。其中，工商业的工伤保险体系规模最大，约占工伤保险总人数的 90%以上；其次是农业工伤保险体系，包括 21 家以地域划分的同业公会和园艺师等全国性的同业公会；除此之外是针对公共部门的 55 个独立的工伤保险管理机构。下面主要介绍最有影响力的工商业的工伤保险体系。

（一）保险覆盖范围

在德国，工伤保险最初只在部分行业建立，后逐步发展到所有雇员。到 1942 年时，德国工伤保险覆盖了所有的企业。1971 年，工伤保险的覆盖对象又扩展到所有的人员（从工业企业工人到国家工作人员，甚至中小学生和幼儿园儿童）。其中，工商业部门工伤保险制度覆盖范围包括所有企业及公司的工人、管理人员、学徒培训人员、实习人员等。只要存在雇佣关系，无论年龄、种族、性别以及是否具有一个临时或较长期的职位，都会成为工伤保险的法定被保险人。当发生工伤事故时，不论雇主是否已经为员工向同业公会缴纳了工伤保险费，伤残人员及其遗属都能享受工伤保险待遇。而工伤事故的范围包括在工作中发生的事故、上下班途中发生的事故及职业病。对故意伤害、酗酒，在与工作无关的活动中发生的伤病，以及上下班途中绕路、中途停留造成的事故和疾病则不提供保险。职业病的目录由国家法律所确定和修改。纳入目录的职业病属于工伤保险

---

① 葛蔓. 德国工伤保险制度的特点及成功之处［J］. 中国劳动，1998（3）：4.

待遇的范围。

关于工伤保险的加入，雇主、自雇者以及在公司内工作的配偶等可以自愿申请参加工伤保险，同时选择一定标准的缴费工资基数确定待遇给付基数。新建企业到当地政府注册时，由当地政府的专门办公室负责为其与工伤保险机构联系，也可以直接联系工伤保险机构。企业注册并向工伤保险机构报告后，即进入工伤保险范围。企业雇员通过雇主缴费与工伤保险机构建立工伤保险关系。工伤保险管理机构并不掌握被保险人名册，但可通过企业报告工资总额及职工人数掌握被保险人数。

（二）工伤保险管理机构

为实施工伤保险制度，1884 年德国专门建立了负责管理工伤保险的机构——同业公会。同业公会根据不同的行业分别建立。在 1884 年工伤保险立法时，当时成立的只有若干个公会，如矿山同业公会。以后随着工业化过程的进展及工业类别划分的细化，逐渐发展为目前的 35 个。各同业公会进一步设地区办公室，但一般所设的地区办公室数目不同。有的数目多一些，如最大的金融系统同业公会，有 12 个地区办公室；电力行业同业公会在全国设有 6 个地区办公室。划分区域的原则在各个区域内被保险人的人数大体相等。地区办公室为负责处理工伤赔付的“窗口”机构，设在区域中的一个城市，以利于提供服务。有的同业公会不设地区办公室，但多数同业公会覆盖全国。35 个同业公会共有雇员 21 812 人（相当于服务范围内就业人数的 0.5‰）。其中从事事故预防的有 4 223 人，从事年金与康复咨询的有 17 589 人。另外有代表委员会人员 1 558 人，理事会成员 610 人。加上其他从事农业部门事故保险及公共部门工伤保险人员约有 4 000 人，全德约有 25 000 人从事工伤保险管理工作。①

1. 机构性质

同业公会不是德国联邦政府和地方政府的组成机构，但仍然具有公共管理部门的性质，主要原因在于其管理的工伤保险属于公共法的范畴，其义务与权限职责由国家法律规定，依法强制企业缴费和采用安全措施，并由政府进行监督。同业公会与企业之间并不是契约关系，对于企业而言它是官方机构。在资金运行的自我管理上，同业公会与政府机构没有任何关系，其相对于国家而言是自治机构，或者说是半官方的自治机构。

同业公会的自治性主要体现在三个方面：其一，各同业公会依法建立、依法工作，其领导机构（代表委员会和执行委员会）由民主选举产生；其二，机构具有充分的决定

① 葛蔓. 德国工伤保险的特点及成功之处（上）[J]. 现代职业安全，2002（1）：32.

权和管理权，如可以就行业内安全标准、工伤保险费率、积累金数额等做出决定；其三，同业公会使用的资金，包括开展事故预防、康复、赔付、科研和管理工作费的相关费用（包括同业公会办公费用和工作人员工资），全都来自雇主缴费，政府不负担任何费用，同时也不从中央和地方提取任何费用。积累金也分属于各同业公会所有。

德国工伤保险法律意在赋予工伤保险管理机构极大的自主权，让它们“使用所有适用手段防止事故和职业病的发生”。政府可以间接地控制同业公会，但仅限于停止其违法行为。但同业公会在职业安全方面做出的规定必须经社会保险办公室或劳动部批准才能生效。

各同业公会各自依照法律工作的同时，联合于一个中心组织。这个中心组织主要负责对各同业公会进行法律咨询、统计分析、信息交流以及代表行业同业公会处理国际间工伤保险事宜。全德工业工伤保险协会在沟通各同业公会与联邦政府有关部门之间的关系上起到重要作用。在同业公会对工伤保险进行管理的同时，德国联邦劳动和社会秩序部在工伤保险的立法和监督方面负有职责。德国联邦劳动和社会秩序部内设 8 个职能司及一个综合部门。工伤保险业务在第四司，即“社会法典和社会保险司”，其中第四处负责工业及商业部门的工伤保险，第五处负责农业部门与公共部门的工伤保险。其日常工作主要有三个方面。（1）向联邦议院提交立法草案。对于《社会法典》第七卷即工伤保险卷的修正，是一项永不停止的工作，联邦劳动和社会秩序部的工作人员要在对多方征求意见的基础上，提出立法修正草案，经联邦议院通过后立法。（2）处理有关工伤保险方面的被保险人或公民的来信咨询及意见。（3）联邦劳动和社会秩序部下属的社会保险办公室对同业公会的工伤保险管理运作进行监督。

2. 同业公会的产生过程

首先，民主选举各同业公会的代表委员会，代表委员在行业内每六年一次的选举中产生。被选举的代表必须是本同业公会内某企业或公司的雇主或雇员。代表委员会人数根据同业公会覆盖规模决定，雇主雇员双方人数对等。雇员与雇主各自选举代表，选举方式为无记名投票，选举过程为自愿参加和对个人投票结果采取保密的方式进行。代表委员会的职责是：审批或修改法规，审批预算，确定执行理事长、副理事长及执行理事会成员人选构成，审批基金收缴办法等。代表委员会选举两名主席，一名由工人代表担任，一名由雇主代表担任，轮流担任主席。其次，民主选举各执行理事会，执行理事会由代表委员会选举产生。由雇主雇员双方对等人数组成。执行理事会成员并不因此而获得工资或获取任何收入。执行理事会负责管理同业公会，其职责是：作为同业公会的法人代表，作出预算并递交代表委员会审批；作出基金收缴办法提议，任命、提拔、解雇雇员，提出执行理事长及副理事长人选草案。最后，民主选举与确定执行理事长及副执行理事长，两职位在执行理事会提名的基础上由代表委员会选举确定，执行理事长和副执行事理长对同业公会进行日常管理，保证管理正常运行。

（三）工伤保险管理的内容

德国工伤保险管理工作主要涉及事故预防、康复和待遇给付三项内容。

在事故预防方面，同业公会的职责包括七个方面：（1）颁布安全法规；（2）监督事故的隐患；（3）咨询；（4）提供培训服务；（5）进行职业病预防；（6）监测与调查；（7）产品安全标准鉴定。

在康复方面，同业公会负责对在工作及上下班途中发生事故及患职业病的人提供三方面的康复措施。（1）医疗康复。在德国，对工伤事故的治疗采用最尖端的技术和最良好的医疗条件，以寻求最好的医疗康复结果。对工伤医疗的全过程区别于一般性的医疗过程。由一位专家负责对工伤人员进行检查、诊断和采用医疗措施。同时，同业公会的专家也会参与整个医疗过程的控制。（2）职业康复。职业康复在医疗康复进行时即可开始。同业公会由专门人员负责职业康复，在工伤发生之后会立即与工伤人员及其家属保持联系，同工伤人员及治疗医生制订康复计划以及需要的锻炼活动，以便工伤人员能重返工作岗位。同业公会还会帮助那些不能完全恢复劳动能力的人寻找合适的工作。职业康复包括采用职业培训的措施，让工伤人员参与职业培训包括专业培训，学习一门全新的职业；提供再培训场所和费用；提供受害人员及家庭在再培训期间的生活补贴。（3）社会康复。社会康复主要指帮助工伤残疾人员重新恢复其社会生活的功能。例如，由同业公会出资改建工伤残疾人员的房屋及汽车，提供残疾人体育运动的路费补助等。

在待遇给付方面，德国工伤保险的待遇赔付以现金为主，现金赔付包括几个方面：雇主发放的工资、医疗期间待遇、参加培训和接受职业指导期间的待遇、年金待遇、遗属待遇以及各项补贴。参保人员可以公平地享受。工伤保险待遇一般不需要工伤者自己申请，而是由同业公会自动依据法律给付，具体包括以下几点。（1）负伤后停止工作期间工资。前6周由雇主发给工资。6周之后，工资停发。工伤待遇给付开始转由工伤保险管理机构负责。（2）伤残待遇。在医疗康复及职业康复期间发放伤残待遇，相当于总收入的80%。获得的待遇数额不能超过本人过去的净收入。在被证实康复措施确实已无法取得进一步的效果时，最长可领取78周。（3）临时性补贴。在参加职业培训、接受职业指导期间发放临时性补贴，直至确定为无法再就业，给付标准为伤残待遇的68%。受伤害者有子女需供养，或其配偶要求提供护理的为伤残待遇的75%。（4）年金。年金待遇终生付给那些由于工伤或职业病导致部分或全部丧失劳动能力的人。依据伤残程度不同，确定不同的给付标准。伤残程度为100%的，发给最高年金，为本人平均收入的67%。（5）寡妇鳏夫年金。寡妇鳏夫年金最高为死亡者年收入的30%。对有工作收入的人限制领取。待遇领取者的收入或年金收入超过一定标准的，相应抵销部分。支付到再婚为止。（6）孤儿年金。孤儿年金数额为死亡者年收入的20%。如果父母双亡的，为死亡者年收入的30%。孤儿年金可以领取至18岁。（7）父母年金。只有一位父亲或一位母亲健在时可领取死亡者年收入的20%，父母双方健在共领取死亡者收入的30%。（8）幸存者津贴。工伤人员后来由于一般性原因死亡的，遗属一次性领取死亡者过去收入的40%。

（四）工伤保险基金

德国工伤保险基金的资金来源包括：雇主缴纳的工伤保险费、向第三方追索的赔偿费（大部分是在发生交通事故的情况下）、同业公会所拥有的办公楼等资产的收益、滞纳金和罚金。德国工伤保险基金实行差别费率管理。

第一层次的差别费率为行业间费率。德国工伤保险费率在行业之间相差很大。行业平均费率最低的为造纸与印刷业同业公会，0.71%；平均费率最高的为矿业同业公会，14.58%。

第二层次的差别费率为行业内分风险等级。每个同业公会确定企业风险等级表，风险等级表的确定来自经验数据，由统计数据分析得出，主要考虑事故造成的损失率。

第三层次的差别费率为风险等级内再分企业。也即在风险等级采用后，对同一风险等级内的企业，再进一步差别对待，故又称补充风险等级。同业公会有权在实行根据风险等级确定的差别费率的基础上，再行调整各企业的费率。企业在被确定为某一风险等级之后，可能与处在同一风险等级的企业相比，缴费相差幅度约为25%。

另外，德国的工伤保险实行部分积累基金式。工伤保险积累基金全部放在各同业公会，并由同业公会依法在政府监督和控制之下运作。积累基金仍然是服务于实现法律赋予同业公会“尽一切可能减少事故发生”的目的。在积累基金的使用上，优先用于建设培训基地、工伤保险医院及同业公会办公楼，其余购买债券。

二、日本的工伤保险制度①

第二次世界大战之后，日本经济实现了快速增长，成为当今世界主要的发达国家之一。在日本工业经济增长的过程中，日本政府重视包括工伤保险在内的社会保险制度的

① 石孝军. 日本工伤保险制度概览［J］. 中国社会保障，2007（2）：28-29.

建构。日本是一个经济发达但工伤率较低的国家。在日本完善的工伤保险制度下，日本的工伤致残人员都能得到良好的补偿。日本拥有先进的工伤康复设施，管理周到，能够充分满足全国工伤保护的需要。

工伤保险在日本称为“劳灾保险”，即为受到业务灾害或上下班灾害的劳工或其遗属发放必要的保险给付的制度。它是一个强制性的保险制度并由政府部门进行管理。在强制性的工伤保险之外，日本还有私营保险机构提供的工伤保险，包括两类：一个是雇主责任保险，这是一种强制性自动责任保险，可以使雇主免除受害人依据侵权法案提出要求承担民事责任的诉讼；另一个是补充赔偿保险，覆盖了投保的雇员在劳动合同或以其他形式明确的补充性赔偿（依据工人事故赔偿规定之外的部分）。

（一）工伤保险制度的法律基础和管理机构

目前，日本的工伤保险体系主要以三部法律为基础，包括《劳动基准法》《劳动者灾害补偿保险法》和《劳动安全卫生法》。其中《劳动者灾害补偿保险法》主要规定工伤事故认定、工伤保险管理等内容；《劳动安全卫生法》主要规定在工作场所中工伤预防和工人保护等具体细则。

在管理机构上，2001 年，日本成立了厚生劳动省，对工伤保险进行全面管理。厚生劳动省将安全生产与职业病防治相结合，其中，劳动基准局主要负责劳动安全卫生事宜。工伤保险有厚生劳动省劳动基准局工伤补偿部管辖，并在全国 47 个都道府县设置了派出机构，即都道府县的劳动基准局，下属劳动基准署，形成了全国性的工伤保险管理行政网络。

（二）工伤保险的覆盖范围

日本工伤保险是一个强制性的保险制度，并由政府机构进行管理。原则上，所有的雇佣劳动者及其单位都适用于工伤保险，但在国家及地方政府机构工作的公务员及船员不适用工伤保险，他们执行各自独立的工伤保险制度。

（三）工伤保险基金和费率

日本的工伤保险费全部由企业雇主缴纳，国库在财政预算的范围内可给予补贴。雇员一般不缴纳工伤保险费。雇主缴纳的工伤保险费以专项基金的形式运营。

在保险费率方面，日本实行的是行业差别费率与浮动费率。就行业差别费率而言，日本工伤保险实行全国统一的行业差别费率，以支定收，全国统筹。工伤保险行业差别费率规定非常细致。以2012年4月修订的工伤保险费率表为例，日本全部产业被划分为9大类55个行业，最高行业费率为8.9%（隧道新建项目），最低行业费率为2.5%（金融和保险业），行业差别费率一般每三年调整一次，调整依据是过去三个保险年度的收支状况及职业伤害发生情况。

就浮动费率而言，日本在行业差别费率的基础上实行浮动费率。法律规定，企业加入工伤保险的前四年不适用浮动费率。适用浮动费率的情况时，政府会根据参保企业前三年工伤保险的收支率（收支率=赔付的保险金/缴纳的保险费）来确定企业的浮动费率。在浮动费率上，持续事业（预期存在较长的企事业，如一般工厂、商店）和有期事业（存续一定期限的事业，如建筑业和林木采伐业）有所差别。对于持续事业的工伤费率浮动，收支率在75%以下的降低费率，75%～85%的费率保持不变，85%以上的提高费率，降低和提高费率的最大幅度为40%。

（四）工伤保险的赔付认定条件

在规定劳动时间内或加班时间内，在作业场地内从事工作时受伤认定为工伤。但是，劳动者在工作中因私事或因逃脱工作的故意行为而受到灾害时，劳动者故意引起灾害时，劳动者因个人私怨而受到第三者的暴行而受到灾害时，因地震、台风等天灾地变引起灾害时发生的伤亡不能认定为工伤。

因作业场所的设施、设备或管理状态等引起的灾害认定为工伤。

因公司需要而外出从事相关的工作，虽然是离开公司的管理之下，但因为是根据劳动契约做事，所以不论做事的场所在何处，只要不是私人行为，而是从事一般性工作，在没有能否定其为工作灾害的情形下，一般都认定为工伤。

满足下列三个条件，原则上可以认定为职业病：劳动场所存在有害因素；暴露于可以引起健康伤害的有害因素中；发病的经过及病态与有害因素有关。

通勤伤害（交通事故），指雇员上下班按合理路径（无逃逸或中断）往返于住宅和工作地而发生的伤病、伤残、死亡事故。

（五）工伤保险的给付及标准

根据劳动者灾害发生场合的不同，工伤保险给付又分为业务灾害保险给付、通勤灾害保险给付和二次健康诊断给付等。

业务灾害保险给付一般包括七大方面的待遇：（1）疗养补偿给付，包括疗养给付（劳动者因工作原因导致伤病后在工伤医院或工伤指定医院进行诊疗时，由保险机构所提供的免费医疗服务），疗养费用的支给（受伤劳动者在指定病院范围以外的医院进行诊疗后保险机构所偿还的诊疗现金给付）。疗养给付一般持续到受伤者伤病治愈，不必再进行治疗为止。（2）休业补偿给付与休业特别支给金，指劳动者因工作原因伤病后不能继续从事工作而从工伤保险机构领取的休业补偿金。补偿标准为：休业补偿给付＝给付基础日额的60%×休业日数，休业特别支给金＝给付基础日额的20%×休业日数。（3）伤病补偿年金，受伤劳动者在工伤医疗机构诊疗18个月后仍不能治愈的，且受伤者的身体障碍程度符合相关规定等级的，按规定支付伤病补偿年金代替休业补偿给付。（4）障害补偿给付，对于经工伤医疗机构治愈后，身体仍存在一定程度障害的劳动者，按照障害等级可以获得保险机构提供的障害补偿年金或障害一次性补偿金。（5）遗属补偿给付，因工伤死亡的劳动者，其遗属可以领取遗属补偿年金、遗属补偿一时金和特别支给金。（6）护理补偿给付，障害补偿年金、伤病补偿年金享受者等重度障害者，需要常时护理或随时护理的，其发生的护理费用将得到保险的给付。（7）葬祭费用，当劳动者因工伤死亡时，负责其丧葬者可以领取丧祭费，金额由厚生劳动大臣参考通常葬礼所需费用决定，并随物价的变动进行适当调整。

通勤灾害保险给付项目一般包括：疗养给付，休业给付，伤病年金，障害给付（障害年金、障害一时金），遗属给付（遗属年金、遗属一时金），护理给付和丧祭给付。

二次健康诊断给付主要指在雇主按照《劳动安全卫生法》规定为劳动者实施的定期健康诊断（一次健康诊断）中，若劳动者出现与脑血管疾病及心脏疾病相关的某些检查项目异常时，劳动者可以提出申请，保险机构将为其提供二次健康诊断及特定保健指导的服务。

三、法国的工伤保险制度①

法国的工伤保险属于国家法定的强制性保险。其工伤保险制度自1898年建立以来，经过一百多年的发展，逐步形成了比较完善的预防、补偿和康复相结合的工伤保险制度。

（一）管理体制及覆盖范围

法国国内拥有完善的工伤保险管理体制，其中法国卫生、青年和体育部负责制定包括工伤保险在内的社会保险政策，国家健康保险局和地方健康保险局负责工伤保险基金的征收、工伤和职业病的预防、支付工伤职工的待遇等，健康保险局下属的工伤康复医

① 中国—欧盟社会保障合作项目工伤保险考察团. 法国、西班牙工伤保险制度考察报告，2009-10-23.

院则负责工伤职工的康复工作。

法国的工伤保险覆盖范围包括了有职业风险的各类职业人群，同时还包括技工学校的学生、学徒和接受职业培训的人员。

（二）工伤的认定

在法国，包括任何由工作原因引起或工作期间发生的事故、上下班途中发生的事故，以及在常规午餐地点和途中发生的事故伤害，都可以被认定为工伤。

工作期间发生的任何事故必须在 24 小时之内报告给雇主，雇主必须在 48 小时之内向地方健康保险局申报事故有关情况，并为受伤雇员提供就医表格便于就医。雇员不用预付医疗费用，由医生作出工伤医疗的证明。

如果雇主没有及时申报，雇员两年内可以申报。由雇员本人将医疗证明寄给地方健康保险局，保险局在 30 天之内作出工伤认定的结论。雇主或雇员如果对工伤结论存有异议，保险局可延长两个月进行详细调查和核实。如果对认定结论有异议，可向国家健康保险局调解委员会提出。如果不接受调解结果的，可以上诉到各地区专门设立的健康保险事务法庭。

在职业病认定方面，法国关于职业病的目录有 117 条，由国家职业病委员会负责修订。1993 年，法国对职业病进行了修订，放宽了职业病的认定条件，增加了两个方面的内容：一是雇员所患疾病如果不在职业病目录内，但有资质的三位医生认定其病确由工作环境所引起，与其从事的劳动有关联，并报国家职业病委员会认定后，也可以享受职业病待遇；二是不属于职业病工种或岗位的雇员如果患了目录中的职业病，也可以按前述程序进行申请认定。

（三）工伤保险待遇

在法国，工伤人员和职业病患者的保险待遇给付不受雇主是否进行社会保险登记和缴费期限的限制。依照法律规定，凡符合享受工伤保险待遇条件的雇员均可以享受。具体而言，工伤保险的待遇主要包括以下两个方面。

1. 短期伤残待遇

工伤人员在受工伤当日由雇主支付其全额工资之后，每日的工伤津贴相当于其每日工资的 60%（最高为 171.67 欧元）；从第 29 天开始，增加到每日工资的 80%（最高为 228.29 欧元）。工伤人员的每日待遇水平不超过其受伤前的每日工资额。

2. 长期伤残待遇

长期伤残待遇包括工伤人员的养老金和遗属养老金。工伤人员养老金的标准取决于其伤残等级和事故发生前的工资水平。长期伤残等级由地方健康保险局根据专家的评估和工伤人员的健康状况、年龄、能力以及专业技术来评定。如果工伤人员的残疾等级大于 80%[①]，且日常生活不能自理，养老金则可增加 40%，增加额不低于政府规定的年最低额。遗属养老金是指工伤事故或者职业病导致雇员死亡的，其供养的亲属能够享受的作为遗属的养老金。其总额不超过工伤死亡人员年收入的 85%。其供养的亲属包括三类。(1) 配偶、生活伴侣或与工伤死亡人员有“公民结合契约”的人。他们可以享受 40%工伤死亡人员工资额的养老金。如果配偶超过 55 岁，或至少有 50%伤残等级的，可增加相当于工伤死亡人员工资 20%的养老金。(2) 受供养的子女小于 20 岁的，对于有两个子女的家庭，遗属养老金的数量为每个子女可获得工伤死亡人员年收入的 25%；对于三个及以上子女的家庭，每个子女可获得 20%的金额；如果是孤儿，遗属养老金相当于工伤死亡人员年收入的 30%。(3) 依靠工伤死亡人员生活的长辈能够获得遗属养老金，每人养老金一般为工伤死亡人员年收入的 10%，所有长辈获得的养老金总额不超过 30%。

(四) 工伤保险基金

法国工伤保险基金的筹集和管理由健康保险局负责，全国共有 120 个分局，7 000 多名工作人员。健康保险局实行董事会管理，董事会由雇主和工会代表组成。董事长由董事会内部民主选举产生。健康保险局实行公司化管理，无盈利要求，所需经费由国家预算拨付。

仅以 2008 年数据为例，法国工伤保险基金收入为 113 亿欧元；基金支出金额为 110 亿欧元。其中，20%投入石棉肺基金、30%为短期待遇、36%为长期待遇、7%为日常管理费用、3%为工伤预防费、4%为其他费用。

就工伤保险基金的收入而言，其来源主要包括：(1) 91%的收入来源为雇主缴费。雇主缴费费率实行行业差别费率（共有 300 多种，最高的是建筑业为 5%，最低的是银行、保险金融业为 1%)。(2) 4%的收入来源为交通事故第三方追偿。(3) 1%的收入来源为先垫付后收回的费用。雇员一旦受伤，为及时送往医院进行救治，会由工伤保险基金先行垫付救治费用，以使伤者能得到及时治疗。如果事后的工伤认定结论不是工伤的，健康保险局则会要求伤者返还相关费用，或通过伤者看病由医疗保险付费时扣回。(4) 4%的收入来源为经营性收入。

(五) 工伤预防

法国的工伤保险除重视伤后的待遇补偿外，还更加重视对工伤事故和职业病的预防。

---

① 伤残等级 80%以及后面的 50%伤残等级，是基于健康人 100%劳动能力来评估的。

在法国，健康保险局利用工伤保险基金建立了国家职业安全和职业病预防研究所，为预防职业风险和职业病提供技术支持、开展学术研究、培训事故预防、发布有关信息等。同时，为了减少事故和职业病的发生，地方健康保险局会采取相关工作开展预防：一是开展各类预防职业风险的宣传活动；二是对雇主和雇员进行安全教育培训；三是帮助企业检测作业环境，并提供改善作业环境的咨询；四是奖励采取良好预防措施的企业。

（六）工伤康复

法国工伤保险制度的另一亮点就是注重职业康复，帮助工伤人员重返工作岗位。该项工作由健康保险局所属的工伤康复医院负责。康复的主要内容是全面改善工伤人员的身体和心理状况，包括心理、生理和身体等各个方面的恢复；帮助工伤人员恢复劳动能力，使其重返工作岗位，重新就业和融入社会生活。

复习思考题

1. 简述我国工伤保险制度成立与发展的历程。
2. 简述工伤保险的补偿标准及范围。
3. 简述工伤保险基金的来源与构成。
4. 我国目前对于工伤人员的保障有哪些？
5. 假如用人单位没给职工缴纳工伤保险费，而职工因工死亡，可以申请工伤认定吗？

第七章　失业保险制度

阅读与思考

国王的失业保险

曾任泰国国王的帕拉贾德希波克一生中最值得称道的事情之一，就是他在地位声望达到巅峰的时候，对自己命运的清醒预测。

1925 年，帕拉贾德希波克登基，当上了泰国国王。执政之后，他终日担心害怕有朝一日被政敌废黜，成为一个一贫如洗的贫民。

为防不测，他同时向英国和法国的两家保险公司投保失业保险，那两家保险公司虽然都从未办理过以国王作为被保险人的失业保险，但谁也不愿意错过这一扩大公司影响的机会，欣然接受了投保，开出了保险金额可观的保险单。

事实的发展证明了帕拉贾德希波克并非杞人忧天，1935 年他被迫放弃了王位。成为平民的前国王虽不能再享受一国之君的荣华富贵，但也并未穷困潦倒，依靠两家大保险公司为他支付的丰厚的失业保险金，他安然度过了退位后的六年余生。

资料来源：https：//www. bxd365. com/xuetang/20141009/f391. html，有改动。

问题：

1. 失业保险制度对失业者的意义是什么？
2. 失业保险是一种什么样性质的保险？

第一节　失业保险概述

失业问题作为工业社会中普遍存在的问题，会影响一个国家或地区经济的发展和社会秩序的稳定。随着社会保障理论的完善和实践的深入，失业保险已成为许多国家解决失业问题最有效、最普遍的方式。

一、失业的概念及其影响

伴随着工业化和现代化的发展，失业作为一个普遍且重大的社会经济问题正日益受到各个国家的关注与重视。国际劳工组织发布的数据显示，2018 年 11 月，全球失业率为

5%，失业人口共计 1.724 8 亿人。正确认识失业问题对于帮助我们建立和完善合理、有效的失业保险制度具有重要的意义。

（一）失业的概念

失业有广义与狭义之分，广义的失业作为一个经济学概念，是指具有劳动能力的劳动者与就业岗位相互脱节的一种状态。狭义的失业是指有劳动能力、处于法定劳动年龄阶段并有就业愿望的劳动者失去或没有得到有报酬的工作岗位的社会现象。[①] 国际上对于失业程度的衡量标准通常有两个：一个是失业持续时间，另一个是失业率。失业持续时间是指劳动者两次就业时间之间的间隔，即失业时间的长度，通常以周为单位。一般对于劳动者而言，失业时间越长，带来的身心压力与痛苦越大，重新就业的难度也就越大。失业率是指在一定时期内失业人数在全国劳动总人口中所占的比重，反映了闲置劳动产能的多少。一般而言，失业率与经济增长率具有反向的对应变动关系。

由于社会状况、经济发展水平不同，各个国家对失业进行界定时存在着差异。根据国际劳工组织的定义，失业是指有劳动能力并愿意就业的劳动者找不到工作的一种社会现象，其实质是劳动者不能与生产资料相结合进行社会财富的创造，是一种经济资源的浪费。美国劳工部将失业人口界定为：所有 16 岁及以上有劳动能力和劳动意愿并且在过去四周内积极寻求工作却不成功的人。结合我国的国情，对失业人员作出如下界定：在规定的劳动年龄内，具有劳动能力，在调查期内无业并以某种方式正在寻找工作的人员。

（二）失业的类型

依据不同的标准，可以将失业划分为不同的类型：按劳动者意愿可分为自愿失业和非自愿，按失业持续时间可分为短期失业和长期失业，按失业原因可分为摩擦性失业、技术性失业、结构性失业、季节性失业、周期性失业等。

1. 按劳动者意愿划分

（1）自愿失业。自愿失业是由英国资产阶级庸俗经济学家阿瑟·塞西尔·庇古（Arthur Cecil Pigou）提出的经济概念，指劳动者拒绝接受现行工资率而自动放弃工作机会所形成的失业。

（2）非自愿失业。非自愿失业与自愿失业相对应，是凯恩斯（John Maynard Keynes）于 1936 年在其著作《就业、利息和货币通论》中提出的概念，指具有劳动能力且接受现

---

① 郑功成. 社会保障概论［M］. 上海：复旦大学出版社，2008：343.

行工资率与工作条件，但由于市场的有效需求不足找不到工作形成的失业。非自愿失业形成的根本原因在于有效需求不足，即缺乏足够的需求吸收全部劳动力就业。

2. 按失业持续时间划分

长期失业通常是指失业持续时间在6个月以上，短期失业是指失业持续时间在6个月以下。

3. 按失业原因划分

（1）摩擦性失业。求职的劳动者在进入劳动力市场后，因时间滞差、资源配置比例失调、信息不对称等原因而形成的失业被称为摩擦性失业。摩擦性失业是市场动态变化、经济调整过程中的正常反映，是劳动力动态流动过程的体现，也是有效配置劳动力资源的需要。

（2）技术性失业。技术性失业是指由于科学技术的发展、管理方式的创新，导致生产效率提高，使一部分劳动力遭到闲置而形成的失业。提高生产效率是市场经济追求的目标之一，因此，技术性失业是市场经济运行过程中的必然结果。

（3）结构性失业。经济结构的变动使市场对劳动力需求结构产生影响，在这一过程中，无法匹配、适应这一需求结构而形成的失业被称为结构性失业。

（4）季节性失业。某些行业受季节变化、消费习惯等因素的影响，导致其生产对劳动力需求产生变化而形成的失业称为季节性失业，如农业因气候变化而产生的失业人口。这种失业具有可预见性、行业性、周期性等特点。

（5）周期性失业。众所周知，经济运行是一个波动的周期性过程。在经济衰退期，许多行业生产水平下降，许多劳动者将会失业。这种由于经济运行过程中出现周期性波动而形成的失业被称为周期性失业。

（三）失业的影响

补充阅读

失业=吸烟?

英国卡迪夫大学社会心理与残疾研究中心主任艾尔沃德教授的最新研究发现，工作是人们快乐健康之源，失业半年以上的危害相当于一天抽20包烟。这项研究是分析国家统计局数据得出的结论：失业的人往往很郁闷，因此患抑郁症、生病甚至死亡的可能性都要比普通人高很多。

研究者认为，失业甚至比从事石油勘探或当狩猎向导这样的职业还要危险，失业的人自杀的可能性是工作的人的6倍，而失业的年轻男子自杀倾向比同龄有工作的人高40倍。短时期不工作的人面临着轻微的危险，而失业达6个月以上的人则面临严重的健康威胁，相当于一天抽20包，也就是400支烟。因此，艾尔沃德教授建议："与其让医生给你开处方，还不如想办法帮你找到一份工作，这对于抑郁症的治疗可能效果更好。"

资料来源：http：//news. cotv. com/science/20060914/102658. shtml，有改动。

失业作为经济运行过程中的必然产物，对于社会的发展具有双重影响。

1. 积极影响

一定程度的失业有利于提高社会劳动生产率，优化劳动力资源配置。劳动力市场是具有竞争性的，具体表现为劳动者素质与能力的竞争。因此，劳动者为保持竞争优势，避免被市场淘汰，会不断增强自身的素质与技能，进而促进社会劳动生产率的提高。同时，失业为劳动者提供了一定的就业缓冲时间，有利于帮助劳动者找到与自身特质相匹配的工作，实现劳动价值的最大化。对于企业而言，失业能够为企业筛选合适的人才，使企业加强对职工的约束与管理，增强企业的活力。从这一层面来看，一定程度的失业能够调节劳动力市场的供求关系，实现劳动力资源的优化配置。

2. 消极影响

虽然一定程度的失业对于社会发展有积极的促进作用，但对于社会整体而言，失业有许多危害，会对社会经济生活造成极大的负面影响。

首先，失业将影响个人和家庭的发展。一方面，失业意味着个人失去了最直接的生活来源，家庭的生活水平和质量将大幅度下降，在较低的生活水平下，家庭难以获得持续健康的发展。另一方面，工作作为大部分劳动者与社会最重要、最紧密的交流沟通与信息获取纽带，失业则意味着个体将部分失去与社会的联系，从而容易被社会边缘化。同时，社会对于失业者往往带有偏见，一些人依旧持有"失业人员就是社会闲散人员"等带有偏见的看法，进而导致失业者被社会部分孤立化。在这样的环境背景之下，一部分失业者将产生厌恶生活、对生活失去热情与信心等消极情绪，对失业者个体的心理健康造成极大的影响。另外，失业者往往容易将这种消极情绪带入家庭生活并传递给家庭成员，使家庭成员在精神上也饱受因失业而带来的痛苦，进而对家庭关系的稳定与和谐造成巨大冲击。

其次，失业对社会劳动力资源造成巨大的浪费。劳动力资源具有时效性，每个人都有其生命的周期和阶段特征，在每个时期人的体能和智能是不同的。对于一部分劳动力资源而言，如果在特定时期未得到充分利用而处于闲置状态，那么在此之后他的价值和效用将会大大减弱，使社会失去众多能够创造价值的劳动力资源，造成资源浪费。

再次，失业影响社会稳定，激化社会矛盾。一方面，失业会给个人带来挫败感、紧张感、抑郁感等心理压力，由于社会对失业者心理疏导的缺失，一部分失业者甚至会产生心理扭曲，敌视社会，走上违法犯罪的道路。因此，对于整个社会而言，失业率的上升将成为影响社会稳定的消极因素，相关的违法犯罪活动会容易随之增加。相关的社会研究表明，当失业率上升时，犯罪率也相应上升。另一方面，因失业而带来的社会不公将激化社会矛盾。随着失业的增多，社会分配不公问题将更加凸显，低收入贫困和绝对贫困人口将增多，贫富差距逐渐拉大，这一现象在经济上升阶段更加明显。

最后，失业将给经济带来巨大损失。从社会经济发展看，失业的增加意味着家庭收入水平下降，相应的消费需求将随之下降，市场中有支付能力的消费需求不足，导致社会再生产难以顺利进行，国民经济增长受到抑制，进而出现更多的人失业，形成一个恶性循环。

二、失业保险制度的内涵

在任何一个经济社会中，都存在失业现象，但随着现代工业化大生产的出现，失业现象变得越来越普遍，失业率也容易不断上升。一般认为，失业水平在一定的范围之内是正常的，超出这个范围将对社会经济的发展带来危害。为解决失业所带来的一系列社会问题、经济问题，失业保险制度随之应运而生。

（一）失业保险制度的概念

失业保险制度是国家通过立法强制实行的，通过国家、社会、个人筹集和建立失业保险基金，对非因本人意愿而暂时失业并失去生活来源的劳动者满足其一定时期的物质需求并提供再就业服务的一项社会保险制度，是国家社会保障体系的重要组成部分。

（二）失业保险制度的基本特征

失业保险制度是社会保障体系的重要组成部分，其保障失业人员基本生活、帮助失业人员实现再就业等功能决定了它具有强制性、普遍性、互济性、固定性、无偿性、保障对象的特殊性等特点。

1. 强制性

失业保险制度是国家通过立法强制实行的，缴费义务人必须履行缴费义务，否则将构成违法，并承担相应的法律责任。另外，缴费的多少、缴费的对象、缴费的方式都是由国家法律法规规定的，任何单位或个人没有选择的自由。

2. 普遍性

在市场经济中，每一位劳动者都可能面临失业风险而成为失业者，因此失业保险应该是全覆盖的。任何一位劳动者不管从事何种职业、身处哪个地区，只要符合条件，都有享受失业保险待遇的权利。当前，一部分发达国家已实现失业保险对劳动人口的全覆盖，而大部分国家正在努力扩大这一覆盖范围。

3. 互济性

失业保险基金在筹集与建立之后，不分缴费单位或个人工作性质，全部纳入失业保险基金范围，由统筹地区统一调度、协调安排，发挥失业保险基金的社会保障功能。

4. 固定性

国家根据社会保险事业的需要，事先规定社会保险费的缴费对象、缴费基数和缴费比例，在进行征收时，不因缴费义务人的具体情况而随意调整。同时，失业保险基金作为一项保障失业人员基本生活的社会基金，必须专款专用，严禁任何单位或个人挪作他用。

5. 无偿性

国家征收社会保险费后，不需要偿还，也不需要向缴费义务人支付任何代价。

6. 保障对象的特殊性

失业保险制度保障的对象是有劳动能力、劳动意愿，且非因本人意愿而失去工作岗位的劳动者，并不包括自愿性中断就业的劳动者。

三、失业保险制度的功能

失业保险作为社会保障的一项重要制度安排，能够为失业人员提供维持生活的物质保障和再就业服务，在保障失业人员及其家庭的基本生活、预防失业、帮助失业人员实现再就业、维护家庭关系的和谐和社会的稳定等方面具有重要的意义。

（一）保障失业人员及其家庭的基本生活

失业是市场经济运行的必然结果。对于绝大部分的劳动者而言，失业意味着失去了收入来源，同时也意味着失去了生活保障。失业保险制度的建立，就是依据国家法律关于保障生存权的相关规定，对劳动者在陷入失业风险难以保障自身或家庭成员的基本生活需要时提供必要的物质帮助，使其不因失业而陷入贫困，导致作为人最基本的生存权得不到保障。例如，我国《社会保险法》第四十七条就明确规定失业保险金的标准，不得低于城市居民最低生活保障标准。

（二）预防失业

随着市场经济的发展和科技的进步，劳动力市场对于劳动者的素质要求越来越高，结构性失业在所有失业类型中所占比重越来越大，就业的结构性矛盾越来越凸显。部分劳动者的素质不能满足结构调整、产业升级的需要，进而造成了失业。合理利用失业保险基金，通过对在岗劳动者进行职业技能培训、转岗培训等形式，提高劳动力素质，进而实现稳定就业岗位、预防失业的积极功能。即便是在经济不景气、企业经营相对困难的时期，企业在享受政策优惠和得到失业保险资金支持时，就有可能承诺不裁员或少裁员，积极承担社会责任，由此能够避免大规模的失业发生。

（三）帮助失业人员实现再就业

帮助闲置劳动力实现再就业是失业保险的基本功能之一。劳动力作为生产力发展过程中最重要的生产要素之一，是生产不可或缺的资源。失业现象的出现，意味着一部分劳动力资源没有得到使用而遭到闲置。这部分劳动力被逐出生产领域而转向单一的分配领域，对社会资源进行消耗而没有产出，通俗地对此进行形容就是“只吃饭，不干活”，这无疑将会对社会生产力的持续发展产生消极的影响。

失业保险促进就业的功能主要表现在两个方面。一方面，失业保险制度的建立需要相应的社会管理和社会服务机构，这些机构的设立，增加了社会的就业岗位，提升了失业人员的就业机会。[①] 另一方面，失业保险制度通过职业咨询、职业培训、岗位信息发布和以赈代工等形式，提高失业人员的工作技能，为失业者提供就业机会，帮助他们实现就业。

（四）维护家庭关系的和谐

失业带来的最直接影响是使失业者失去收入来源，并使其因此产生焦虑不安，而这种不良的情绪往往会传递给家庭成员，在使家庭成员也承受因其失业而带来的痛苦的同时，也容易对家庭关系造成了强烈的冲击。失业保险制度为失业人员提供物质帮助、就业信息指导等，一定程度上缓解了他们内心的焦虑情绪，进而有利于保护失业者及其家庭成员的心理健康，维护家庭关系的和谐。

（五）维护社会的稳定

失业是造成社会不稳定的重要因素。有社会学研究指出，失业会对个人产生毁灭性

---

① 蔡禾. 失业者群体与失业保障［M］. 南昌：江西人民出版社，1998：154.

的影响，长期失业可能将个人推向厌烦、绝望、脾气恶劣和冷漠无情。这些结果最后可能导致社会的不安定和冲突，加剧社会的不稳定。严重的失业会使得社会付出沉重的代价，犯罪活动增加就是其中的重要后果之一。[①] 失业保险制度下，失业保险为失业人员发放保险金，帮助失业者实现再就业，并引导失业者正确认识与社会的关系，帮助其树立良好的心态，减少其犯罪的可能性，减少可能造成社会动乱的因素，进而维护社会的稳定，发挥它作为社会“安全网”和“减震器”的作用。

（六）有助于支持产业转型与升级

现代科学技术的发展势必带来一个国家或地区经济产业结构的调整与转型，产业升级是一个重要的趋势和选择。但是，产业的转型与升级需要获得社会保障制度的支持。其中，失业保险制度下，保障失业者基本生活、稳定就业、促进再就业等功能的发挥，最终能够起到支持产业转型与升级的重要作用。例如，德国鲁尔工业区是欧洲传统的老工业区，钢铁冶炼业发达，在第三次科技革命到来后，很快就面临产业结构转型及工人失业的问题，但由于德国政府完善的失业保险制度，鲁尔工业区的产业升级得以顺利实现。[②]

失业保险虽然有一系列的积极作用，但如果失业保险制度设计不符合国情，失业保险金筹集和管理不规范，资金支出不合理，将会对社会经济的发展产生消极影响。例如，加重纳税人的负担、浪费社会资源、造成失业人员对失业保险金的依赖，等等。这不仅不利于社会的良性发展，更不利于劳动者个人的发展与提高。因此，如何建立合理的失业保险制度，对于失业保险作用的发挥及其产生什么样的社会后果有巨大的影响。[③]

第二节　失业保险制度的形成与发展

一、西方失业保险制度的发展

补充阅读

英国的“新济贫法”

19 世纪初，工业革命和圈地运动的发展导致英国社会的失业与贫困问题越来越严重。

① 魏瑞清. 浅析失业保险制度的基本功能［J］. 中国管理信息化，2012（5）：26-28.
② 李辉. 西方国家的失业保险法律制度及其启示［J］. 山西高等学校社会科学学报，2013（2）：67-70.
③ 聂爱霞. 中国失业保险制度与再就业问题研究［M］. 北京：中国社会科学出版社，2014：43.

当时，英国政府解决贫民问题的主要政策措施是以斯宾汉姆制度为代表的各种济贫制度，但由于该制度本身的特点以及英国社会的变化发展，该制度在缓解社会问题的同时，带来了政府财政支出快速增长、民众过分依赖政府救济等一系列新问题。于是，济贫法成为英国社会的“众矢之的”，改革呼声越来越大。1834 年 8 月 14 日，英国以法律的形式颁布《济贫修正法》，也就是我们通常所说的“新济贫法”，实行严格的济贫院内救济的原则，对失业人员、贫困人员的基本生活进行保障，成为英国从传统的济贫院外救济转变为济贫院内救济的重要转折点。尽管“新济贫法”相对比较“幼稚”，但仍具有现代失业保险制度的色彩，因此，有一部分学者将英国“新济贫法”看作是世界失业保险制度的起源。

资料来源：丁建定. 英国新济贫法的出现及反新济贫法运动［J］. 东岳论丛，2011（5）.

失业保险制度作为社会保障体系的重要组成部分，至今已有 100 多年的发展历史。据统计，截至 2018 年，世界上已有 89 个国家和地区建立了失业保险制度。根据各个时期失业保险制度的特点和功能，我们大致可以将其分为三个时期：初创时期、发展时期、改革完善时期。

（一）初创时期（20 世纪初至 20 世纪 40 年代中期）

失业保险制度是伴随失业现象的出现而逐步建立的。20 世纪初至 20 世纪 40 年代中期，不断爆发的战争与经济危机使得失业问题越发突出，并由此引发了一系列社会矛盾。比利时早在 1901 年就在根特市建立和实行自愿性失业保险制度。其办法相对较为简单，由政府对工会原有的失业保险给予一定的补助金；对于工会以外的工人，则由政府给予失业救济金，其数额为工会会员失业保险救济金的 60%。① 同样，为了适应社会化大生产的需要，保持社会经济的增长，法国于 1905 年通过立法建立了自愿性失业保险制度。紧接着，1906 年和 1907 年，挪威和丹麦相继建立了自愿性失业保险制度，将社会保险用于失业保护。

1911 年，英国出台《国民保险法》，标志着世界上第一个强制性失业保险制度建立，开创了强制性失业保险的先河。最初，英国的失业保险主要在矿山、纺织、建筑、造船、铁路、木器等最易失业的行业内强制实施，所有 16 周岁以上的工人必须参加失业保险，可享受失业救济。这一制度后来逐步扩展至世界各个国家，成为世界失业保险制度的主流。

---

① 史探径. 世界社会保障立法的起源和发展［J］. 外国法译评，1999（2）：12.

1914 年，第一次世界大战爆发，随之而来的是世界各国的高失业率，这为全球失业保险制度的发展带来了极大的机遇。据统计，第一次世界大战后至 19 世纪 20 年代末这短短十来年时间中，世界上共有 20 个国家相继建立了失业保险制度。此时，失业保险的覆盖对象逐步扩展至整个工商业及其员工，但对于非体力劳动者参加保险却有着特殊的限制。

20 世纪 30 年代初，世界性经济危机爆发，在资本主义社会出现重重矛盾的同时，失业保险制度在世界范围内得到进一步发展（见表 7-1）。美国作为这场经济危机的发源地，受到的打击最为沉重，为缓解当时社会普遍出现的失业问题，罗斯福于 1935 年颁布《社会保障法》，以立法的形式确立了美国历史上第一个失业保险制度。

尽管这一时期的失业保险制度对于促进世界经济的发展、维护社会的稳定起了一定的积极作用，但当初各国在设计失业保险制度时的主要目的仍局限于保障失业人员的基本生活，很少有国家考虑将帮助失业人员实现再就业作为失业保险制度的一部分。同时，由于失业保险制度处于初步建立阶段，当时的失业保险的覆盖范围相对较小，例如，在英国的《国民保险法》中规定，失业保险只适用于机械制造业、建筑业等失业风险较高的行业。

表 7-1　部分国家失业保险制度的建立时间及标志

国家	建立时间	建立标志
比利时	1901 年	在根特市实行自愿性失业保险制度
法国	1905 年	1905 年通过了对失业保险的立法
丹麦	1907 年	颁布《失业保险法》
英国	1911 年	颁布《国民保险法》
德国	1927 年	颁布《失业介绍法和失业保险法》
美国	1935 年	颁布《社会保障法》
日本	1947 年	颁布《失业保险法》

资料来源：吕学静．各国失业保险与再就业［M］．北京：经济管理出版社，2000.

（二）发展时期（20 世纪 40 年代中期至 20 世纪 70 年代）

随着第二次世界大战的爆发，各国经济受到巨大破坏，世界总失业人数达 1.3 亿人，严重的失业问题对各国战后经济的重建形成了巨大的威胁。同时，随着社会和经济的发展，原先失业保险只能在一定程度上帮助失业人员解决基本生活困难的问题，已无法满足社会发展过程中的新需求。在这样的背景之下，世界各国相继作出调整，推动失业保险制度的发展以适应时代的需要。

第二次世界大战后各国经济的快速恢复，给失业保险制度带来了进一步扩展的契机。1948 年，英国宣布建成福利国家，之后西欧各国争相效仿，福利国家制度在资本主义社会广泛流行，一些发达国家通过立法和制度建设将失业保险制度从单纯的社会救济变为公民的一项社会权利，政府逐步采用一套完善的法律体系和制度来干预失业问题，这意味着一些国家已形成了高度保护的失业保险制度。在这一发展时期，失业保险制度的覆盖范围得到扩大，失业保险项目不断增加，失业保险水平明显提高，在解决失业问题的同时，发挥了它作为“安全阀”与“社会安全网”的重要作用。

（三）改革完善时期（20 世纪 70 年代至今）

20 世纪 70 年代以来，凯恩斯主义出现失灵，资本主义社会经济衰退，通货膨胀率上升，失业增加，失业率一直处于较高的水平。为解决失业问题，实现社会的充分就业，各个国家和国际组织积极探索改革方案，完善失业保险制度。下面简要介绍部分发达国家在这一时期对失业保险制度的改革与完善。

1. 德国

1969 年德国颁布《劳动促进法》和《职业培训法》实行“就业促进”，即通过一系列预防性措施减少失业现象，降低失业率；1974 年颁布《失业救济条例》，进一步完善制度；20 世纪 90 年代以来，德国进一步改革了失业保险制度，开启了从注重生活补贴为主导促进就业再到兼顾预防失业和促进就业相结合的功能转变进程。1994 年 8 月颁布《就业支持法》，允许建立私营的职业介绍所，进一步减少社会失业现象。施罗德政府提出“就业计划”，试图改变德国失业保险重生活补贴、轻促进就业的做法，把政府政策工作的重心放在控制福利支出、增加就业培训、促进社会投资以及鼓励重新就业等方面。2002 年以来，德国成立的哈茨委员会相继提出四部法案，以促进失业者再就业。2005 年，德国失业保险制度进一步转向强调预防失业和促进就业并重。默克尔政府对一些特殊行业的雇员发放“开工不足补助金”以防止失业率上升。2008 年，德国政府将失业保险费率连续降低到 3.5%，以减少企业的负担 。经过 90 多年的发展和完善，德国目前已形成了较为健全的、具有自身特色的失业保险制度体系。

2. 法国

法国政府历来十分重视失业问题。1971 年 7 月 16 日，法国国民议会通过规定“培训假期”的修改补充法令，标志着法国成为世界上第一个为继续教育立法的国家。1975 年，法国在社会劳动部中设立就业司，专门负责就业工作。这是法国政府第一次成立专门解决就业问题的机构，而在此之前，发放保险金和职业介绍等工作主要由保险公司承担。

同年，法国规定16~25岁的劳动者在正式工作之前需要签订“就业培训”合同，国家将对此提供一定的财政补贴。随后自1984年起，该规定成为一项制度，对青年群体成功就业、融入劳动者队伍起了重要的作用。

3. 英国

英国作为典型的资本主义工业国家，传统工业十分发达，但随着科学技术的进步，经济结构的调整势在必行，而与之而来的则是大量的结构性失业者。为解决劳动者难以适应新兴产业要求的问题，改善劳动力供给状况，缓解社会失业压力，英国政府开始重视对劳动者的培训：1975—1979年，英国为扩大就业服务和职业培训的覆盖面，共计支出10.15亿英镑；1983年，英国实行“青年培训计划”，对年满16岁的毕业生和17岁以上的失业青年提供职业培训，到1986年年初，共有约100万青年参加这项财政计划。同时，英国还加强了对于失业保险金的管理：失业保险的管理机构由就业部负责，通过其他地区办事机构和职业介绍所管理津贴的申请和发放。失业保险费和失业档案由卫生与失业保障部管理，补助津贴委员会核发收入调查津贴。社会保障部的缴费机构负责缴费记录的管理，就业服务机构负责失业待遇的支付，一般通过地方就业中心待遇支付办公室来具体实施。[①]

4. 日本

日本作为亚洲最发达的国家，在其发展进程中已形成完备的失业保险制度。1974年，日本制定《雇佣保险法》取代《失业保险法》，旨在保障劳动者基本生活的同时促进其就业，预防失业，增加雇佣机会，改善雇佣结构，开发和提高劳动者的能力。1975年4月，日本开始实行新的雇佣保险制度，此后根据劳动力市场变化做出了多次修改和调整。

虽然在这一时期各个国家对失业保险制度改革的侧重点有所不同，但就整体而言，失业保险制度依旧呈现以下发展趋势：（1）覆盖范围扩大；（2）强调政府和市场的多方参与；（3）重视职业培训的作用；（4）突出就业导向；（5）加强对失业保险金管理。

二、我国失业保险制度的发展

我国失业保险制度自1986年建立以来，已有30多年的发展历史，在改善民生、维护社会经济稳定发展等方面发挥了重要作用。相较于西方发达资本主义国家，我国失业保险制度存在起步较晚、发展较缓慢、制度设计不完善等缺点。为深化我国对失业保险制度的认识，对我国失业保险制度的曲折发展道路进行回顾显得十分必要。

① 吕学静. 各国失业保险与再就业［M］. 北京：经济管理出版社，2000：136.

（一）新中国成立初期的发展

新中国成立初期，社会经济几近崩溃，百废待兴，我国面临着严峻的失业问题。1949 年，我国的城镇登记失业人数达 474 万人，登记失业率高达 23.6%，较高的失业率带来了一系列的社会问题并对社会建设造成巨大的影响。为此，国家先后采取了一系列有针对性的措施，以缓解社会失业压力，减少失业所带来的消极影响。1950 年 6 月 17 日，政务院发布了《关于救济失业工人的指示》，劳动部于 1950 年 7 月发布《救济失业工人暂行办法》，要求各地方建立失业救济委员会，在失业较为严重的地区实行失业救济制度，由国家通过拨粮、拨款，采取以工代赈和生产自救等救助办法，保障失业者的基本生活，帮助失业工人重回工作岗位。到 1957 年，大部分失业人员得到安置，严重的社会失业问题基本得到解决，国家宣布失业现象在社会主义制度下已被消灭，刚刚萌芽的失业保险制度被终止，在此后长达 30 多年的时间里，我国的失业保险制度一直处于空白状态。

我国的失业保险制度虽然从萌芽到被终止只有短短几年时间，但它解决了当时 400 多万人的失业问题，维护了社会稳定，巩固了新生政权，对于新中国的初期建设和发展有着重要的意义。《救济失业工人暂行办法》作为解决失业问题的一种临时性举措，是我国失业保险制度迈出的第一步，为后来建立失业保险制度奠定了重要的基础。

（二）我国失业保险制度的重新建立

1. 劳动就业制度的变革

在传统的计划经济体制下，我国实行的是“统包分配，普遍就业”“终身固定的劳动关系”的劳动就业制度，新增的就业人口和有就业需求的劳动力由国家统一安排分配。这种依靠行政力量强制安排就业的方式，表面上实现了社会的充分就业，但却掩盖了大量的“人浮于事”“在职失业”等隐性失业现象。随着改革开放与社会经济的发展，原先的劳动就业制度的弊端日益凸显：冗员过多、负担沉重，生产效率受到影响；企业缺乏活力与市场竞争力；社会上形成“只有进政府、国营企业才算是真正的就业”的错误价值观；劳动力市场的自我选择权利被剥夺。因此，在这样的背景之下，改革劳动就业制度成为历史的必然。

20 世纪 70 年代末，我国实行改革开放，大量“上山下乡”知识青年由农村返回城镇，但政府的安置能力有限，大量劳动者无法得到工作而失业，形成继 1949 年以来的第二次失业潮。为此，国务院于 1986 年 7 月颁布《国营企业实行劳动合同制暂行规定》《国营企业招用工人暂行规定》《国营企业辞退违纪职工暂行规定》等多项法规。其中，

《国营企业实行劳动合同制暂行规定》指出，国营企业、国家机关和事业单位招收工人，除国家另有规定外，统一实行劳动合同制，企业和劳动者可以自由选择签订劳动合同并确立劳动关系。这一系列法规的颁布标志着我国首次正面承认社会的失业问题，原先由国家统一分配的、终身固定的劳动就业制度正式退出历史舞台。

补充阅读　　　　“铁饭碗”：统包分配的劳动就业制度

“铁饭碗”，顾名思义，饭碗乃铁所铸，坚硬非常，难于击破。人们通常将其意延伸，指一个好的单位或部门，工作稳定，收入无忧。

新中国成立后，国家对农业、手工业和资本主义工商业进行了社会主义改造，之后国家实行统包分配的劳动就业制度，政府成为社会最大的雇主。学生在毕业之后都会被派到单位工作，而不需要经过由市场来决定的人力市场求职。严格来说，所有在国营企业工作的工人都是公务员，而他们在单位的工作是有终身保障性的，他们除了每个月的工资以外，就算在退休之后还能从单位里支取工资。为了要确保所有的人都有工作，这些国营企业往往都聘请了远高于需求的人数，以至几乎每个国营企业都养着一大批闲人、懒人、庸人和散人。这些人不仅成为企业的巨大包袱，而且直接影响了生产者和管理者的积极性，造成企业经济效益严重低下。

随着改革开放的深入推进，国家逐步对原先的劳动就业制度改革，“铁饭碗”被打破，新的劳动就业制度建立。尽管“铁饭碗”制度受到了巨大的冲击，但由于“铁饭碗”思想在我国根深蒂固，依然有相当一部分人将其作为自身追求的终极目标。

资料来源：https://wiki.mbalib.com/wiki/%E9%93%81%E9%A5%AD%E7%A2%97，MBA 智库，有改动。

2. 失业保险制度的建立

1986 年，国务院颁布《国营企业职工待业保险暂行规定》（以下简称《暂行规定》）作为劳动就业制度改革的配套措施，标志着我国失业保险制度的初步建立。

《暂行规定》有四类适用对象：（1）宣告破产的企业的职工；（2）濒临破产的企业法定整顿期间被精减的职工；（3）企业终止、解除劳动合同的职工；（4）企业辞退的职工。待业保险金由各省、自治区、直辖市统筹使用，不敷使用时，由地方财政补贴。待业保险金主要有三个来源：企业按照全部职工标准工资总额的 1%缴纳的待业保险基金；职工待业保险基金存入银行后，由银行按照国家规定支付的利息；地方财政补贴。

根据《暂行规定》中的主要内容，我们可以发现，初步建立的失业保险制度在覆盖范围、缴费方式、保险金管理等方面实质上是一种层次较低的失业救济制度，但不可否认的是，《暂行规定》在解决失业问题、保障工人权益方面具有重要意义，为我国失业保险制度的完善和发展打下了基础。

（三）失业保险制度的完善发展

1. 第三次失业潮

20 世纪 80 年代以来，随着国有企业改革的深入推进，“优化劳动组合”作为劳动就业制度改革的一种重要形式被广泛推行。1992 年 7 月 23 日，国务院颁布《全民所有制工业企业转换经营机制条例》，明确指出“企业有权依照法律、法规和企业规章，解除劳动合同、辞退、开除职工”，彻底打破了原有计划经济时期国有企业职工拥有“铁饭碗”的传统人事制度。改革在提高效益的同时，也导致了“隐形失业”问题凸显，国有企业下岗职工越来越多，失业矛盾开始突出。到了 1993 年，我国出现了第三次失业潮。

2.《国营企业职工待业保险规定》的颁布

在这种情况下，国务院于 1993 年颁布《国有企业职工待业保险规定》（以下简称《规定》）替代《国营企业职工待业保险暂行规定》以适应国有企业改革的需要。相比较于《暂行规定》，《规定》主要从以下几个方面对我国失业保险制度进行了完善。

（1）覆盖范围不断扩大。1986 年初步建立的失业保险制度，覆盖对象仅限于国营企业的职工，当时的参加人员总数不到 5 000 万人。1993 年，失业保险的覆盖范围明显扩大，不仅包括国有企业职工，还包括机关团体事业单位、集体企业、中外合资企业的职工，覆盖总人数已达 7 924 万人。按照 1986 年的《暂行规定》，只有四类职工可以适用于失业保险。这种狭窄的适用范围使得受益者很少，1987 年只有不足 10 万人领取了失业保险金。随着《规定》的颁布，国务院将享受失业保险的人员由原先的四类人员扩大至七类九种人员，受益者不断增多，仅 1993 年就有近 102 万人享受了失业保险待遇。

（2）加强对失业保险金的管理。《规定》指出，企业缴纳的待业保险费转入企业所在地的待业保险机构在银行开设的“待业保险基金专户”，专项储存、专款专用，任何部门、单位和个人不得挪用。在统筹层次上，将省级统筹调整为市、县统筹，省、自治区可以集中部分待业保险基金调剂使用。在失业保险金的监督层次上，《规定》明确要求“待业保险基金及其管理费收支的预算、决算，按照统筹范围，由劳动行政主管部门负责编制，经同级财政行政主管部门审核汇总后，纳入本级预算、决算，报本级人民政府审定，并且不得用于平衡财政收支，财政行政主管部门、审计部门应当加强对待业保险基金及其管理费收支的监督”。

（3）突出失业保险制度的再就业功能。在《规定》中，明确了待业保险工作应当与职业介绍、就业训练和生产自救等就业服务工作紧密结合，统筹安排。同时，省、自治区、直辖市人民政府有权批准为解决待业职工生活困难和帮助其就业确需支付的其他费用。

总体上，《规定》的颁布标志着我国失业保险制度的发展迈出了重要的一步，对于建立“劳动优化组合”的劳动就业制度、实现国有企业改革过程中的平稳过渡有着重要意义。但是，《规定》依旧存在着保险金筹集渠道单一、未能根本改变其救助性制度的性质等问题，需要制度设计者进一步完善。

3.《失业保险条例》的颁布与实施

随着经济体制改革的逐步深入，《规定》的不足逐渐显现，建立一套完善的现代失业保险制度的呼声日益高涨。1999 年国务院颁布《失业保险条例》（以下简称《条例》），标志着我国形成了与市场经济相适应的全国统一的城镇失业保险制度。与 1993 年的《规定》相比，该条例有以下几方面的完善与突破。

（1）扩大失业保险基金筹集渠道，实现职工权利与义务对等。相较于先前的基金筹集渠道，《条例》新增了“城镇企事业单位职工缴纳的保险费”和“依法纳入保险基金的其他资金”，大大扩大了资金来源，加强了我国失业保险制度的保障能力。职工作为享受失业保险权利的主体，参与缴费是其必须履行的义务，这不仅有利于强化个人的责任意识，实现对职工的内在激励，还体现了权利与义务相对等的社会保险原则。

（2）扩大失业保险的覆盖范围，将城镇企事业单位的职工全部纳入。自《条例》颁布之后，参与失业保险的人数逐年增加（见表 7-2），失业保险覆盖范围的扩大，不仅有利于社会公平的实现，同时为企事业单位改革用人制度提供了外部条件。

表 7-2　1993—2019 年我国失业保险参保人数变动情况

年份	年末参保人数（万人）	比上年增长（%）
1993	7 924	6. 5
1998	7 927. 9	-0. 4
2003	10 372. 9	1. 8
2008	12 399. 8	6. 1
2013	16 416. 8	7. 3
2018	19 643. 5	4. 4
2019	20 543. 0	4. 4

资料来源：http：//data. stats. gov. cn/easyquery. htm？ cn=C01）.

（3）将“待业保险”更名为“失业保险”，实现与国际接轨。失业作为市场经济发展的客观产物，必然并将长期存在于社会之中。我国在《条例》中第一次以法规的形式正式表述“失业”，表明我国已接受了在市场经济体制下失业与就业并行、并存是经济规律所决定的这一事实。①

（4）调整失业保险基金的统筹层次。《条例》指出，失业保险基金在直辖市和设区的市实行全市统筹，取消县一级的统筹，可以统一管理和调度使用全部基金，有利于发挥失业保险基金的互济作用，增强失业保险基金的承受能力。

（5）进一步强化促进就业的功能。《条例》规定，失业保险金可用于劳动者领取失业保险金期间接受职业培训、职业介绍的补贴，发挥了失业保险制度促进就业的功能。

《失业保险条例》实行后的20多年时间里，我国失业保险取得了较明显的发展成果，失业保险制度不断完善：（1）20世纪末21世纪初，为推进国有企业改革，按照中央提出的“三三制”原则，向再就业服务中心调剂资金270亿元，保障了3 000万下岗职工的基本生活和平稳转移，为经济结构调整和国有企业改革提供了扎实保障。（2）为应对2008年国际金融危机，实行“一缓一减三补贴”政策，即允许困难企业缓缴失业保险费，阶段性降低失业保险费率，向困难企业支付社保补贴、岗位补贴和培训补贴，帮助企业渡过难关。（3）落实国家推进淘汰落后产能和化解过剩产能、企业兼并重组总体部署，2014年年底推出稳岗补贴政策，向不裁员、少裁员的企业提供资金支持，激励企业承担稳定就业的社会责任，到2017年，全国共向64万户企业发放稳岗补贴424亿元，惠及职工7 926万人，为顺利推进国家产业结构调整发挥了保驾护航的作用。（4）落实中央“三去一降一补”决策部署，从2015年起，连续三次降低失业保险费率，总费率由现行规定的3%降至1%，累计为企业减负超过1 000亿元，降低了企业成本，促进了实体经济发展，助推了供给侧结构性改革。（5）落实中央关于开展职业技能培训，解决结构性就业矛盾的要求，从根本上减少失业、稳定就业，同时配合国家人才强国战略的实施，为振兴实体经济和制造业发展提供人力资源支撑，2017年推出职业技能提升补贴政策，激励参保职工提升职业技能，提高就业竞争力，2017年年底，已有10多万职工享受到这项政策。（6）自2006年起，为更好地发挥失业保险促就业功能，在东部7省（市）实行扩大失业保险基金支出范围试点政策，累计支出1 200亿元，确保各项促就业政策得到落实，为维护全国的就业形势总体稳定发挥了积极作用。（7）总体上，从1999年至2017年9月，失业保险基金支出7 000多亿元，为9 435万人次提供了基本生活保障。到2017

① 张浩森. 社会保障理论与实践［M］. 北京：对外经济贸易大学出版社，2016：165.

年9月，全国参保人数达到18 552万人，比1999年增长88.3%。2018年年末我国参加失业保险职工人数已经达到1.96亿人，基本实现失业人员应保尽保，2018年月均发放失业保险金水平已超过1 200元，并为失业人员缴纳医疗保险费。可以说，在“应保尽保”持续推进的基础上，我国失业保险制度“应发尽发”的受益规模庞大、内涵日渐丰富，参保职工失业后不仅能维持基本生活，还缓解了失业之痛，民生底线被牢牢兜住。失业保险的功能也从最初的以保生活为主兼顾促就业发展到保生活、防失业、促就业三项功能均衡发力阶段，逐步形成保生活是基础、防失业是重点、促就业是目标的功能格局。

第三节　我国的失业保险制度

自从1986年我国建立失业保险制度以来，经过30多年的持续改革，到目前为止，我国已经建立起了相对完善的失业保险制度体系。

一、覆盖范围

失业保险的覆盖率是评价一个国家失业保险制度的重要指标，是失业保险制度生命力的体现，体现了国家经济的发展水平和国家社会保障政策的目标选择。我国失业保险的覆盖范围经历了由窄到宽的发展过程。根据1986年国务院发布的《国营企业职工待业保险暂行规定》，当时我国失业保险的适用范围只包括国营企业中的四类人员。随着我国经济的发展，原先的覆盖范围已不适应社会的发展要求。1999年1月22日，国务院发布的《失业保险条例》对我国失业保险制度覆盖范围进行了明确的界定：失业保险应覆盖城镇企业事业单位、城镇企业事业单位职工。同时，省、自治区、直辖市人民政府根据当地实际情况，可以决定本条例适用于本行政区域内的社会团体及其专职人员、民办非企业单位及其职工、有雇工的城镇个体工商户及其雇工。换而言之，我国失业保险制度的覆盖范围理论上已扩大至所有用人单位及其职工。

二、资金筹集与管理

《失业保险条例》第五条规定，失业保险基金由下列各项构成：（1）城镇企业事业单位、城镇企业事业单位职工缴纳的失业保险费；（2）失业保险基金的利息；（3）财政补贴；（4）依法纳入失业保险基金的其他资金。城镇企业事业单位按照本单位工资总额的百分之二缴纳失业保险费。城镇企业事业单位职工按照本人工资的百分之一缴纳失业保险费，而城镇企业事业单位招用的农民合同制工人本人不缴纳失业保险费。

《失业保险条例》规定，失业保险基金在直辖市和设区的市进行全市统筹；其他地区的统筹层次由省、自治区人民政府规定。失业保险基金必须存入财政部门在国有商业银行开设的社会保障基金财政专户，实行收支两条线管理，由财政部门依法进行监督。存入银行和按照国家规定购买国债的失业保险基金，分别按照城乡居民同期存款利率和国债利息计息，失业保险基金的利息并入失业保险基金。失业保险基金专款专用，不得挪作他用。

失业保险基金支出范围主要包括：（1）失业保险金；（2）领取失业保险金期间的医疗补助金；（3）领取失业保险金期间死亡的失业人员的丧葬补助金和其供养的配偶、直系亲属的抚恤金；（4）领取失业保险金期间接受职业培训、职业介绍的补贴（补贴的办法和标准由省、自治区、直辖市人民政府规定）；（5）国务院规定或者批准的与失业保险有关的其他费用。

三、失业保险金的领取资格

根据《失业保险条例》中的相关规定，具备下列条件的失业人员，可以领取失业保险金：（1）按照规定参加失业保险，所在单位和本人已按照规定履行缴费义务满 1 年的；（2）非因本人意愿中断就业的；（3）已办理失业登记，并有求职要求的。失业人员在领取失业保险金期间，按照规定同时享受其他失业保险待遇。但失业人员在这期间有以下情形之一的，将停止领取失业保险金，并同时停止享受其他失业保险待遇：（1）重新就业的；（2）应征服兵役的；（3）移居境外的；（4）享受基本养老保险待遇的；（5）被判刑收监执行或者被劳动教养的；（6）无正当理由，拒不接受当地人民政府指定的部门或者机构介绍的工作的；（7）有法律、行政法规规定的其他情形的。

四、失业保险金的给付期限与标准

按照我国《社会保险法》和《失业保险条例》的相关规定，我国的失业保险金是由失业保险机构按月发放给失业人员，标准不得低于城市居民的最低生活保障水平，具体标准由省、自治区、直辖市人民政府确定。根据失业人员失业前累积缴费时间，我国失业保险金给付期限可达 12~24 个月：失业人员失业前所在单位和本人按照规定累计缴费时间满 1 年不足 5 年的，领取失业保险金的期限最长为 12 个月；累积缴费时间满 5 年不满 10 年的，领取失业保险金的期限最长为 18 个月；累积缴费时间满 10 年以上的，领取失业保险金的期限最长为 24 个月。劳动者重新就业又再次失业的，重新计算缴费时间，失业保险金的领取期限和以前未领取的期限合并计算，但最长不超过 24 个月。

补充案例

再就业了，还能继续领取失业保险金吗？

王某今年56岁，原本是一家企业的技术工人，2010年，王某因连续旷工15天被企业除名。失业后，他开始领取失业保险金。王某本来可以享受24个月的失业保险金的领取期限，但他刚领了6个月，正碰到一家企业招收职工，王某幸运地通过了面试实现了再就业。2019年年初，王某所在的企业因严重污染环境被相关部门叫停，于是王某再次失业。这一次，经失业保险经办机构审核，王某依旧可以领取24个月的失业保险金。但是，王某认为，他的领取期限应当加上上次未领取完的18个月，即共计可以领取42个月的失业保险金。对此，王某和工作人员一直争执不下。

请问王某的要求合理吗?

五、我国失业保险制度中存在的不足与完善思路

（一）存在的不足

1. 覆盖范围不足

根据《2018年度人力资源和社会保障事业发展统计公报》显示，2018年我国就业总人数为77 586万人，但实际失业保险的参保人数为18 785.26人，即失业保险的实际覆盖率仅为4.21%。由此可见，我国失业保险的实际覆盖范围和理论覆盖范围仍有较大的差距，扩大实际覆盖面已成为当前我国完善失业保险制度的主要任务之一。

2. 给付期限过长

我国失业保险给付期限最长可达24个月，而国际上失业保险待遇的期限是6~12个月，其中，发达国家规定最长时间不超过一年。因此，相对于其他国家来说，我国失业保险给付期限较长。给付期限过长的失业保险金在实际运行过程中容易引发自愿失业和延迟就业等风险。

3. 促进就业的功能未得到充分发挥

虽说我国失业保险已发展到保生活、防失业、促就业三项功能均衡发力阶段，但防失业、促就业功能还有长足发挥空间。当前我国失业保险金的使用仍多用于保障失业人员的基本生活，促进就业的功能发挥有限。造成这一结果的原因主要有两个：一方面，各级政府在认识上将失业保险仅看作是“社会减震器与安全网”，强调它的“维稳”作用；

另一方面，我国尚未形成完整的促进就业制度体系，相关就业政策无法得到落实。如何更好地从“授人以鱼”向“授人以渔”转变仍是当前制度设计者需要着重考虑的问题。

4. 权利与义务不对等

权利与义务对等原则是社会保险的基本原则，同时也是失业保险制度能否有效运行的重要因素。我国失业保险金实行统一的给付标准，但在筹集失业保险资金时采用的是差异费率制。这样难免会出现缴费多的劳动者与缴费少的劳动者享受同样金额的保险金的现象，势必会影响单位与职工的参保积极性。

5. 统筹层次较低

虽然《失业保险条例》规定“失业保险基金在直辖市和设区的市实行全市统筹”，但在实际操作过程中，仍有相当一部分地区实行县级统筹。较低的统筹层次将会影响失业保险的稳定性和抗风险能力，不利于失业保险的协调与使用。

6. 失业保险意识薄弱，参保意愿低

相较于其他国家，我国失业保险制度建立时间晚，国家的宣传相对较弱，对这项制度的认识不够深入人心，进而导致社会参保意愿低、参保积极性不足，影响制度功能的发挥。①

（二）完善思路

当前，我国正处于经济结构转型和产业结构调整的关键期，结构性失业等失业问题容易在这一过程中逐渐凸显。因此，改革与完善失业保险制度势在必行。可以合理借鉴其他国家失业保险制度的经验，对我国的失业保险制度进行改革，不断完善相关制度安排。

1. 不断扩大失业保险覆盖范围

建立失业保险制度最基本的目标是保障所有失业人员的基本生活，但事实上，我国目前的覆盖范围主要局限于企事业单位，私营企业、集体企业、广大农民工、自由职业者等都被排除在外。对此，应当突破地域、行业、所有制的限制，将所有劳动群体有层次、分重点地纳入覆盖范围（如从事高失业风险职业的劳动者应当优先纳入），解决劳动者的后顾之忧。

2. 转变对失业保险的认识，提高社会重视程度

虽然失业是社会中普遍且长期存在的问题，但失业保险并没有得到足够的重视，甚至被一些人所“误解”。正确认识失业保险是失业保险制度有效运行的必要前提，国家应当加大对失业保险的宣传力度，转变原先片面的认识，提高社会的重视程度，增强企业

---

① 聂爱霞. 中国失业保险制度与再就业问题研究［M］. 北京：中国社会科学出版社，2014：144-145.

与个人的保险意识。

3. 提高失业保险金统筹层次

当前我国统筹层次仍处于市一级，甚至一些地区实行县级统筹，统筹层次低，造成失业保险金协调困难。我国一些发达地区失业保险金高额结余，但一些欠发达地区却入不敷出，形成“旱的旱死，涝的涝死”的尴尬局面。对此，有必要提高失业保险金的统筹层次，由省一级甚至中央直接统筹，扩大失业保险金的调剂范围，提高失业保险金的抗风险能力。

4. 实行差别化给付标准

我国目前采取的是统一的给付标准，在这一规定之下，被保人的权利与义务出现不对等，势必对劳动者的参保积极性造成影响。不少国家的失业保险给付标准基本上是依据被保人的缴费、投保期限等因素来决定的，实现了失业保险金的差别化支付。我国可以学习西方实行差别化给付标准，将失业保险金与失业前的工资、缴费数额、投保期限相挂钩。

5. 突出失业保险的促进就业功能

从保障失业人员基本生活向促进就业转变是世界失业保险制度的发展趋势之一。我国应调整失业保险基金的支出结构，加大对促进就业的支出比例。例如，德国将60%的基金失业保险用于保险支付，剩余的40%用于职业介绍、职业培训等促进就业的工作。同时，开展职业教育，推动职业开发与就业培训，提高劳动者的就业能力。目前，随着社会对劳动者素质要求的提高，突出失业保险的促进就业功能将成为我国失业保险制度改革的必然趋势。

6. 缩短失业保险金给付期限

我国失业保险金的给付期限最长为两年，是美国的4倍左右。过长的给付期限将会对防范道德风险、促进失业人员再就业等方面造成消极影响。这个问题应引起社会的注意，制度设计者应当结合我国的国情，在广泛调研的基础上，适当缩短失业保险金的给付期限。

第四节　典型国家失业保险制度

自失业保险制度产生以来，全球已有89个国家和地区建立了失业保险制度。尽管各国的失业保险制度因社会背景、经济发展水平等因素而存在许多差异，但在其建立的实践和探索中形成的许多宝贵经验仍具有共性和互通性。本节通过探讨美国、德国、日本、瑞典四个国家的失业保险制度，总结其在制度架构、实践过程等方面的经验模式，同时结合我国当前失业保险制度中存在的问题，为我国失业保险制度的改革和完善提供借鉴与启示。

一、美国的失业保险制度

1935 年，《社会保障法》的出台标志着美国建立了统一的失业保险制度，由此美国的失业保险有了法律上依据。美国失业保险制度作为美国社会保障体系中建立最早的、覆盖范围最广的一项社会保障措施，在保障劳动者基本生活、实现充分就业、促进社会经济持续发展和维护社会稳定方面发挥了重要的作用。

（一）覆盖范围

美国失业保险制度采取的是强制性保障模式，凡是属于法令规定范围内的职工必须无条件地参加失业保险制度。随着社会的不断发展，失业保险的覆盖范围不断扩大：在美国失业保险制度建立初期，能够享受失业保险的人员仅限于私营企业和商业部门的员工；1970 年的《雇佣保障修订案》扩大至非营利部门的雇员；1976 年的《失业补偿修订案》扩大至农业工人、州和地方政府的雇员。目前，根据《联邦失业税收法》的规定，在美国工作的绝大多数劳动者都能受到失业保险的保障。具体而言，所有工商企业的雇员，1 年有 20 周雇佣人数在 4 人及以上的非营利机构的雇员、州和地方政府的雇员、家庭佣人以及部分农场工人有资格参加失业保险。对于铁路工人、现役或者退役军人，以及联邦政府的雇员，联邦政府为其进行了单独的规定。①

（二）资金来源与管理

美国失业保险资金一般来自雇主缴纳的失业保险税（亚拉巴马州、阿拉斯加州、新泽西州的雇员也需要缴纳失业保险金）。根据 1935 年颁布的《社会保障法》和《联邦保险税法》，失业保险金由国家税务局通过税收的方式强制收缴，雇主有义务为雇员缴纳失业保险税。联邦失业保险税以雇员年工资的头 7 000 美元为征税基数，税率是 6.2%，但如果州法律符合联邦的基本要求，联邦允许该州雇主享受 5.4%的税率抵扣，所以雇主缴纳的联邦实际税率为 0.8%。美国实行联邦和州二元立法体制，各州依据联邦立法规定州税基和税率。各州采用经验税率法计算税率：一般在雇主参加失业保险计划 3 年后，根据企业以往解雇工人的记录征收不同的税率，解雇率越高，税率也越高。一般而言，有良好记录的雇主往往能够得到更大的税收优惠。雇佣关系比较稳定的雇主无须缴纳很多的税。这种税制可以抑制雇主解雇的行为，使失业保险费用更合理地在雇主间分配。

---

① 杨国伟，张袁新一，尹梦芳. 美国失业保障制度评述［J］. 北京航空航天大学学报（社会科学版），2015（5）：8-15.

美国失业保险采取的是双重层级管理体制，失业保险基金由政府设置的专门社会保险机构进行管理。联邦政府劳工部通过下属的就业培训总署失业保险服务局管理全国失业保险基金，各州由州职业保障局主管。劳工部负责监督州政府执行失业保险的情况，各州收缴的失业保险基金上缴财政部并设立各州专户。各州需要支付的失业保险金，由州劳工局上报劳工部，劳工部再通知财政部拨给各州。同时，劳工部还肩负对各州管理失业保险机构的行政费用进行核定并拨付的职责。

（三）失业保险的享受资格

联邦和各州对于失业保险享受资格的规定不尽相同，但一般需要满足以下三个基本条件。(1) 失业者必须是非自愿失业。那些因拒绝现行工资水平而自愿放弃工作机会或因自身过错而被解雇的劳动者不能享有失业保险待遇。(2) 失业者在失业期间需要满足符合失业保险范围内的已工作期限、前一年（成为基础期）工资总收入数额和应缴纳的保费数额。基础期收入未达到法定要求的人不能享受失业保险待遇。(3) 失业者有劳动能力并在失业期间积极寻找工作。失业者在领取失业保险金前需在州职业介绍所进行登记，每隔一段时间需要向职业介绍所说明失业期间的求职情况，并愿意接受其所提供的合适的就业机会。申请者必须证明自己在过去的两周内至少与 2~3 名雇主有过接触。对那些不积极求职、也不随时准备接受工作的人，或没有参加有关再就业活动的人，不得领取失业保险金。为鼓励失业者尽快再就业，部分州规定，失业者在领取失业保险金期间可以从事非全日制工作，只要收入不超过失业保险金的 1.5 倍，仍可享受失业保险待遇。此外，迟交失业保险金申请表，提供不实情况或隐瞒相关信息的，有可能影响失业保险金的领取资格。①

（四）失业保险金的给付期限与标准

在美国，失业保险金的享受期限由等待期和给付期组成。基于对失业者身份或登记情况的调查与核实，失业者在领取失业保险金之前都有规定的为期一周的等待期。为防止产生劳动者长期领取失业保险金而不愿意工作现象的出现，美国失业保险制度规定了失业者领取失业保险金的期限。失业保险金的给付期限一般取决于失业者就业年限、年龄等因素，但各州可以对其进行适当调整，例如，马萨诸塞州和华盛顿州的给付期限最长为 30 周，而其他州一般为 26 周。在失业率比较高的情况下，各州可以在原来给付期限的基础上增加 13~20 周，因此延长后的给付期限最长可达到 46 周。

---

① 劳动和社会保障部考察团. 美国的失业保险制度［J］. 中国就业，2005（11）：33-35.

由于美国各州的社会经济发展水平不同，美国联邦政府将失业保险金的给付标准授权给各州自行规定，因此，不同州的给付标准存在差异。大部分州将失业前一年的本人最高季收入作为确认给付标准的依据，其计算公式为：每周津贴额 = 50% × 本人最高季工资收入 × 1/13 = 1/26 × 本人最高季工资收入。就全国的平均水平而言，每位失业者每周可以领取 200 美元左右的失业保险金，相当于原工资平均数的 34% 左右。

（五）美国失业保险制度的特点

1. 联邦—州政府双元式的管理模式

有学者认为，失业保险制度是各州各自的相关法律法规和联邦的统一政策相结合而形成的产物。美国通过颁布《社会保障法》和《联邦保险税法》等相关法律，对联邦与州政府的职能、权限进行了规定。联邦政府主要负责制定基本法律和管理办法，同时对州政府的管理进行监督，确保州政府的法律法规与联邦政府相协调。各州政府在遵守联邦法律和政策的前提下，可以依据自身情况制定相应的失业保险法和具体的失业保险计划。例如，根据各州的经济发展水平、社会就业情况等，对失业保险税的税基、税率、给付期限、给付标准等做出相关调整。每个州征收的失业保险基金必须全部存入财政部的信托基金。当州政府无力支付失业保险金时可向联邦政府的信托基金借款，借款必须按时偿还，逾期联邦政府将降低该州失业保险税的减免幅度，相当于增加对该州雇主的税率。正是因为联邦—州政府双元式的管理模式，美国失业保险制度才能协调、顺利地实行，有效发挥其制度设计时的功能。

2. 失业保险与就业服务紧密结合

美国的失业保险制度除了对失业者进行基本生活保障外，还强化了失业预防、就业促进与开发的功能，将失业保险作为劳动就业制度、劳动市场体系的重要组成部分，侧重于通过有效的经济手段从扩大劳动力需求和改善劳动力供给两方面来改善劳动就业状况，达到促进就业的根本目的。美国各级政府有关部门除了为失业者提供失业保险金外，还提供就业咨询和培训等服务。劳工部下设专门的就业与培训局，在全国近 2 000 个地方有办事处，提供包括就业市场信息、咨询、中介等服务；它还提供资金，协同地方政府、企业、工会、教育和非营利团体一起为失业者进行就业服务和培训，每年受益人数达 200 万人。

3. 健全配套的法律体系

《社会保障法》和《联邦保险税法》作为美国失业保险制度发展过程中的关键性法律，对美国失业保险制度提供了完整的制度架构。随着时代的发展，美国不断颁布新法案以完善失业保险制度。例如，为强化失业保险制度的就业功能，美国相继颁布《人力开发与培训法》《职业教育法》《就业机会法》《就业培训合作法》，对职业教育和培训进行规范和完善；为对失业保险税的税基、税率进行更具体的规定，于 1986 年颁布《国内税收法》；为保障因进口增加或产品外销变化而导致失业的工人权益，于 2002 年颁布《贸易法案》。这些法律相互补充，相互协调，形成了与失业保险制度相配套的法律体系。正是由于法律的不断健全，美国的失业保险制度才能有效地实行。

二、德国的失业保险制度

德国作为欧洲发达资本主义国家之一，相比较于其他发达国家，其失业保险制度建立时间相对较晚。德国于 1927 年颁布《职业介绍和失业保险法》，标志着失业保险制度正式建立。

（一）覆盖范围

德国失业保险发展至今，几乎覆盖了所有的就业人口。根据《劳动促进法》的规定，除法律规定之外的所有雇员、领取医疗保险金的人、海员、家庭手工业者、在残疾人学校参加培训的年轻人、学徒、义务兵都必须缴纳失业保险费并参与失业保险。临时工及每周工作不足 18 个小时的小时工、公务员和自营人员不包括在其中。

（二）资金来源与管理

与美国失业保险金的来源不同，德国在《劳动促进法》中规定，失业保险金由雇员和雇主共同缴纳，金额为员工月收入的 6.5%，雇员与雇主各自承担其中的一半。雇员的保险金由雇主从工资中扣除，并由雇主代缴到保险承办机构（雇主每月将自己和雇员应缴纳的失业保险费一并划拨给医疗保险机构，再由医疗保险机构划拨给劳工局）。但如果雇员的工资低于保险金计限限额的 1/10，则保险金全由雇主承担，雇员不需要缴费。雇员与雇主的缴费通常有一个上限，超过上限的部分不作为缴费收入基数。如果雇主和雇员的收入不抵支出，则由联邦政府使用财政收入进行补贴。另外，失业保险金的缴费标准并不是固定的，而是根据劳动力市场需求和失业状况作出相应调整。在德国，并不是所有雇员都需要缴纳失业保险费。政府官员、法官、职业军人、神职人员、短暂就业者、假期打工的大中学生、65 岁以上的人、失去工作能力的人、长期不能被介绍职业的人、临时工作的人、进修的外国人是免缴失业保险费的。

德国失业保险金由联邦劳工局和地区就业办公室共同管理，并接受政府监督。但事实上，联邦劳工局并不是政府机构，它是在政府协助下建立的一个联邦级的社会自治组织。地区就业办公室是联邦劳工局的地方分支机构，负责失业保险金、失业救济金、其他就业补助等的审核和发放管理。各级就业办公室先提出经费要求，然后交由管理委员会对年度项目进行预算，预算非常缜密和详细，在实际执行过程中，各级劳工局人员都会进行严格审查。在整个劳工局内部，有600多名这样的检查人员直属联邦审计署，对各地区就业办公室和劳工局的收支进行审核监察。①

（三）失业保险的享受资格

按照《劳动促进法》的规定，享受失业保险待遇需要满足以下四个基本条件：（1）正处于失业状态，等待再就业；（2）在劳工局完成失业登记，并正式提出申领失业保险金；（3）接受劳工局介绍的合适职业，所谓“合适的职业”是指失业者可以从事的、法律允许、劳动力市场需要的职业；（4）失业人员在失业前三年内，累计缴纳失业保险费不少于一年。

德国《劳动促进法》也规定了享受失业保险待遇资格会被取消的情形：（1）享受工资或有权依法要求工资期间，失业者虽然与雇主失去了就业关系，但仍然与雇主存在劳动关系，在没有完全解除劳动关系之前，失业者不能享受失业保险金；（2）享受休假补助期间，失业者不能享受失业保险金；（3）享受其他社会保险待遇（例如，职业培训补助金、残疾人职业培训救济金、医疗保险金、护理理疗保险金、工伤保险金、生育保险金、按照孕产妇保护法所规定的特殊补助、提前退休金、其他法律规定的社会保险金）期间，享受失业保险待遇的资格会被取消。②

（四）失业保险金的给付期限与标准

在德国，《劳动促进法》规定，根据失业者年龄和失业前的工作期限，失业者可以领取78~832天的失业保险金。德国对享受失业保险待遇设定了两个关键条件：一个是履行缴纳失业保险费义务的工作年限，另一个是年龄。一般而言，就业时间长、年龄较大的劳动者缴纳的失业保险费更多，因此所享受的待遇期限理应更长。德国实行的是“给付期限不清零”的政策，当劳动者在自己应享受的失业保险待遇期限内重新就业，那么在今后7年之内一旦他再次失业，还可以将原来应享受但未享受的期限加上。但两次期限的相加，不可以超过所规定的最大期限。同时，在享受期限上，德国还做了相应扣除期限的规定，即当失业者由于自身过失而被扣除失业保险金时，也要相应地缩短其享受失业保险待遇的期限。③

失业保险金的给付标准依据失业者失业前每月的税后工资的高低和有无子女来确定。德国的税后工资一般是税前工资的79%，失业者领取的失业保险金免收个人所得税。有

---

① 姚玲珍. 德国社会保障制度［M］. 上海：上海人民出版社，2011：251.

②③ 赵国君. 德国的失业保险制度［J］. 中国劳动，1998（7）：4.

无子女是影响失业保险金给付标准的重要因素：如果失业者没有子女，则享受税后工资的 60%；如果有至少一个 18 岁以下的子女，则享受税后工资的 67%。

（五）德国失业保险制度的特点

将保障在职劳动者权益的保障体系纳入本国失业保险制度在职劳动者权益保障体系，虽然是针对在职雇员、雇主而言，但它是德国失业保险制度的重要组成部分。德国存在许多的劳资协议会，充当雇员与雇主之间沟通的桥梁，保障受雇者的合法权益。

强调权利与义务的对等。雇员既是失业保险待遇的享受者，又是失业保险金的缴纳者。失业者领取失业保险金的多少，直接与失业者缴费期限、工作时长等因素挂钩，体现了社会保险的最重要原则——权利与义务对等。

强调促进就业。自 1969 年《劳动促进法》颁布以来，德国在就业促进方面已形成了一套比较完善的措施体系。例如，设置个人服务代理机构（SPA）为失业者介绍临时工作岗位；政府出资购买工作岗位，增加失业者的就业机会；扶持、鼓励失业者进行创业；加强职业技能培训等。

注重对残疾人和老年人权益的保护。年龄超过 50 岁的雇员，如果处于失业状态或收入只能达到当地的最低工资水平，则可以向当地的就业办公室申请“收入保障津贴”，这笔津贴主要来自失业保险基金和政府的财政税收。雇主雇用严重残疾或是符合残疾条件的雇员，可以得到一笔为期 60 个月且约占雇员工资收入 70%的补贴。一方面，雇主的权益没有受损；另一方面，残疾人的权益得到政府的保护。

三、日本的失业保险制度

1947 年《失业保险法》的颁布，标志着日本失业保险制度正式建立。随着《失业保险法》于 1974 年更名为《雇佣保险法》，日本失业保险制度逐渐被称为雇佣保险制度。失业保险作为日本劳动保险制度的重要组成部分，在促进日本社会发展中扮演了非常重要的角色。几十年来，日本失业保险在实践中不断调整和完善，已形成一套操作细化、设计合理的制度体系。

（一）实施目的

根据《失业保险法》，日本于 1947 年实施失业保险制度，其目的是为失业后的被保人提供失业补助金，保障被保人的基本生活水平。1974 年《雇佣保险法》替代《失业保险法》，日本开始实施雇佣保险制度。在保障被保人基本生活的功能基础上，新建立的雇佣保险不断强化预防失业、改进劳动状况、增加就业机会、提升劳动者技能等功能，进而改善劳动者的福利状况。

（二）覆盖范围

日本失业保险制度作为一种强制性制度，原则上覆盖了所有行业、规模的企事业单位，无论什么工作性质、单位规模大小，都在其适用范围之内。但对于不满五人的个体经营的农、林、水产业单位，因为难以把握它的状况，所以法律允许可以根据雇主申请意愿来决定是否将其纳入覆盖范围。被适用失业保险的单位雇佣的劳动者都属于被保对象，但以下人群不纳入覆盖范围：（1）65岁以上被雇佣的人；（2）短时间劳动者；（3）从事4个月的季节性工作者；（4）船员保险的受保险人；（5）在退职之后可以得到退职津贴的公务员。

（三）资金来源与管理

在日本，失业保险费由用人单位与劳动者双方共同承担，按年工资的一定比例进行缴纳，同时国库予以适当补助。日本并不实行统一的失业保险费率，而是根据各行业的失业风险程度实行差别费率，同时用人单位和劳动者所承担的缴费比例是不尽相同的，具体比例如下：（1）一般行业，总负担比例是1.15%，其中用人单位承担0.75%，劳动者承担0.4%，用于求助者补助部分；（2）建筑业，总负担比例是1.45%，其中用人单位承担0.95%，0.5%由劳动者承担，用于失业补助部分；（3）农村水产清酒制造业，总负担比例是1.35%，其中用人单位承担0.85%，0.5%由劳动者承担，用于失业补助部分。

日本失业保险金和工伤保险一起作为劳动保险金征收，由劳动省劳动保险征收课管理。各都道府县的雇佣保险课、劳动基准局和各都道府县劳动基准局管辖的各地劳动基准监督署负责具体征收保险金。①

（四）失业保险的支付体系

日本失业保险的支付是一个复杂的体系，保险金的给付期限与标准会因不同人群的年龄、离职理由、参保期限等因素而产生差异。根据失业补助的功能特点，我们可以将其分为四个部分：求职者补助、促进就业补助、教育训练补助、连续就业补助。②

1. 求职者补助

求职者补助以保证求职者在找工作期间的生活稳定为主要目标，又可以分为以下四

---

① 吕学静. 日本社会保障制度［M］. 北京：经济管理出版社，2000：126.

② 杨文忠. 日本的失业保险制度［J］. 劳动保障通讯，1999（3）：38-39.

种类型。

（1）一般求职者补助。由基本补助、学习技能补助、寄宿补助和伤病补助等构成。符合条件的受保者每天可以领取到相当于失业前 180 天平均日工资 50%～80%的基本津贴，按逆减比例计算，即平均月工资越高，则领取的津贴越少；反之，则越多。受投保期、被保人年龄等因素的影响，被保人可以获得 90～300 天的基本津贴领取资格。

（2）高龄求职者补助。经职业介绍所认定后，符合条件的高龄求职者可一次性领取失业津贴，数额与一般求职者的相同。根据投保期限，高龄求职者（65 岁以后失业时，作为一次性补助）可以获得 50～150 天的失业保险金待遇。

（3）短期雇佣特例求职者补助。短期求职者大多是季节性劳动者，就业与失业状态随着季节的变化交替出现。因此，这部分人群所享受的失业补助通常低于一般求职者的日津贴额。基本补助期限为 50 天，被保人一次性领取，没有延期的优待。

（4）日工求职者补助。日工作为失业保险的特殊保障人群，由于工作流动性大，失业保险的领取方式与其他人群迥然不同。日工被保人通常持有一本保险手册，每缴纳一天的失业保险费，就在上面贴一张独特的印花，因此也被称作“失业保险印花税”。失业者必须在失业前两个月拥有 28 张以上的印花，才可以享受领取失业补助的资格。领取的失业保险金额按照工资等级而逆减，领取的期限根据印花数确定，通常为 13～17 天。

2. 促进就业补助

促进就业补助又称促进雇佣补助，以帮助、促进求职者重新就业为主要目标。它同样包括四项内容。

（1）再就业补贴。基本津贴的支付剩余日数为规定给付期限的 1/3 以上且剩余天数 45 天以上的再就业劳动者，可以获得相当于 30%的基本津贴日额乘以规定给付期限中的支付剩余日数的再就业补贴。

（2）常用就业准备金。身体残疾者和其他经劳动省认定的就业困难者，在通过公共职业安定所介绍并实现就业时，可以领取一笔常用就业准备金，给付标准为 30%的基本津贴日额乘以规定给付期限的剩余支付日数。

（3）搬迁费。被保人因从事职业安定所介绍的职业而必须搬迁时，可领取搬迁费。搬迁费包括交通费、搬家费、到达后津贴：交通费根据票价而定；搬家费根据搬迁距离支付 93 000~282 000 日元；到达后津贴则有 38 000 日元（携带家属）或 19 000 日元（单身）两种。

（4）广域求职活动费。被保人经职业安定所介绍而前往其他地区求职时，安定所依据相关规定进行认定后将支付求职活动中产生的费用。

3. 教育训练补助

劳动者为了保持稳定的就业状态或促进就业而接受教育训练，根据投保时间，政府将给予其金额相当于教育训练费用的20%~40%的教育训练补助。被保人需要在教育训练结束后的一个月内，向所在地的职业安定所提交申请，审查通过后将由职业安定所进行支付。如果被保人故意提供虚假信息以骗取国家补助，那么他不仅需要返还已获取的补助，还将被处以两倍金额的罚款，情节严重者将追究刑事责任。

4. 连续就业补助

连续就业补助以帮助和促进高龄人士、从事育儿及护理活动者的职业生活顺利进行为主要目标，并可分为三种类型。

（1）高龄连续就业补助。领取高龄连续就业补助需要满足三个条件：年龄为60（不含）~65岁；投保期限超过5年；目前的工资低于60岁时工资的75%。该补助的给付标准为60岁以后月工资的15%，但当工资和支付的补助相加超过60岁工资的70%~75%时，支付比例将逐渐递减。

（2）育儿停工补助。被保人因抚养一岁以下的孩子而暂时辞去工作，可以享受育儿停工补助，支付金额为停工前日工资额30倍的30%。

（3）护理停工补助。为了护理家人而停工时，对护理停工前两年投保期限超过12个月的被保人支付金额相当于停工前日工资额30倍的40%。

（五）日本失业保险制度的特点

1. 实行有差别的保险费率

日本并不实行全社会统一的失业保险费率，而是根据各行业的失业风险程度实行差别费率。一般而言，高失业风险行业的保险费率要比低失业风险行业更高。差别费率的实行，是社会保险“权利与义务对等”原则的体现，有利于公平、有效地筹集失业保险基金。

2. 失业补助与失业保险相结合

日本的失业保险不仅仅局限于保障一般失业者，更注重为高龄劳动者、季节性劳动者等特殊群体提供失业补助。目前，失业补助政策已成为日本失业保险制度运行的一大支柱，在增加社会福利、保证社会公平等方面发挥了重要的促进作用。

3. 强化失业保险中促进就业的功能

在过去的失业保险制度中，失业保险仅仅是为了保障失业者的基本生活。但随着社会的发展，日本政府逐渐意识到“授人以鱼不如授人以渔”，发布一系列的就业促进政策对失业保险制度加以完善。例如，对接受职业安定所安排的技能培训的劳动者每天支付500日元的津贴补助和额外的交通补贴，实现增强劳动者职业能力、促进社会就业的目标。20世纪70年代以来，日本经历过多次经济危机，但其失业率大多维持在2%~3%，很大程度上都与其以促进再就业为导向的失业保险制度有关。①

4. 不断对制度进行改革，提高制度的运行效率

日本不断对失业保险制度进行整合，将不必由政府直接承担的项目承包给第三方机构，同时精简政府机构、调整机构设置，进而大大降低了行政成本，提高了制度运行的效率。

四、瑞典的失业保险制度

补充阅读

北欧福利国家模式

北欧福利国家模式的形成，是建立在北欧特有的社会历史基础之上，例如，社会价值观与目标的趋同、平等主义观念的深入等，加之经历了长达 40 年以上的稳定快速的经济增长，北欧国家于 1950—1980 年相继推出堪称世界最全面、最慷慨的社会福利体系，甚至有学者将其认为是社会主义的另一种形式。

北欧福利国家模式形成之后，国家在社会保障体系中发挥了更大、更积极的作用：向所有符合条件的居民提供基本养老金、免费或高额补贴的医疗保险等社会保障，私人部门提供的保障基本退出市场或并入政府计划。同时，采用全民性的或分门别类的社会保障体系，不看重参保人的收入差异，没有人因为收入较高或性别、家庭地位等原因而影响参保。福利是面向个人的，而非家庭成员。只要是本地居民，无论就业与否都能享受基本福利。

这种福利国家模式受到了北欧民众的普遍支持，但也遇到了一些问题和疑虑。一是为了降低自身的税收负担，一些个人和企业转移到税负较低的地方去，全球化进程不断加快为这种做法提供了可行性和便利性；二是越来越多的人变得懈怠懒散，不愿意参与生产劳动而完全依赖政府救济；三是更多的移民涌入福利国家，并成为慷慨的全民社会保障计划的受益者，增加了福利国家的财政成本。

资料来源：中国财政科学研究院．北欧福利国家模式的特征与变迁［EB/OL］．［2018-1-30］https：//m. sohu. com/a/219948002_ 100002691/.

瑞典作为北欧典型的“社会福利国家”之一，社会保障水平一直处于世界的领先地位。失业保险制度作为瑞典社会保障体系中的重要组成部分，自 1934 年建立以来，经过多次改革，到 20 世纪 90 年代时，已逐步形成一套完善的政府与社会共同参与管理的制度体系。

① 麦丽臣. 日本失业保险制度的改革［J］. 日本研究，2001（1）：14-19.

（一）覆盖范围

根据 1997 年颁布的《失业保险法》，瑞典的失业保险包括自愿保险项目和劳动力市场失业救济项目。自愿保险项目覆盖了年龄在 65 岁以下的参加了工会或自我雇佣者组织的失业保险基金会的雇员或自我雇佣者。一般而言，工会会员参加失业保险基金会是强制性的，但同时允许某些产业的雇员自愿参加失业保险基金会。对于没有参加自愿保险项目、不满足失业保险基金会条件的雇员，则参加劳动力市场失业救济项目。

（二）资金来源与管理

失业保险金的来源主要有两种：一种是税收，另一种是会员会费。瑞典的相关法律规定，雇主需要按雇员工资总额的 4.45%缴纳失业保险费，而雇员不需要缴费。但是，参加了失业保险基金会的雇员需要向所在基金会缴纳会员费，一般情况下的会员费为工资的 5%，这笔费用将用于支付失业保险基金的管理成本和作为法定的融资成本缴纳给国家。[①] 但事实上，雇员缴纳的会员费远远不足以支付庞大的失业保险津贴开支，失业津贴很大一部分来自国家财政资助。瑞典失业保险委员会的统计数据显示，近年来政府津贴占全国各类失业保险金总支出的比例一度达到了 90.8%。

瑞典的失业保险金由独立于政府机构之外的失业保险基金（UIF）进行管理。失业保险基金是在得到失业保险委员会的认可后注册的私营机构，由工会进行运作管理。在失业保险基金的上层，失业保险事务委员会专门负责研究政策、制定预算、确认失业保险金的领取标准。此外，瑞典失业保险委员会作为监管失业保险体系的行政管理机构，将对失业保险基金进行监督，使其能够有效地承担自身的职责。

（三）失业保险的享受资格

根据瑞典对失业保险的规定，领取失业保险金者必须满足以下条件：（1）失业者参加由工会组织的失业保险基金会达 12 个月以上；（2）在失业前 12 个月工作时间超过 6 个月；（3）不是自愿离职或因行为不端而被开除者；（4）愿意每天至少工作 3 小时，每周工作不少于 17 小时。无充分理由拒绝接受劳动管理部门介绍的合适工作者，因罢工或其他劳资纠纷而失去工作者不能领取失业保险金。

（四）失业保险金的给付期限与标准

自愿保险项目的给付标准为不超过劳动者失业前工资的 80%（每天上限为 680 瑞典

① 杨伟国，李光耀，李欣. 瑞典失业保障政策：历史、现状与述评［J］. 教学与研究，2015（1）：26-34.

克朗，下限为320瑞典克朗），具体金额由工资等级确定。参加失业保险基金会的雇员，每周有5天可以领取失业保险金，最多领取期限为300天，55~65岁者可享受450瑞典克朗的失业保金险待遇。如果失业者拒绝就业服务机构为其提供的工作或可供申请的劳动力市场计划，并且没有很合理的原因，会减少或中止对其给付自愿收入关联失业保险津贴，同时受益期将会减少40天且必须在180天内结束。如果首次拒绝提供的工作，日津贴减少25%；如果在同一受益期第二次拒绝提供的工作，日津贴将减少50%；若在同一受益期第三次拒绝提供的工作，受益期将终止。对于非失业保险基金会会员，失业救济项目将为其提供一份一定数额的救济金，救济金的给付期限与自愿保险项目相同。

（五）瑞典失业保险制度的特点

1. 工会的作用突出

不同于其他国家的失业保险制度主要由政府机构进行管理，瑞典的失业保险不属于国家或地方保险机构，而是由工会经营。工会组织在瑞典十分发达，90%以上的雇员都加入了工会，工会在保护劳动者权益、扩大就业覆盖面、促进就业等方面发挥了巨大的作用。

2. 将失业保险与就业服务结合

瑞典失业保险制度建立以来，实现充分就业一直是政策实施的首要目标。为实现这一目标，瑞典政府进行了许多有益的尝试与实践。例如，随着信息技术的发展，瑞典失业保险基金会与就业服务机构联网，实现信息共享。就业服务机构将失业人员接受就业服务情况，如是否求职、是否制订求职计划、是否拒绝推荐的就业岗位、是否生病、是否实现就业、是否达到退休年龄等情况，通报给失业保险基金会，进而对失业人员开展有效的职业指导和职业介绍服务。此外，瑞典就业部直接管理9个公共就业服务机构，下设321个工作办公室（就业服务中心），分布在全国各地，为求职人员和用人单位提供中介服务，促进社会的充分就业。①

复习思考题

1. 失业保险制度是如何产生的？它的目的是什么？
2. 比较各国失业保险制度的异同，谈谈其对我国的借鉴意义。
3. 简述享受失业保险待遇的必备条件。
4. 试述我国失业保险制度改革中存在的问题，你有何建议？
5. 简述失业保险与其他社会保障项目之间的联系。

① 人力资源和社会保障部失业保险考察团．瑞典失业保险考察报告（节选）［J］．中国就业，2010（5）：57-59.

第八章　社会保险基金

阅读与思考

中国养老金入市难在何处?

养老金入市的消息引起了公众对"保命钱"的关注，对养老金该不该入市议论纷纷。有人说，长远来看养老金入市是大势所趋，既可以拓宽养老金的投资渠道，也有助于证券市场长期稳定发展。特别是2016年以来中国股市动荡，有关养老金入市救市的消息和呼声不断，而一些官员和专家纷纷在媒体上发声，论证养老金救市的好处。人力资源社会保障部和财政部联合起草的《基本养老保险基金投资管理办法》普遍被认为是救市的利好消息。养老金入市显然被当成维护股市稳定的救命稻草。

养老金本着国家、集体、个人共同积累的原则积累运作。当人们年富力强时，所创造财富的一部分被投资于养老金计划，如美国的401（K）、加拿大的RRSP（注册退休储蓄计划）等，以保证老有所养。

无论入市与否，政府的目的是让民众领到更多的退休金，过上富足的老年生活。我国的养老金目标替代率（新退休人员平均养老金/在职职工平均工资收入）只有58.5%，随着我国的独生子女政策和预期寿命的不断延长，可预计就业人口占总人口的比例不断减少，导致社会能够提供的养老财务支援能力下降。所以社保提供的养老金距离我们想要达到的"富足养老"理想还很远。与个人账户相比，全国统筹的养老金数额更为巨大，2010年年末，全国养老保险等社保资产总额23 886亿元。根据数据，其中有九成存于银行，而用来投资的不足一成。在高通胀的背景下，近九成社保基金还面临着高负利率存放的风险。另外，我国养老金发放还面临一定压力，鼓励养老金尽早进入股市、提高收益率是重要的保值增值手段。

经过三年多的运营，我国基本养老保险基金投资运营的委托总额终于突破了万亿元大关。人力资源社会保障部统计公报显示，到2018年年底，全年基本养老保险基金总收入55 005亿元，基金总支出47 550亿元。年末基本养老保险基金累计结存58 152亿元。其中，城镇职工基本养老保险累计结存50 901亿元，城乡居民基本养老保险基金累计结存7 250亿元。

中国社科院世界社保研究中心主任郑秉文对第一财经记者表示，与城镇职工相比，城乡居民基本养老保险基金由于规模小，平均到每个省份也就百十亿元，所以城乡居民基本养老保险基金入市的阻力小得多，步伐也快得多。第一财经记者了解到，此前决策部门曾规划，到2020年年末城乡居民基本养老保险基金所有累计结余全部进入市场化运营。从实际情况看，尚难一步到位。

近年来城镇职工基本养老保险基金委托投资的进度缓慢。截至2018年年底，累计有17个省（区、市）委托投资基本养老保险基金8 580亿元，也就是说，2019年这一年基本养老保险基金的委托投资金额只增加了2 350亿元，其中城乡居民基本养老保险同比增加了1 350亿元，即城镇职工基本养老保险基金的委托金额只增长了1 000亿元。城镇职工基本养老保险基金投资运营的进度远远没有达到2015年《基本养老保险基金投资管理办法》发布时官方的预期。中国劳动和社会保障科学研究院院长金维刚表示，目前养老基金累计结余已经近6万亿元，投资额还不到1/5，大量资金存在银行中，面临贬值风险。造成这种情况的原因之一是统筹层次比较低，基金统筹主要还是在地市这一级。按照目前的管理体制，我国养老保险基金分散在全国2 000多个以县市为主的统筹单位之中。郑秉文曾对第一财经记者表示，将这些市县的结余基金逐级归集到省一级，是开展养老保险基金投资运营的一大难题。养老金投资运营是对养老金存量的改革，养老金都是通过财政专户放在地方银行里面，这其中牵涉很多利益。例如，资金沉淀比较多的富裕省份担心上缴资金会影响地方银行存款。

我国养老基金投资的大类资产包括三个方面，即流动性资产、固定收益类资产和权益类资产。流动性资产，包括现金、活期存款、一年期以内（含一年）国债、货币市场基金等。养老基金不能投资的权益类产品是股权投资基金。目前海外养老金主要投资于债券、股票、贷款、另类投资、共同基金，特别是对权益类的高配置比重，是提升养老金投资一个非常关键的因素。例如，美国养老金第二支柱的股票配置比例是50%，非标资产是12%。OECD（经济合作与发展组织）国家公共养老金平均29%投资于股票，14%投资于另类投资，其他是固定收益和现金。

“我国目前三支柱养老金合计持股规模占股票市场总市值比重不到10%，其中，社保基金的持股比例是25%，应该说还是比较积极的。其他如地方的基本养老保险比例不到1%，企业年金大概不到10%，保险资金持股比例大概是12%。”中国人寿首席投资官王军辉说。养老金为何难以入市？传统观念往往片面强调养老金的投资安全至上、稳妥第一，容易成为无风险、低风险的资产。虽然这类资产短期波动小，但是收益水平肯定是非常有限的。实际上，养老金投资面临的最大风险不是短期收益波动的风险，而是长期贬值的风险。无论是中国还是美国市场，权益类资产虽然波动很大，但是长期来看，收益率是很高的，远高于其他各类资产。

资料来源：第一财经 . https：//www. yicai. com/vip/news/100469957. html.

问题：

1. 养老金入市面临的风险主要体现在哪些方面？

2. 谈谈你对中国养老金加快入市步伐的看法。

第一节　社会保险基金概述

“社会保险基金”一词最早出现在德国 1883 年《疾病社会保险法》，通过雇主与雇员共同缴纳社会保险费的方式构成法定社会保险基金的基本形式。社会保险基金是国家依法为帮助社会成员应对老年、工伤、失业、疾病、生育等社会风险而设立的专项基金。社保基金具有强制性、互济性、储存性、增值性以及“基本保障”等特征。社会保险基金对社会稳定、经济发展及个人生活有重要作用。

一、社会保险基金的概念与特征

我国的社会保险基金是根据国家法律的强制性规定，由参保单位和参保个人按规定缴费、政府补贴以及通过其他合法方式筹集的，为保障社会成员在老年、工伤、失业、疾病、生育等社会风险发生时依法获得物质帮助的专项基金。社会保险基金基于社会整体利益，根据不同的保险项目按照强制性原则建立。在大多数国家，社会保险基金一般是按照不同的保险项目分别建立的，也有许多国家是把相关的保险项目合并起来只建立单一的社会保险基金。我国社会保险基金是按照不同险种的统筹范围分别建立的，包括五种：基本养老保险基金、基本医疗保险基金、工伤保险基金、失业保险基金和生育保险基金。

社会保险基金具有以下特征。

首先，社会保险基金是通过立法强制建立的。强制性是指社会保险基金的筹集、投资运营和给付等都必须按照国家有关规定来进行，做到法制化、程序化、规范化。从征缴方面看，凡属于法律规定范围内的社会成员都必须无条件地参加社会保险，按规定履行缴费义务。对无故拒绝履行缴费义务的个人，国家要征收滞纳金并追究其法律责任。在给付方面，社会保险基金的给付条件、给付标准等均由国家法律法规或地方政府的条例统一规定，任何单位和个人没有更改的权力。从投资运营方面看，基金管理机构必须依法确定社会保险基金的投资组合、投资数额等，以实现基金保值增值。

其次，社会保险基金具有基本保障的属性。社会保险是全社会风险保障体系的重要组成部分。社会保险的主要目的是为遭受生活风险的社会成员提供最基本的经济保障，凡符合法律规定的社会成员均有权享受国家所提供的各种社会保险待遇。一个国家的社会保险水平由其经济发展水平决定。目前，中国的经济发展水平决定了社会保险基金所能提供的经济补偿水平，只能以劳动者的基本生活需要为基准。

所谓的“基本保障”，就是通过社会保险基金的事后补偿保障基本生活需要。它不是保障维持生存的最低需要，也不是满足优裕生活的需要，而是一种能与这个国家社会经济发展水平相适应，又能与人民平均生活水平相匹配的生活需要，这种生活需要是动态变化的，可以随社会经济发展的提高而提高。不坚持“基本保障”，现阶段很难将社会保险覆盖到全体劳动者；不坚持“基本保障”，不仅国家经济很难承受如此重担，就是社会保险基金本身也无法收支平衡。“基本保障”是根据我国国情和经济现状所作出的一种现实选择。由于基金实行“基本保障”，加入社会保险的劳动者的负担也因此减轻，较低水平的保险费征缴不会成为重负，从而使更多劳动者能获得社会保险，社会保险广覆盖的目标也因此能逐步实现。

再次，社会保险基金具有互济性。作为一种国民收入再分配机制的重要内容，社会保险是一种互助共济制度，所以社会保险基金也具有互助共济性。社会保险基金主要利用数理统计的大数法则集中群体力量，来化解每个参保者的个人风险。社会保险基金的互济性建立在统筹的基础上，由于社会保险基金实行统筹，从而集中了很大规模的资金，这种资金的分配，不仅考虑到集众人之力来帮助那些遇到困境的参保者个人及其家属，更主要的是它能够发挥对初次分配进行平衡调节再分配的作用，均衡了社会收入，增强了弱势人群抗风险的能力。统筹面大小直接影响社会保险基金作用的发挥。统筹范围越大，社会保险基金实力越雄厚，其给参保者所带来的保障也就越有效。

与商业保险中的权利和义务对等的状况不同，社会保险基金收支不是按照权利和义务相一致的原则。社会保险基金在分配时其权利和义务并不要求完全一致，履行义务多而享受权利相对少的情况，或是履行义务相对少而享受权益多的情况都不少见。一般而言，高收入社会成员对社会保险基金的贡献较多，低收入成员对社会保险基金的贡献较少。正是由于这种特性，给社会保险基金带来了其他保险或是基金所不能比拟的社会互助作用。国民收入在社会保险基金的筹集和给付中，得到了第二次分配，社会的收入经过这种重新调整，变得更加合理和公平，特别是困难人群在社会保险基金的保障下，同舟共济获得社会所给予的各种帮助，克服了人生道路中所遇到的各种困难。

最后，社会保险基金具有储存性和增值性。社会保险是一种财务型风险处理机制，国家通过这种机制建立社会保险基金，对冲未来的未知风险，为社会成员提供经济保障，因此社会保险基金是一种社会后备基金。社会保险基金由于规模大，随时可能因通货膨胀而贬值，此外经济发展和物价水平的上升都要求社会保险基金不仅要注重其基金安全，也要注重基金的保值增值。

社会保险基金在使用中，除应付日常给付和部分准备金外，还有一部分可以储存。同时，社会保险中有些项目，如养老保险，本质是延期支付，从而不仅有可能储存资金，而且储存规模还比较大。社会保险基金的这种储存特点，也为其投资增值提供了条件。社会保险基金一直存在支出压力，特别是在老龄化社会，养老金、医疗费用支出迅速增长，原有社会保险基金往往难以满足增长过快的支出需求，为此对社会保险基金投资的增值需求更为迫切。社会保险基金的保值增值，也是与基金最终目标，即保障全体被保险劳动者的基本生活有关。事实上，社会保险基金运营中，保值增值一直被列为管理运营好坏的最重要指标，同时，这种投资增值更成为当今各国社会保险基金除保险费、政府补贴外最重要的资金来源。

社会保险基金也可以理解为一种为社会成员化解各种风险事故而建立的、带有明显消费性质的社会后备基金。社会保险基金既不同于补偿已消耗的生产资料的补偿资金，也不同于用来扩大再生产的积累资金，它是人们应对风险的一种方式，最终要用于化解社会成员在特定情况下遭遇的生活风险，保障人民生活和社会的稳定。同时，不能将社会保险基金简单地归为消费基金。社会保险基金的给付，为劳动力再生产提供了物质条件，是社会再生产顺利进行的重要保障。完全积累制或部分积累制形成的基金，可以成为社会再生产中积累基金的重要来源。此外，由于风险事故在未来发生的不确定性和偶然性，全部或大部分社会保险基金通常先积累后支付，处于备用状态。

二、社会保险基金的功能

社会保险基金对社会稳定、经济发展及个人生活有重要作用。一般而言，社会保险基金主要有以下几种功能。

第一，社会保险基金是社会稳定的“安全网”。一些劳动者会出现丧失劳动能力的状况，这是任何时代和社会制度都难以避免的客观现象。在现代社会，生产的高度社会化和分工的发展，竞争的加剧，风险因素日益增加。无论是劳动者还是用人单位，仅靠个人和家庭往往难以抵御这些风险。社会保险基金能够使得国家和社会向有需要的被保人提供帮助，把众多社会成员联结在一起，共同化解风险，突破了家庭、行业、地域的局限，保障其基本生活需要，减少社会不稳定因素，实现社会安定。

第二，维持社会劳动力再生产的顺利进行。在促进经济发展和社会进步的各种要素中，劳动力是其中最重要的因素，因此促进劳动力再生产是人类文明进步的关键环节，社会保险是社会劳动力再生产顺利进行的重要保证，社会保险基金使得这种保证得以落实。

第三，调节收入差距，维护公平正义。由于人们在劳动能力、机遇等方面存在差异，如果完全按照市场规则，极易出现两极分化。一些社会成员生活会出现困难，还有的社会成员在遭遇风险事故时，其个人乃至家庭会陷入困境，如果不加以适当调节，容易导致社会矛盾激化。社会保险具有很强的收入再分配性质。通过社会保险制度可以缩小贫富差距，平衡不同利益群体之间的关系，缓解社会矛盾，从而实现社会公平的目标。

第四，调节和稳定社会经济。经济的发展需要稳定的社会环境，缺少“减震器”极有可能出现社会矛盾，社会保险基金能够使社会保障措施得以实现，进而给经济发展提供稳定的社会环境。此外，利用社会保障杠杆，在通货紧缩时可以把社会保险基金转化为消费基金从而增加消费，促进经济发展。政府通过调整社会保险的项目和标准，可以改善居民消费预期，调节社会总需求，有助于减少经济波动的振幅。社会保险基金能在劳动者遇到各种特殊危境时提供事后补偿，从而成为参保劳动者维持正常生计的有力后盾。因此，参保劳动者能在无后顾之忧的情况下有意愿通过消费改善其生活。同时，社会保险基金也向遇到各种危境的参保劳动者提供实实在在的资金援助，弥补了因故减少的收入，为其提供宝贵的实际购买力，从而推动了内需，特别是在经济衰退时还能唤起有效需求，加快经济的复苏。

社会保险基金的长期积累和投资运营，也有助于促进资本市场的稳定发展，促进经济增长。在社会保险基金中有着相当规模的沉淀资金，特别是养老保险基金。由于是延期支付，一方面，基金本身需要保值增值；另一方面，资本市场也需要这块重要资金的加入。为此，社会保险基金便大规模地进入金融保险市场特别是股市和债市，成为金融资本市场一股不可忽视的重要力量，有力地推进了资本市场的迅速发展。

三、社会保险基金管理的意义

所谓社会保险基金管理，就是对社会保险基金的征集、运营和分配进行全面规划和监管，以保证社会保险基金的有效运行，从而实现社会保险政策目标和制度运行的稳定和可持续。对社会保险基金进行管理有重要意义。

首先，社会保险基金管理有助于社会保险基金高效安全地运行。社会保险基金在社会保障基金中，规模最大、影响也最深远。由于各项政策措施落实、筹资渠道不断拓宽，我国社会保险基金规模有了长足增长。截至 2018 年年底，社保基金总额已经达到 29 632.45 亿元。如此规模的社会保险基金，急需进行更加规范和严格的监管。同时，迅速上升的老年人口比重和社会保险费用支出，以及基金管理效率不高，使我国社会保险基金面临不小的挑战。社会保险基金财务稳定将成为社会保险制度的核心问题。在这种情况下，更要加强基金管理，要对社会保险基金的管理体制、运行机制及基金资产负债实施全面规划与系统监管，确保社会保险基金的财务稳定，满足社会保险需求。

其次，社会保险基金管理有助于减轻政府的负担。社会保险管理是一种政府主导的行为，因此政府承担的责任是重大的。当前，社会保险基金的支出正在不断攀升，收不抵支偶有发生，从而加重了政府的政治压力、社会压力、财政压力。政府从稳定大局出发，必须弥补基金赤字。受人口老龄化加剧和人口流动不均衡等因素的影响，我国部分省份的社会保险基金收支平衡压力较大，依托于各级财政补贴的程度也在逐年扩大。2015—2018 年全国一般公共预算收入增长 23%，而财政用于社会保险的补贴增长 64%。2018 年社会保险基金的财政补贴达 1.68 万亿元，占当年公共财政支出的 7.6%，而在 2019 年的预算草案中，这一比例已升至 8.3%。① 随着未来社会保险基金缺口的不断扩大，完全依靠财政补贴的模式将难以为继。面对这些挑战，我们必须通过安全有效的基金管理，促使社会保险基金能最大限度地减少基金流失，增加基金来源，使社会保险基金能健康成长，从而真正实质性地减轻政府的压力和负担。

最后，社会保险基金管理有助于促进资本市场的发展。根据《中国社会保险发展年度报告 2016》统计的各项社保基金资产管理情况，我国 2016 年基本养老保险（包括城镇职工和城乡居民基本养老保险）总资产为 4.87 万亿元。其中超过 86%为银行储蓄存款，各项投资的总比例不到 8%。也就是说，近 5 万亿元的养老金长期“沉睡”在银行储蓄账户，主要收益也来自银行的利率。② 根据中国社科院世界社会保障中心主任郑秉文测算，若以居民消费价格指数 CPI（衡量通货膨胀率的重要指标）作为基准，我国养老金在过去的 20 年里，贬值了近千亿元。③ 为实现社会保险基金的保值增值，入市被认为是一个重要的选择。

---

① 王延中. 中国社会保障发展报告 2019［M］. 北京：社会科学文献出版社，2019.

② 人力资源和社会保障部社会保险事业管理中心. 中国社会保险发展年度报告 2016［M］. 北京：中国劳动社会保障出版社，2017.

③ 郑秉文. 全国社会保障基金理事会管理体制的转型与突破——写在基本养老基金投资进入市场之际［J］. 辽宁大学学报（哲学社会科学版），2017，45（3）：1-25.

随着社会保险基金规模的扩大，社会保险基金对资本市场的影响也与日俱增。特别是养老保险基金，由于收支间隔长而存在巨额积存资金。据世界银行估算，到2030年我国累积的养老保险基金可达13万亿元，每年资金流入量可达5 000亿元。[①] 其中越来越多的资金将被投入资本市场，从而对我国资本市场的发展作出重要贡献。

第二节　社会保险基金的筹集

社会保险基金是稳定社会的“减震器”，通过有效实施社会保险基金的筹集和发放，利用调节收入差距的手段，对保护社会劳动力再生产顺利进行，保障社会劳动者及其家庭生活安定，促进经济和社会文明健康持续发展具有重大作用。

一、社会保险基金筹集的概念

社会保险基金的筹集是指由法定的社会保险管理机构，按照社会保险法律制度所规定的方法，定期向计征对象征收社会保险基金的行为。社会保险基金的筹集管理是社会保险制度的核心内容和基础运行环节，事关能否建立稳健可靠的社会保险基金体系，必须通过强制手段保证计征对象自觉履行社会保险义务。

筹集社会保险基金是提高社会保险保障能力的需要，社会保险基金的筹集过程实质上也是合理分摊社会保险费用的过程。社会保险的保障能力主要取决于两个方面：一是社会保险的覆盖面；二是对社会劳动者保障的水平。所以，提高社会保险能力既需要扩大对社会劳动者的覆盖面，又需要适度提升保障水平，而这两个方面归根结底都取决于社会保险基金的筹集状况。

二、社会保险基金的来源

建立社会保险基金管理制度，必须明确基金的来源问题。由于社会保险险种不同，其基金的来源也不尽相同。例如，我国职工个人不需缴纳工伤保险和生育保险，而其他“三险一金”则由职工个人、用工单位及国家财政三方共同出资形成。纵观世界各国社会保险基金的来源，主要由社会保险费（税）、国家财政资助、基金投资运营收益组成。

---

① 王翠琴，田勇，薛惠元. 城镇职工基本养老保险基金收支平衡测算：2016—2060——基于生育政策调整和延迟退休的双重考察［J］. 经济体制改革，2017（4）：29-36.

（一）社会保险费（税）

社会保险费（税）是由雇主（用工单位）和被保险雇员个人按法律规定向专门的社会保险基金征收机构缴纳的费（税）。雇主（用工单位）是社会劳动力的实际使用者，对雇员及其家属负有义不容辞的社会保险责任；雇员个人是社会保险保障的受益人，也是社会保险基金的缴纳义务人。通常，两者按照雇员工资或收入总额的一定比例，共同负担缴纳社会保险费（税），并由社会保险征收机构强制征收。

雇主和雇员按照自己的承受能力主动缴纳社会保险费（税）具有独特意义：一是有益于社会保险互济功能的实现，按照雇员工资总额同一比例征缴社会保险费（税），意味着收入高者多缴纳，收入低者少缴纳，利用收入差距平衡手段进行互济调节；二是有益于社会保险基金的监管，社会保险的缴费机制使每一个雇主和每一个雇员都更加关心社会保险基金的管理过程，容易形成强大的社会监督力量，有利于社会保险基金的高效运行。社会保险费（税）在实际征收过程中，往往有最低缴费下限和最高缴费上限的设定。

社会保险费（税）是社会保险基金最主要的财源，在整个社会保险基金总额中占比50%左右，来源比较稳定。社会保险费（税）的缴纳额度和比例根据各个国家和地区的政策规定和不同的社会保险险种进行分别规定，一般是以工资总额为缴纳基数。以北京市 2019 年社会保险缴费标准（见表 8-1）为例进行解释。

表 8-1　北京市 2019 年社会保险缴费标准（2019 年 7 月起执行，单位：元）

<table>
<tr><th colspan="2" rowspan="2">险种</th><th rowspan="2">基数上下限标准</th><th colspan="2">比例</th><th colspan="3">按基数下限最低缴费金额</th><th colspan="3">按基数上限最高缴费金额</th></tr>
<tr><th>单位</th><th>个人</th><th>单位</th><th>个人</th><th>合计</th><th>单位</th><th>个人</th><th>合计</th></tr>
<tr><td rowspan="2">养老保险</td><td>职工</td><td>3 613~23 565</td><td rowspan="2">16%</td><td rowspan="2">8%</td><td>578.08</td><td>289.04</td><td>867.12</td><td rowspan="2">3 770.4</td><td rowspan="2">1 885.2</td><td rowspan="2">5 655.6</td></tr>
<tr><td>机关事业</td><td>4 713~23 565</td><td>754.08</td><td>377.04</td><td>1 131.12</td></tr>
<tr><td rowspan="2">失业保险</td><td>城镇户籍</td><td>3 613~23 565</td><td rowspan="2">0.8%</td><td>0.2%</td><td rowspan="2">28.9</td><td>7.23</td><td>36.13</td><td rowspan="2">188.52</td><td>47.13</td><td>235.65</td></tr>
<tr><td>农村户籍</td><td>4 713~23 565</td><td>不缴</td><td>0</td><td>28.90</td><td>0</td><td>188.52</td></tr>
<tr><td>工伤保险</td><td></td><td>4 713~23 565</td><td>0.2%~1.9%</td><td>不缴</td><td>依据单位规定</td><td>0</td><td>—</td><td>依据单位规定</td><td>0</td><td>—</td></tr>
<tr><td>生育保险</td><td></td><td>5 557~27 786</td><td>0.8%</td><td>不缴</td><td>44.46</td><td>0</td><td>44.46</td><td>222.29</td><td>0</td><td>222.29</td></tr>
<tr><td>医疗保险</td><td></td><td>5 557~27 786</td><td>10%</td><td>2%+3 元</td><td>555.7</td><td>111.14</td><td>666.84</td><td>2 778.6</td><td>555.72</td><td>3 334.32</td></tr>
</table>

资料来源：根据北京市人力资源和社会保障局官方网站 http：//rsj.beijing.gov.cn 公布的社会保险调整政策整理。

（二）国家财政资助

社会保险是一种由政府主导的强制性保险险种，因而国家财政是社会保险事业的最终责任承担方和资金支持者。在社会保险基金处于初建时期和发展困难时期时，国家财政资助作用尤为重要。社会保险基金的初建时期由于积累有限，基金运营困难，需要国家通过财政收入提供资金支持缓解社会矛盾。社会保险基金在发展运行过程中，很可能会遇到难以预料的巨大风险，当超出自身防御能力时，社会保险费用往往入不敷出，出现巨额缺口，需要政府拨款进行填补。例如，当一个国家陷入经济衰退的“泥沼”时，失业人数会大幅度上涨，失业周期加长，失业保险缴费必将随之下滑，此时失业保险基金就会出现重大危机。为了缓解经济和社会危机的进一步扩大，稳定就业市场，国家财政需要提供资助补贴失业救济基金才能渡过难关。

作为社会保险基金的重要来源之一，国家财政资助可以分为财政直接拨款和政策间接资助两种方式。财政直接拨款一般包括三种方法：一是将社会保险支出直接纳入国家预算的拨款项目中；二是根据社会保险不同险种的实际需要，进行分项补助；三是根据危机事件，临时拨付应急性款项。政策间接资助主要通过税收和利率政策进行调节：一是税收调节，表现为社会保险费按税前收入提取，雇主和雇员收入中的一部分所得税得以免除，另外国家对社会保险基金的投资收益减免税，以及对雇员享受的社会保险待遇免税等；二是利率调节，国家对于社会保险基金的银行存储利率高于一般储蓄利率，超出部分由国家财政收入承担，同时给予社会保险基金投资较高的利率优惠，为社会保险基金提供更好的投资运营环境。

（三）基金投资运营收益

为更好地实现基金的保值与增值目标，社会保险基金可以通过合法且适当的渠道进行投资运营，获得收益。实行完全积累制和部分积累制筹集社会保险基金的国家，当年的保险基金总额扣除当年保险给付后的余额允许进行投资运营，其投资运营收益作为扩充社会保险基金的来源。目前各国在关注社会保险基金积累的同时都相当重视基金的投资运营，尤其是随着投资工具选择的多样化，基金投资运营收益在社会保险基金总额中所占的比例有较大的增长，特别是在发展中国家这部分收益更是显示了强劲的上升趋势，日渐成为社会保险基金的重要来源之一。

除了以上三种社会保险基金的主要筹集来源外，还有一些辅助渠道为社会保险基金提供一定的资金补充，如社会慈善捐助、福利彩票销售收入、社会保险缴费机构或个人的滞纳金等。

三、社会保险基金筹集的原则

社会保险基金筹集的原则一般遵循强制筹资、经济效率、公平负担和收支平衡四项原则。

（一）强制筹资原则

社会保险基金筹集关涉国家、雇主和雇员的权利与义务，直接关系三者之间的经济利益。出于保护社会保险制度稳定性的目的，各国基本都建立了以强制性为基础的社会保险基金筹资制度。国家通过立法的形式，以法律约束相关方的义务和经济责任，同时，也以法律明确各方的权利和经济利益，由此确保社会保险基金管理的严肃性、稳定性和有效性。雇主和雇员必须依法按时、足额缴纳社会保险费（税），任何欠费和逃费行为都属于违法行为，必将追究其法律责任。

（二）经济效率原则

社会保险基金是实现国民收入与财富再分配的重要途径，在其筹集过程中，必须充分保证社会经济运行的效率和发挥资源利用的效率，使其既不能对社会经济发展造成障碍，又能促进经济资源利用产生更大效用。经济效率原则的实现要协调安排好相关方的负担比例，以避免损伤各方的经济活力。国家负担比例过高，会导致保险开支剧增，甚至超过财政的支付能力，同时还会助长其他方的过度依赖心理，降低劳动者的工作积极性，“懒汉”增多自然经济效率得不到保证。雇主负担比例提高，必然影响经济生产单位的积累和扩大投资，导致其市场竞争能力下降，经济活动能力疲软。雇员个人负担比例加重，个人可支配收入就会减少，消费能力下降，市场经济刺激减弱。因此，社会保险基金的筹资必须协调安排好相关方的负担比例，兼顾各方的经济效率提高。

（三）公平负担原则

社会保险基金的筹集和给付过程也就是国民收入与财富再分配过程，既然涉及分配问题就必然要求体现分担的公平性原则。若社会保险基金的分担存在着不公，社会保险费（税）的筹集就会出现问题。公平负担原则体现在两大方面：一是垂直面上的再分配公平。由于市场机会和个人能力等方面形成的差异，社会中存在收入差距较大的不同群体，特别是因疾病、失业、年老等特定社会风险而陷入困境的弱势群体，无力凭借自身的力量维持生计，需要得到社会救济。社会保险通过保险费（税）负担形成收入转移，使高收入者的生活资料向低收入群体转移，扶危济困，确保弱势群体维持其基本生活。二是水平面上的再分配公平。社会保险基金的筹集一般都采取收入比例制，同一收入层面的人群所享受的给付待遇也是按比例制进行的。同一层面上的雇员个人向社会保险机构缴纳保险费，通过社会保险的纽带把所有人连接起来，形成关系紧密的整合性社会，实现健康个体和疾病患者之间、从业人员和失业人员之间、现职工作者一代与退休老人一代之间，甚至不同地域、不同行业人员之间的互相帮助、同舟共济，可以对所有社会劳动者形成防护机制，以应对未来风险，保障健康生活水平。

（四）收支平衡原则

社会保险基金是社会保险制度运行的物质基础。社会保险基金如果要为丧失劳动能力者和失业人员提供基本的物质生活保障，其筹集的总额就必须满足在此方面的实际开支需求。因此，在社会保险基金筹集管理的过程中，必须坚持“以支定收或以收定支，收支平衡，并略有结余”的原则。也就是说，在一定时期内社会保险基金筹集的总额，必须按照预计需要支付的社会保险费用总额为依据来确定，并使二者始终保持大体上的相等，并略有结余。收支平衡原则体现在两个方面：一是短期横向平衡，即在一个较短的时期内，某个社会保险项目所筹集的基金总额应与所需支付的费用总额保持基本平衡；二是长期纵向平衡，即某个社会保险项目参与者在投保期间所缴纳的保险总额（包括本金与投资运营收益），应与其在享受该项保险待遇期间所支付的费用总和保持基本平衡。

四、社会保险基金筹集的模式

纵观世界各国的社会保险基金筹集的模式，皆以是否进行基金积累为标准进行划定，无外乎包含现收现付制、完全积累制和部分积累制三种形式。

（一）现收现付制

现收现付制是当前应用最为广泛的一种社会保险基金的筹集模式，世界上有100多个国家和地区实行此项制度。该模式是指在一个较短时期（通常为一年）内，根据横向收支平衡原则确定费率，筹集社会保险基金，筹集的资金满足同期社会保险基金给付的需要即可，不谋求基金的积累。现收现付制是根据上年度社会保险基金的实际开支总额，加上年度预计增支的总额，进行下年度需要支付的保险费用测算，然后以支定收确定提取比率进行基金筹集，当期征收、当期使用。当然，为了避免短期经济风险或其他突发事件的发生而频繁调整基金费率，一般筹集提取总额要略大于预测支付总额，以保留小额的流动储备基金，使支付之后略有结余。

1. 现收现付制的优点

与其他模式相比，现收现付制具有的优点主要有三点。第一，制度易建，给付及时。以养老保险为例，基于现收现付制的社会保险制度一经建立，即可迅速实现当期由在职人员缴纳的社会保险费向退休人员及时转移支付，无须经过长期的基金积累过程。第二，调整灵活，无忧贬值风险。现收现付制一般以短期内收支平衡为基准进行计算，便于实施随物价或收入波动而调整的指数调节机制，灵活调整社会保险基金的费率，有利于防范通货膨胀的风险，避免产生基金贬值的危机，确保社会保险目标的实现。第三，互助互济，增进社会福祉。现收现付制的本质是“代际赡养”，通过代际再分配和同代劳动者之间收入再分配的调节，将在职人员的部分货币收入转移为全社会的保险基金，体现了社会群体之间的互助互济，有利于实现社会公平，增进社会福祉。

2. 现收现付制的缺点

现收现付制在实际操作过程中，亦面临一定的局限性。第一，可能诱发代际矛盾。代际之间的收入再分配虽然体现了社会保险基金的互济优势，但参保人员之间的权利和义务在一定时期内并不对等。例如，这一机制建立初始时最早享受保险待遇的那一代人在职时并未缴纳或仅少量缴纳保险费，成为付出少而获益大的群体。制度运转几代人之后，在人口结构可能失衡的条件下，某一代在职劳动者难以获得由下一代提供的理应相对平等、合理的经济利益，因而可能诱发代际间的矛盾。第二，难以应对老龄化挑战。当前社会发展的一大明显趋势是老龄化人口增长加速，导致在职劳动者和退休人员的比例越趋失衡，赡养系数增大，给社会保险基金带来沉重的支付压力。如不能降低社会保险的给付水平，则需要增加在职人员的缴费比例，缴费增加到一定程度将致使供款人不堪重负，进而抵制缴费，造成基金筹集失败。第三，容易面临给付危机。现收现付制采用的确定给付方式，其收入替代具有刚性，参保人的缴费义务与未来享受的社会保险待遇相关性较弱，社会保险给付水平承诺与生活水平应保持一致，由于现收现付制下没有基金储备与积累，一旦筹集资金不足以支付，又无其他资金供给渠道，则必然出现给付财务危机，甚至动摇制度根基。

（二）完全积累制

完全积累制的创建时间晚于现收现付制，新加坡在 20 世纪 50 年代进行了初次实践后，该制度在世界范围内迅速发展起来，21 世纪初有 30 多个国家正式实施。完全积累制指依据长期纵向收支平衡原则，保证任何时间节点上社会保险基金积累的总额连同其投资运营收益，能够满足以现值清偿未来社会保险基金给付的需要。该筹资模式可以采取政府公共管理方式，基金积累由政府集中管理和投资；也可以采取私营竞争管理方式，由雇主或雇员自主选择基金管理公司并按市场规则进行基金投资运营。

完全积累制将当期社会保险缴费完全用于基金积累，并交给基金管理机构进行投资运营，缴费和基金投资收益一并记入被保险人的个人账户，给付期开始后被保险人从个人账户中提取保险金以实现保障。

1. 完全积累制的优点

完全积累制的优点表现在三方面。一是操作简便，易于理解和推广。完全积累制与运营历史悠久的商业保险原理相似，实际操作过程熟悉简便，易于得到参保人的理解与认同，具有较高的公众信任值，对于社会保险制度的稳健运行具有重要意义。完全积累制增加的资金积累相当于增加了社会储蓄，这部分资金加入投资活动给经济发展带来更大活力。二是预筹保险金，抵御老龄化。基金积累制是采取养老金预筹、未来支付的制度，保证了参保人员的资金供求在其较长的生命周期上的纵向平衡，可以在一定程度上缓解老龄化社会带来的养老保险危机。三是缴费与待遇相关，激励参保积极性。参保人员将在职期间的部分收入以延期支付的形式实现其生命周期内收入的重新配置，个人所享受的保险金给付待遇与其缴费具有极强的相关性，有助于提高参保人员的缴费积极性，鼓励人们延长工作年限，从而促进社会保险的稳定运行。

2. 完全积累制的缺点

完全积累制也存在不足之处：一是互济性功能较弱。完全积累制是以个人缴费数额决定未来给付水平的制度，更加注重经济效率而非社会公平，因此难以实现个体之间的收入再分配功能，导致其互济性功能较弱。以养老保险为例，完全积累制的筹资模式不能改变那些终生收入较低、负担较重的参保人员的困境，无法满足维持退休后基本生活水平的目标。二是投资和贬值风险较大。作为一项长期的货币收支计划，完全积累制下的巨额资金容易受到物价水平波动的影响，为了应对通货膨胀，社会保险基金有着保值增值的要求，基金需要进行成功的投资运营，否则社会保险基金将面临贬值的风险。但受制于特定的经济环境、资本市场条件和政府干预，基金投资具有较大的不确定性，这对基金管理机构提出了较高的要求。

（三）部分积累制

部分积累制也称为混合制，是现收现付制与完全积累制兼容并蓄的一种模式，也是一种试图扬长避短而采取的折中办法。该模式综合了前两种制度的收支平衡原则来确定社会保险费率，即将当期筹集的社会保险基金中的一部分用于支付本期的社会保险金，另一部分预留给后期再行支付，意味着在满足一定时间（通常为5~10年）支出的前提下，留有一定的积累基金。在实际操作中，部分基金积累制将社会保险基金分成两个部分，即社会统筹部分和个人账户部分。社会统筹部分采取现收现付制，保证当期社会保险基金给付的需要；个人账户采取基金积累制，满足未来开支的需要。因此可以说，部分积累制是一种中期平衡，既不像现收现付制那样不留积累基金，也不像完全积累制那样预留长期使用的基金，它的基金储备规模较现收现付制大，较完全基金积累制小。

我国目前的养老保险和医疗保险制度改革后实行的正是社会统筹和个人账户相结合的部分积累制模式，在维持社会统筹的现收现付制框架基础上，引进个人账户并采取完全积累制的形式。该模式集聚了“两制”之长，又防止和克服了“两制”遇到的一些局限性，比现收现付制抵御贬值和投资风险的能力强，比完全积累制对管理机构的压力小、灵活性强。但是，和完全积累制一样，部分积累制同样会受到人口结构、利率、物价水平、收入等因素的影响，收支平衡模型计算复杂，而且如果社会统筹基金与个人账户基金不严格实行分账管理时，一旦社会统筹基金不能满足当期社会保险金给付要求时，就很可能动用个人账户积累基金进行填补，这样就会导致个人账户“空账”出现。

第三节　社会保险基金的投资

在社会保险管理中，筹集资金固然是首要任务，但是，如何对逐渐积累起来的社会保险基金加以投资运营以避免产生未来给付问题和贬值风险也十分重要。随着当前基金规模的不断扩大，经济发展与资本市场宏观环境的变化，社会保险基金的投资运营日益受到人们广泛的关注。社会保险基金的投资管理，必须遵循基金投资的基本原则，注重投资运营风险治理，立足实情，选择合理的投资工具，不断创新基金投资策略。

一、社会保险基金投资的概念

社会保险基金投资是指将社会保险基金投入经济活动以取得相应收益的投资活动。社会保险基金一经筹集后，除了满足当期社会保险费给付之外，往往预留有一定的存储积累，以备后用。这笔储蓄，如果以货币形式存在，将难以避免通货膨胀导致的贬值风险，这就需要运用投资的方式进行盘活，以确保其保值增值。在养老、医疗、工伤、失业和生育保险五大社会保险基金中，能用于投资的主要是养老保险基金。现收现付制下的养老保险基金的结余部分，或者由于各种原因形成的专项储蓄基金，都可以作为中长期投资基金。一方面，通过适当的投资运营管理，所得投资收益可以壮大社会保险基金的积累规模，因而可以有效抵御通货膨胀的负面影响和“入不敷出”的尴尬窘境。这些资金反过来又可以服务于参保人，从而可以直接或间接地减轻政府、雇主和雇员的保险缴费负担。另一方面，社会保险基金投资由专门的社会保险机构进行监管，按照国家有关法律、政策进行各项投资运营活动，为经济部门的创新发展提供了可靠的资金来源，有力支持了国家的各项经济建设。同时，也能使公众从中看到社会保险在国民经济发展中的重要地位，并进一步支持社会保险事业的发展。

二、社会保险基金投资的原则

社会保险基金的社会保障功能决定了其投资原则主要包括安全性、收益性、流动性、社会性和分散性原则。即在保证基金安全的基础上提高收益率，保证流动性的要求，并兼顾社会性和分散性的需要。

（一）安全性原则

安全性原则是社会保险基金投资运营必须遵循的首要原则。社会保险基金是民众的“养命钱”，一旦出现严重的投资亏损，必将引发社会动荡，因此社会保险基金投资机构在投资时必须保证资金能够按期足额收回，并取得预期投资收益，否则就是渎职行为，甚至是犯罪行为。但这并不意味着社会保险基金投资不能有任何投资风险。众所周知，投资风险和收益总是相伴而生且呈很高的正相关关系。因此，社会保险基金的投资根据其性质和收益需要预先确定一种合适的风险与收益标准，在进行投资运营时，严格照此标准执行，既不要为追求过高收益而冒巨大风险，也不能为了安全丝毫不顾收益。社会保险基金投资在政府制定的有关法律政策、投资规则和监督管理制度条件下，尽量选择一些低风险的金融工具进行投资，如购买长期国库券和短期公债、投入国家银行生息放贷等，一般不选择或者只有很小比例用于股票、实业投资甚至风险投资等。

（二）收益性原则

收益性原则是指在安全性原则下，确保社会保险基金投资能够获得适当的收益。社会保险的社会效益在于保证劳动者在特殊情况下仍能享有维持基本生活的能力，促进社会安定。没有收益的投资是对参保人权益的损害，争取盈利是社会保险基金投资的最直接目的。投资收益的大小直接影响社会保险基金的财务收支平衡，影响参保人缴费的高低。经过一个周期投资回收的资金大于本金并不意味着社会保险基金投资就获得适当收益，其实际收益率必须剔除价格上涨、货币贬值等因素，实现真正意义上的保值增值。因此，在保证投放资金能够安全回流前提下，社会保险基金应尽可能地投资那些能带来更可观盈利的项目，以抵御通货膨胀的影响，降低市场风险，提高社会保险的待遇水平。

（三）流动性原则

流动性原则是指投资资产在不发生价值损失的条件下可以随时变现，以满足支付需要。流动性原则受基金投资资产转变为现金的难易程度和速度的影响。如果社会保险基金因投资而固定于某项资产，无法及时变现，不仅无法应付财务上随时可能支付的需要，也违背设立社会保险基金和提存积累基金的宗旨。因此，在进行社会保险基金投资运营之前，要深入研究、精确计算，确保投资资产与现金的适度比例，以及投资资产变现的灵活性。在具体操作上，要求对社会保险基金的收支进行科学预测，留足现金和一定的短期投资以备随时支付之用；要求对长期投资进行统筹安排，使社会保险基金对证券的持有期同社会保险待遇的支付期匹配，或者有稳定的可预期的股息、利息流入，以向符合条件的参保人提供待遇。

（四）社会性原则

社会性原则是指基金投资既要获得经济效益，又要兼顾投资的社会效益。这是社会保险基金投资不同于其他金融性投资的重要特征。国家财政拨款是很多国家社会保险基金的重要来源之一，而国家财政来源于全体国民缴纳的税赋，因而社会保险基金具有显著的公共性属性，其涉及面广、资金规模巨大，必须取之于民、用之于民。社会保险基金的投资运营除了要考虑微观经济效益外，更应该讲求社会效益和宏观经济效益，必须有利于国民经济增长，有助于经济结构优化，有益于社会的发展进步。因此，基金投资的主要方向是能发挥社会最大效益的卫生保健、疾病防疫等各项公共事业，以及投资回收期长但有高额收益的国家基建项目，这样既获得了稳定的经济回报，又支持了国家的经济建设，更能实现社会保险的保障目标和增进国民福祉以促进社会的协同有序发展。

（五）分散性原则

分散性原则是指将基金分散投资于类别不同、期限不同、地域不同的投资工具，以取得风险与收益的最佳组合。社会保险基金在市场中的投资运营必然存在风险，为求资金的稳妥与安全，基金投资对象和投资金额切忌过分集中，必须遵循分散性投资的原则，即“不把鸡蛋放在同一个篮子里”，应采取多元化投资组合方式。社会保险基金的分散性投资有类别分散和区域分散两种形式。类别分散是指采取储蓄存款、直接放贷、不动产投资和国家债券、企业股票及企业债券等多种投资工具，有计划地分散投资；区域分散是指社会保险基金的市场投资不宜集中于某一地区，以规避意外风险所造成的重大损失。进行分散性投资使得社会保险基金的投资具有类别差、时间差和空间差的流动性优势，能及时变现以应付急需，避免因资金周转困难而造成恐慌。

三、社会保险基金的投资工具

社会保险基金具有多样化的投资工具，概括来讲有金融投资工具和实物投资工具两大类。

（一）金融投资工具

社会保险基金的金融投资工具既有传统的储蓄存款、债券、贷款、公司股票等，又有以资产为基础发行的证券、衍生证券等各种创新投资工具。

1. 储蓄存款

储蓄存款是一种相对无风险的投资方式，并且存款期限一般较短，也正因为如此，这种投资的收益率比较低。银行储蓄存期灵活，几乎具有完全的流动性，社会保险基金中的应急准备金等暂时不用的资金，都可选择活期或短期定期存款的方式存入银行。为了体现对社会保险事业的支持和资助，许多国家对存入银行的社会保险基金给予优惠利率，特别是在通货膨胀水平比较高的情况下，还会给予基金保值补贴。

2. 债券

债券是发行人依照法定程序发行，并按约定还本付息的一种有价证券，包括国家债券、地方债券、金融债券和公司债券等。国家债券由中央政府发行，又称国债，其由国家财政做担保，没有违约风险，安全性最高，利率也比同期储蓄存款高，并免除利息所得税，因而是社会保险基金的重要投资工具。公司债券在所有债券中的票面利率最高，虽具有违约风险，但一般都有担保，且风险低于股票，也受到社会保险基金投资的重点关注。特别是那些实力雄厚、信誉卓著的大公司发行的债券，在社会保险基金的投资组合中占有重要席位。

3. 贷款

贷款主要包括委托银行进行抵押贷款和基础设施贷款两种形式。有价证券、国债、股票、住房或其他各种证明物品所有权的单据都可以作为抵押贷款的抵押品。贷款到期，借款者必须如数归还本金和利息，否则债权人有权处理抵押品。基础设施贷款是把社会保险基金“借”给国家进行项目开发，由政府在预算中支出，列专门项目偿付利息和本金，项目一经建成，收益现金流比较可观。贷款所获收益一般要高于银行存款，并由政府担保，因而风险也较小，但有的项目投资周期较长，资金占用额度较大，因此在流动性方面稍有不足。

4. 证券投资基金

证券投资基金是指通过发售基金份额募集投资者资金形成的独立基金财产，由基金管理人管理、基金托管人托管，以资产组合方式进行股票或债券等金融工具的间接投资的制度。证券投资基金的最大优势在于集合了投资、专业理财、风险分散、流动性强等特征，为社会保险基金提供了一种新型的金融投资选择，活跃了金融市场，促进了金融市场的发展和完善。随着世界各国信托投资业务的发展，国际资本流动的速度日益加快，证券投资基金已经成为社会保险基金投资的一项重要投资工具。

5. 其他金融衍生品

20 世纪 70 年代以来，金融市场出现了大量的金融衍生品，这些金融工具创新为社会保险基金提供了更广泛的选择。其中包括风险投资、私募债券、对冲基金、金融期权、金融期货、互换交易、远期合约等金融工具。

（二）实物投资工具

除了使用丰富多样化的金融投资工具以外，社会保险基金还可以选择实物投资工具进行投资运营。实物投资主要包括房地产、基础设施等不动产。在经济可持续发展的前提下，实物投资具有收益稳定、安全性高的优势，又可以在一定程度上抵御通货膨胀的风险。实物投资在很多国家的社会保险基金运营中进行了探索，但相对金融投资工具而言，其投资周期一般比较长、流动性相对比较差，因此该类投资规模有一定的局限性，在社会保险基金投资总额中所占比例较低。其中，房地产市场受经济周期波动的影响有较大的风险，并且专业性要求较强，管理成本较高，因此有些国家对房地产投资在社会保险投资中的比重有严格限制。基础设施投资则更多是以贷款形式实现的。

四、社会保险基金的投资决策

社会保险基金的投资决策流程是一个系统的、动态的和持续的过程，包括确定投资目标、明确投资约束、制定投资策略、资产配置和投资绩效评估等内容。

（一）确定投资目标

每一只社会保险基金都会有自己的投资目标。投资目标明确了该基金日后具体的投资方向、在投资工具上面的选择依据等。根据投资目标，投资者也可以了解到基金投资所具有的风险与收益状况，因此确定社会保险基金的投资目标要从明确风险目标和收益目标入手。

1. 风险目标

社会保险基金的风险目标与其资金风险承受力紧密相关，风险承受力主要指投资者承担风险的意愿和能力。社会保险基金风险承受能力的影响因素包括三个方面。(1) 社会保险基金的类别。如养老保险基金中的基本养老保险部分相较于补充养老保险部分的风险承担能力更弱。(2) 社会保险基金的转移、支付需求比例。一般情况下，社会保险基金的转移、支付比例占社会保险基金总规模越小，则其风险承受能力就越强，两者呈反比例关系。(3) 参保人员的结构特征。一般情况下，社会保险基金参保人越年轻、收入越高，则社会保险基金近期给付压力就越小，其风险承受能力会越强。

2. 收益目标

收益目标即受益人期望达到的收益。收益目标是资本投资的根本追求，但社会保险基金的特殊性，决定了其投资首先要保证安全性。因此期望收益目标不能脱离资本市场状况的约束，与风险目标相一致，在给定风险的情况下追求收益最大化。收益目标应表现为总收益的形式，即包含了投资的资本利得和利息（红利）收入。

（二）明确投资约束

社会保险基金投资约束包括法律制度、资金流动性、投资期限等约束。

1. 法律制度

社会保险基金的投资运营必须限定在法律制度许可的范围内进行，严格遵守相关法律法规是基金投资的外部硬性约束条件。法律制度约束主要体现在：(1) 确定社会保险基金投资项目的种类，限制向未列入投资项目及低效益不动产项目的直接投资；(2) 确定投资项目的投资限额，以避免风险集中；(3) 规定基金投资的最低盈利限额和提留投资准备金比例。

2. 资金流动性

社会保险基金在投资运营操作时，要确保在未来某个特定时间内可预期和不可预期的净现金有足够的流动性，给付能力不会出现问题。如果基金流动性较差，需要出售某些资产以满足社会保险基金的给付需要，临时套现价值可能会低于当前的账面价值，将会使社会保险基金造成损失。基金流动性要求与风险承受力反相关，流动性要求越高，风险承受力越弱；反之亦然。

3. 投资期限

社会保险基金给付到期时间的长短，与基金投资的期限选择之间有着密切的联系。如果距离社会保险基金给付期较远，则投资期限可以选择较长的时期；反之则只能选择期限较短的投资。投资期限与社会保险基金风险承受能力正相关，即投资期限越长，基金风险承受能力也随之增强，投资于中高风险资产的比例会更高。

（三）制定投资策略

在确定投资目标和明确投资约束的前提下，撰写投资决策书，选择投资策略，为社会保险基金的投资制定完整的运营指导方案。社会保险基金投资策略可分为被动投资策略、主动投资策略和半主动投资策略。

1. 被动投资策略

在被动投资策略下，社会保险基金投资组合不因市场预期的变化而进行调整。比较常用的被动投资策略包括指数化投资和严格的买入持有策略等。指数化投资完全按照指数样本股票的组合进行投资，其目标是获取与所跟踪的指数相关联的某一特定市场的基准收益率。鉴于指数化投资的风险分散化、成本低廉、追求长期收益和投资组合透明化的特征，社会保险基金投资大多采用此类被动投资策略，从而达到安全复制该指数收益的目的。

2. 主动投资策略

在主动投资策略下，投资管理人需要根据市场预期的变化适时调整投资组合，也就是说他们以一个投资基准作为评估投资绩效的依据，投资基准可以是单个指数或几个指数的组合。通常组合中证券权重会与基准证券权重不同，反映投资管理人的预期与市场一致性的预期不同，投资管理人通过调整证券权重获取超过基准的经过风险调整的回报。如智利等国的养老保险基金管理公司在私营竞争管理模式下，其社会保险基金更多采用主动投资策略。

3. 半主动投资策略

半主动投资策略又称为风险控制下的主动投资策略或增强指数化投资策略。该策略对预期数据的变化仅进行有限的使用。例如，增强指数化投资策略是在对某个指数跟踪的基础上，适度改变组合中证券的权重以获取超额的投资收益。

（四）资产配置

社会保险基金投资的资产配置可以分为战略资产配置和战术资产配置两个层面。战略资产配置是指由社会保险基金决策主体制定的对投资组合长期资产类别构成的决策；战术资产配置是在战略资产配置的基础上，投资管理人通过对市场时机的把握，对各类资产比例做出短期调整。战略资产配置对于社会保险基金的投资运营起到至关重要的作用。通常战略资产配置包括两个步骤：第一步，社会保险基金决策主体在充分考虑所有的外部与内部约束条件的基础上，明确并列出构成投资组合的资产类别；第二步，受托人确定每类资产在组合中的比例，即明确每类资产目标比例和比例变动的范围。

资产配置可以采用量化的优化模型，也可以运用经验判断来对各类资产进行选择。在进行资产配置时，设定相关的参照指标，如资产配置是否能达到预期收益、资产配置是否与社会保险基金的风险承受力相一致、资产配置对通货膨胀是否具有一定的防范作用等。

（五）投资绩效评估

为了判断投资是否达到了预期目标和评价投资管理人的运营能力，需要定期对社会保险基金的投资绩效进行评估。投资绩效评估的内容包括三个部分：一是业绩衡量，即评估投资组合的收益率和风险的计算以及经过风险调整的收益率高低；二是业绩分布，即研判投资组合收益的影响因素，如资产配置效应和证券选择效应等；三是业绩评价，即基于某个市场基准对投资管理人的业绩进行评价。

五、社会保险基金投资决策的国际比较

在社会保险基金的投资运营中，各个国家并不会单一使用某种投资工具，往往将多样化投资工具进行优化组合，以谋求在可接受的风险水平下取得预期投资收益的最大化，或者是在既定投资收益水平下风险的最小化。社会保险基金投资组合在国家间有着较大的差别，其组合选择与一国的资本市场发育程度和政府的监管力度有密切的关系。

以养老保险基金投资为例，通过不同国家之间同时期横向和不同时期纵向比较，发现各国投资决策有所不同。

（一）国外社会保险基金的投资决策

1. 政府债券仍是社会保险基金的重要投资工具

经过有效的社会保险基金投资组合运营，世界各国养老基金规模普遍实现增长，

2007—2017 年的年复合增速超过 20%的 OECD 国家有：希腊（47.8%）、法国（26.2%）、土耳其（22.8%）、拉脱维亚（21.3%）。非 OECD 国家有：罗马尼亚（115.7%）、马其顿（31.8%）、多米尼加（24.4%）、塞尔维亚（21.5%），均为养老金占 GDP 比重低于 20%的国家。[①] 从全球市场来看，养老金入市能够起到稳定股市的作用。2017 年这一年，全球养老金资产实际投资回报率高于 8%的有：马拉维（17.8%）、波兰（14.5%）、乌拉圭（13.4%）、哥伦比亚（8.8%）。在养老保险基金规模前七名的市场中，美国和澳大利亚的投资收益率表现出众，2017 年分别为 7.5%和 7.3%。日本与多数欧洲国家的总投资收益率则介于 2%~4%。2019 年海外养老保险基金研究报告显示，2018 年世界各国养老保险基金投资于政府债券的比例仍占主导（见图 8-1），在受调查的 41 个国家中政府债券投资占比高达 60%以上的国家就有 12 个，包括智利（60.6%）、爱沙尼亚（62.5%）、拉脱维亚（61.3%）、以色列（61.7%）、墨西哥（78.1%）、葡萄牙（70.7%）、匈牙利（61.8%）、斯洛文尼亚（60.1%）、捷克（76.5%）、巴西（61.6%）、印度（84.5%）和俄罗斯（74.0%）。

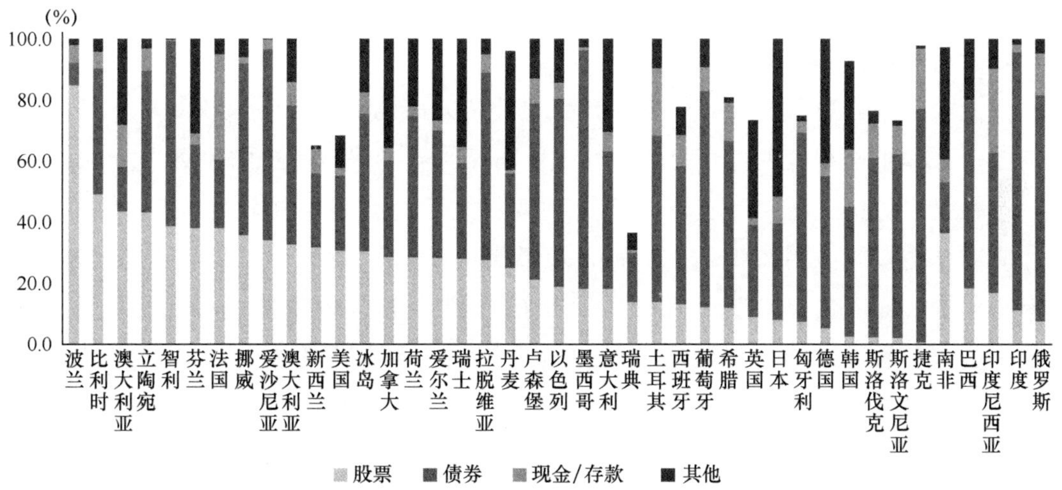

图 8-1　2018 年世界各国养老保险基金资产配置比例（%）

资料来源：Pensions at a Glance in 2019：Allocation of assets in funded and private pension plans in selected asset classes and investment vehicles［R/OL］. https：//www. oecd-ilibrary. org/social-issues-migration-health/pensions-at-a-glance-2019_ b6d3dcfc-en.

① 海外养老体系及养老资金投资概述. 新浪财经，2019-8-12. http：//finance. sina. com. cn/stock/stockzmt/2019-08-02/doc-ihytcerm8125693. shtml.

2. 股票投资的比重与资本市场的发育程度相关

在资本市场较发达的国家，股票在养老保险基金投资中的比重相对较高；发展中国家的政府则倾向于对养老保险基金投资采取更严厉的限制措施。从养老保险基金资产配置来看，OECD 国家证券等权益资产配置比例总体上高于非 OECD 国家，固定收益类资产（票据和债券、现金及存款）配置比例则低于后者。权益类资产配置比例总体上和所在国金融市场发展水平、风险偏好程度呈正比。可见，资本市场较发达的国家，股票在养老保险基金投资中的比重相对较高；资本欠发达的国家，股票的投资比重则相对较低。图 8-1 显示，比利时（49.1%）、澳大利亚（43.7%）、法国（38.1%）、挪威（35.8%）、新西兰（31.8%）、美国（30.7%）、加拿大（28.7%）等国养老保险基金中股票投资所占比重及规模要远远大于斯洛伐克（2.5%）、斯洛文尼亚（2.2%）、捷克（0.7%）等国。养老保险基金为金融市场注入长期稳定的增量资金，有利于改善资本市场的投资者结构。不同国家养老保险基金股票投资的比例除了受制于其资本市场的成熟度外，养老保险基金监管机构也会根据其所在国的资本市场状况以及其他因素制定该国养老保险基金投资规则和监管规则。

3. 政府对社会保险基金投资进行监管

鉴于社会保险基金投资的安全性和收益性两方面的要求，各国政府对养老保险基金的投资采取不同程度的监管措施。OECD 国家对养老保险基金的监管可分为两种类型：一种是以美国、荷兰、英国、澳大利亚等国家为代表，在较为完善的法律基础上政府对基金投资限制较少；另一种是以欧洲大陆（除意大利以外）及北欧的一些国家为代表，对养老保险基金投资组合中的投资工具进行限制。与发达国家相比，发展中国家的政府对养老保险基金的投资更倾向于采取更为严厉的限制措施，主张主要投资工具选择应为银行存款、财政债券和抵押贷款债券。例如，智利在养老保险制度改革初期，政府限定养老保险基金只能投资于公共部门债券、银行负债、住房抵押贷款、企业债券等。

为了实现社会保险基金的稳健投资运营，各国基金监管机构对社会保险基金实行数量限制和谨慎人监管。数量限制监管主要包括的内容有：（1）规定社会保险基金的投资品种，限制其进行股票、国外证券等高风险投资；（2）规定对每种金融产品的投资限额；（3）规定投资于单个企业或证券发行人所发行证券的最高比例；（4）要求养老保险基金的投资管理人进行规范、详尽的信息披露，有时甚至披露资产净值。数量限制监管在一定程度上有助于规避社会保险基金的投资风险，较适合于那些金融体系发育程度较低、资本市场透明度较弱、社会保险基金发展历史较短的国家。谨慎人监督是指受托人必须以一个拥有相同能力的谨慎之人在经营一个相似性质和目的的企业所应运用的注意、技能、谨慎，以及勤勉履行其义务。谨慎人监督相对于数量限制监管而言更具有灵活性和适应性。基金管理人可以根据基金的负债结构和市场的情况灵活地确定社会保险基金的投资品种和资产比例，并有利于管理人及时吸收现代投资理论，在投资运营中采用最新的投资管理技术和风险管理技术，最大限度地提高社会保险基金的投资收益。也正因为谨慎人监督的这个优势，该原则在适用过程中同时也存在较大的不确定性，难以防范基金运营管理机构的道德风险。因此该模式更适用于具有发育成熟的金融市场、管理运营机构的治理结构规范、监管机构执法力强的国家。总而言之，对于社会保险基金投资实行监管的目标是为了保障基金投资的安全性和收益性，关键在于在设计具体制度时如何实现两者之间的最佳结合，因此，各国往往根据具体情况综合运用数量限制监管与谨慎人监督两种模式。

（二）中国社会保险基金的投资决策

我国根据社会保险基金制度发展的需要对社会保险基金投资决策进行了多次改革，对养老保险基金投资的资产配置进行了重新规划（见图 8-2），目前在资金的投资范围和投资比例上也都有了具体的规定（见表 8-2）。

1997年 基本养老 保险基金	**《国务院关于建立统一的企业职工基本养老保险制度的决定》** 预留2个月的支付费用，其余投资于国债和银行存款
2011年 企业年金 基金	**《企业年金基金管理办法》** 限于境内投资；投资范围包括银行、国债、中央银行票据、债券回购、万能保险产品、投资连结保险产品、证券投资基金、股票，以及信用等级在投资级以上的金融债、企业（公司）债、可转换债、短期融资券和中期票据等金融产品
2013年 企业年金 基金	**《关于扩大企业年金基金投资范围的通知》** 增加商业银行理财产品、信托产品、基础设施债权投资计划、特定资产管理计划、股指期货
2015年 基本养老 保险基金	**《基本养老保险基金投资管理办法》** 限于境内投资；增加中央银行票据、同业存单、政策性和开发性银行债、信用等级在投资级以上的企业（公司）债、地方政府债、可转换债、短期融资券、中期票据、资产支持证券、债券回购、养老金产品、上市流通的证券投资基金、股票、股权、股指期货、国债期货、国家重大工程重大项目建设、国有重点企业改制上市

图 8-2　我国养老保险基金投资范围发展历程

表 8–2　我国现行养老保险基金投资的资产配置规定

险种	投资范围	投资比例
基本养老保险	银行活期存款，一年期以内（含一年）的定期存款，中央银行票据，剩余期限在一年以内（含一年）的国债，债券回购，货币型养老基金产品，货币市场基金	合计不得低于养老保险基金资产净值的 5%
	一年期以上的银行定期存款，协议存款，同业存单，剩余期限在一年期以上的国债，政策性、开发性银行债券，金融债，企业（公司）债，地方政府债券，可转换债，短期融资券，中期票据，资产支持证券，固定收益型养老金产品，混合型养老金产品，债券基金	合计不得高于养老保险基金资产净值的 135%。其中，债券正回购的资金余额在每个交易日均不得高于养老保险基金资产净值的 40%
	股票，股票基金，混合基金，股票型养老金产品	合计不得高于养老保险基金资产净值的 30%
	国家重大项目和重点企业股权	合计不得高于养老保险基金资产净值的 20%
企业年金	银行活期存款，中央银行票据，债券回购等流动性产品以及货币市场基金	不得低于投资组合企业年金基金财产净值的 5%，投资债券正回购的比例不得高于投资组合企业年金基金财产净值的 40%
	银行定期存款，协议存款，国债，金融债，企业（公司债），短期融资券，中期票据，万能保险产品以及可转换债，债券基金，投资连结保险产品（股票投资比例不高于 30%）	不得高于投资组合企业年金基金财产净值的 95%
	股票等权益产品以及股票基金，混合基金，投资连结保险产品（股票投资比例高于与等于 30%）	不得高于投资组合企业年金基金财产净值的 30%

资料来源：转引自兴业证券经济与金融研究院对《基本养老保险基金投资管理办法》《企业年金基金管理办法》的整理资料。

从各项法律政策的规定来看，我国的社会保险基金投资的险种主要集中在养老保险基金和企业年金上，且对投资监管的限制比较严格，固定收益类投资产品（主要包括债券类投资和定期存款两大类）占比较高，从 2013—2018 年的养老基金资产配置比例可以得到显现（见图 8-3）。因此，国债收益率走势对我国养老保险基金的投资收益十分重要。但自 2008 年以来，我国 10 年期国债到期收益率一路下行，2019 年 3 月降至 3.06%的低点。

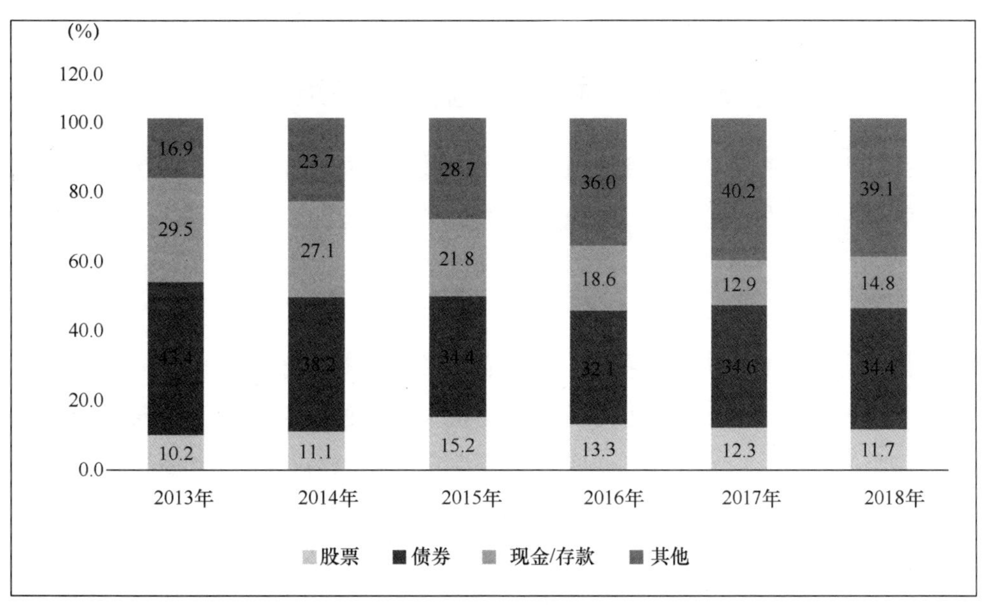

图 8-3　2013-2018 年中国养老保险基金资产配置比例

资料来源：海外养老体系及养老资金投资概述．新浪财经．2019-08-12. http：//finance. sina. com. cn/stock/stock-zmt/2019-08-02/doc-ihytcerm8125693. shtml.

为获得更好的投资收益，我国在养老保险基金投资组合的配置中逐渐降低固定收益类资产的配置资金比例。尤其在我国人口老龄化社会矛盾越来越突出、利率下行的大环境下，如何优化养老保险基金的资金配置从而提高投资收益日益受到政府关注。2016 年年底，国务院办公厅印发《关于全面放开养老服务市场提升养老服务质量的若干意见》，提出稳步推进养老金管理公司试点，按照国家有关规定积极参与养老金管理相关业务，做好相关受托管理、投资管理和账户管理等服务工作，为养老金管理公司的蓬勃发展打开制度之门。2019 年 7 月 20 日，国务院金融稳定发展委员会办公室发布《关于进一步扩大金融业对外开放的有关举措》，其中“允许境外金融机构投资设立、参股养老金管理公司”的举措有利于增加主体类型，增强市场活力，引入成熟养老金管理经验，提升养老金投资管理水平。下一步，中国银行保险监督管理委员会将推动完善相关法律法规，并继续采取成熟一家、批准一家的方式，会同相关部委共同做好养老金管理公司许可准入工作。中国养老保险基金资产管理行业发展空间巨大，随着养老保险制度改革的加快，管理结构、治理结构的日益完善，金融体系和机构投资者等中介组织的发展成熟，加之我国养老保险基金市场空间巨大，在不断改革进程中会逐步增加社会保险可投资的资产种类、放松投资限额，使得基金管理公司在未来会有更大的用武之地，中国的社会保险基金投资管理将赢得更快发展。

第四节　社会保险基金的给付

社会保险基金管理是一种服务于既定社会保障目标的公共政策，由国家法律保证实施，劳动者在履行缴纳保险费后，即有权通过社会保险基金的给付来实现经济补偿。

一、社会保险基金给付的概念

社会保险基金给付是和社会保险基金筹集相对应的概念，它是指当特定风险（如患病、失业、丧失劳动能力等）发生并造成经济损失时，由社会保险基金管理机构根据社会保险制度规定的条件、标准和方式将社会保险金付给被保险人或其受益人、法定继承人，以保障他们的基本生活需要。社会保险基金给付是社会保险基金管理的最后环节，社会保险基金的筹集、投资和监管都是为了更好地满足社会保险基金给付的需要。社会保险基金给付也是保障国民社会保险权益最终实现的标志。因此，依法给付社会保险金，不仅是社会保险管理与实施机构的责任与义务，也是社会保险基金管理的重要内容。

一般情况下，社会保险金的给付对象是被保险人，在特殊情况下也可支付给法定继承人等，如丧葬补助费、抚恤金、家属的医疗费等。

二、社会保险基金给付的原则

社会保险基金是由专门管理机构掌握的、专款专用的资金，仅可用于社会保险待遇给付。在社会保险基金的给付管理过程中，一般需要遵循以下三个原则。

（一）统一性原则

社会保险制度依法强制实施，其基金给付标准一般也是由国家法律和政策规定的，在社会保险基金给付过程中必须严格按照国家的法规政策统一执行，以避免造成地区之间或单位之间的给付差异，从而导致劳动者之间社会保险待遇的巨大差别。否则不仅会影响社会保险制度执行的统一性和法律的严肃性，还会滋生社会不公、不满情绪，进而引起社会动荡。

（二）适度性原则

社会保险基金的给付既要维持合理的给付水平，满足被保险人维持最低生活水平的需要，又不能超越生产力发展水平及各方面的承受能力。社会保险基金的给付标准设置不宜过低，否则就不能保障参保人在老、弱、病、残、孕及丧失劳动能力等特定情况下的基本生活需要；社会保险基金的给付标准设置亦不宜过高，否则会使得劳动者在遭遇失业、患病等情况时的生活优于平常生活，这样人们就不会积极地寻找工作和摆脱所处的困境，这显然有悖于社会保险制度的初衷。因此，社会保险基金的给付标准必须符合适度性原则。

（三）发展性原则

发展性原则是指社会保险基金的给付必须与时俱进，考虑是否满足未来支付所需。一方面，社会保险基金给付必须考虑未来通货膨胀因素的影响。物价上涨必然导致社会保险基金贬值，而对于社会保险参保人而言，具有重要意义的不是社会保险基金给付的名义货币量，而是实际货币量。另一方面，社会保险基金给付标准应随国民经济的发展逐步提升。国民经济发展得越快，社会保险基金的经济规模和实力就越强，对被保险人的基本生活保障能力也应随之增强，这样还能够让劳动者共享国民经济发展的成果。

三、社会保险基金给付的方式

按照给付保险金的确定方式不同，社会保险基金的给付方式主要有给付确定制（DB）和缴费确定制（DC）两种。这两种给付方式最初是美国在商业保险公司经办的企业年金中运用的两种不同的年金分配准则，后来被引进社会保险范畴，用以说明养老保险金的两种计发和给付方式。

（一）给付确定制

给付确定制狭义上指按预先确定的为保障一定的生活水平所需要的替代率确定支付养老金标准；广义地讲，这种分配方式又决定着养老保险基金的征缴比例，即根据所给付的养老金水平（替代率）确定基金缴费率，通常被表述为“以支定收”。在实际操作中，给付确定制是根据雇员参加养老保险计划的年数和工资收入水平预先确定其退休后的养老金水平，再通过精算方法确定其缴费水平。

给付确定制下，养老保险基金的筹集模式可采用现收现付制，也可以采用基金积累制，还可以采用部分基金积累制。筹资模式不同，其分配的效果也各异。采用现收现付制，则不论养老保险基金给付如何规定，收入均由在职者向退休者群体分配，因而存在养老保险制度范围内的代际再分配。采用基金积累制，则积累的养老保险基金权益与积累的资产相对应，不存在代际的收入再分配。如果使用不同的给付方式，则存在不同收入水平之间、不同年龄或不同工龄之间的收入再分配。采用混合制的情况是上述两者的结合。

与缴费确定制相比，给付确定制具有如下特点。

1. 以支定收

给付确定制下，先确定养老保险基金的给付方案，再决定养老保险费率。养老保险基金给付方案通常按照规定的给付公式进行计算，主要受工龄、工资水平等变量的影响。给付确定制与现收现付制相关联，如选定现收现付制为社会保险基金的筹资模式，也即是选定了给付确定制为给付方式，因为以支定收是二者的共同基础。

2. 收入关联

按照给付确定制规则，养老保险金是以参保人员的现实收入状况为基础计算出来的，与其退休前的实际收入直接相关，而与其缴费的数量只有间接关系，因而其养老保险待遇与其劳动收入有某种关联，但并不是在数量上绝对相等。其待遇水平是依据一定的社会政策目标，不同收入的劳动者均可在养老保险计划中获得与其收入状况相关联的、按现实收入以一定比率确定的保险待遇，从而得到基本生活的保障，体现养老保险基金的互济性特征。

3. 无初始基金

给付预定的养老保险计划，在计划建立之初是没有基金积累的，通常由养老保险计划的主办者根据工作年限承诺给付，对有一定工龄的雇员在过去的工作贡献予以养老承诺，使不同年龄的雇员得到平等的对待。由于在建立保险计划前，雇员个人和雇主并没有为养老保险基金缴费，承诺的给付从建立保险计划起就形成净债务，这需要由其他方面进行基金补充或者由在职人员分摊。

4. 待遇调整灵活

由于养老保险金与现收现付的年度平衡计划密切相关，使得养老金给付能够随物价上涨和通货膨胀态势进行调整以保障劳动者的最低实际收入。此外，养老金给付与参保人的现实收入相关联，也有助于养老金待遇随工资收入提高而提高，使退休人员能共享经济社会发展的成果。这两方面都体现了给付确定模式的养老金待遇调整的灵活性特征。

5. 政府承担一定风险

政府作为养老保险基金的管理者，或者说作为保险人或养老计划的主办者，因为预先承诺了给付水平而需要承担一定的风险。这些风险包括经济低迷、基金投资收益水平下滑、预期寿命延长、基金缴费率低等。一旦这些风险因素成为现实，都会给政府带来给付能力的压力。

6. 精算管理复杂

给付确定制是一种预先承诺的方式。在给付完成之前，保险计划的成本是未知的，每年都必须通过精算确定缴费水平。精算公式涉及多种影响变量，包括承诺的给付水平、未来工资增长率、投资收益率、参保人员的死亡率、通货膨胀率、保险计划的管理费用等。因此公式计算比较复杂，需要掌握大量信息，花费的成本比较高。

7. 易受工龄长的雇员认同

给付确定的养老保险计划，预先承诺的养老金给付水平与雇员的工龄和在职收入有关，这对已有一定工龄的雇员是有利的，因而更受他们的认同，有利于稳定组织的员工队伍，但这却不利于工龄长的雇员的自由流动。

（二）缴费确定制

缴费确定制是经过预测确定一个缴费标准，据此筹集养老保险基金，并完全或部分地存入劳动者的个人账户，基金逐渐积累并获得投资收益，在劳动者退休时，以其相应的缴费及投资收益在退休时所获积累额为基础发放养老金。这种模式通常被表述为“以收定支”。

实践中，缴费确定制下的养老保险计划较多地采用个人账户形式，个人账户使个人的缴费与积累的养老基金权利相对应，容易被人们理解和接受，从而减少拒缴保费的可能性。因此，缴费确定制的养老保险计划又称为“个人账户计划”。劳动者退休时，其个人账户的余额是今后享受养老保险待遇的依据，基金管理者也据此确定养老保险基金给付额。当然在某些特殊情况下也允许参保人按照规定一次性领取个人账户余额。此外，如果参保人在退休前死亡，则个人账户余额一般会成为死亡抚恤金；如果参保人因就业变动要求转换养老保险计划，则个人账户余额可随之转移。

与给付确定制相比，缴费确定制有如下特点。

1. 给付与缴费和投资收益正相关

缴费确定制的养老保险计划预先规定缴费水平，通常是以雇员工资的一定比率、固定数额或企业利润的一定比率为每个雇员缴费，雇员退休时发放的是这些缴费及其投资收益的积累额。因此，养老保险基金的给付水平与缴费额、资金投资收益都呈正相关关系。缴费多则得到的给付标准高，投资收益率高则给付水平高；反之则低。可见，最终劳动者从养老保险的个人账户中领取养老金的多少，固然取决于工作期间的自我积累规模，也在相当程度上取决于投资收益状况。

2. 广受认同，有利于人力资源流动

缴费确定制下的个人账户计划建立了缴费和享受养老金待遇之间的直接联系，强调劳动者的自我积累和自我保障意识，体现了社会保险制度的效率机制，广受劳动者理解和认同。个人账户余额比较具有灵活性，可以转移和继承，避免了给付确定制对人力资源流动的束缚，因而更受年轻一代职业群体的欢迎。

3. 生命周期再分配

缴费确定制是一种在生命周期内平衡收支再分配的机制，对于鼓励劳动者合理安排其人生不同阶段的收入和消费具有积极意义，既可抑制不良超前消费，也可刺激劳动者对退休储蓄提早做出安排，有利于减轻社会压力。但是这种机制对不同收入阶层的劳动者之间的收入再分配调节能力较差，若无政府其他干预措施，那些低收入阶层就难以通过个人账户积累足够的保险金来实现基本经济保障的目标。

4. 劳动者自担风险

缴费确定制下参保人的养老保险基金给付水平与个人账户的缴费和投资收益密切相关，决定了养老保险基金的投资风险主要由劳动者个人承担。投资回报率低，将直接降低养老保险基金在退休时的积累总额，从而降低退休后的待遇。此外，参保人个人还要承担长寿的风险。

由以上所述可见，两种社会保险基金的给付方式各有特点，养老保险计划设计者可以根据主办者的偏好选择使用。给付确定制的主要优点是能够提供一定水平的给付，并对建立养老保险计划时已有一定工龄的雇员的历史缴费贡献予以养老金承诺，缺点是缴费需要随着保险基金状态的变动而不断调整，缴费稳定性较差。缴费确定制的主要优点是在缴费、投资和转移方面具有灵活性，且机理简单、透明度高，同时能够建立和积累全部的养老保险基金，缺点是待遇不确定和易受通货膨胀的影响。如果希望提供稳定的、随通货膨胀调整的收入，并且希望雇员能长期稳定地工作，同时对死亡、伤残提供一定水平的给付，那么给付确定制是更好的选择；反之，如果希望雇员承担未来基金的风险，提供灵活的、便于流动的账户，则应选择缴费确定制。

此外，还可以将给付确定制和缴费确定结合起来形成一种混合模型。我国现行基本养老保险机制采用社会统筹与个人账户相结合的方式，其中社会统筹部分采用的是建立在代际转移基础上确定给付的现收现付制，个人账户则是一种确定缴费的积累制。政府倡导的企业年金制度，一般采用缴费确定制保险计划。

第五节 社会保险基金的监管

社会保险基金的监管是一个相对较新的内容，较早实践的现收现付财务机制对基金监管的要求比较有限，通常由社会保险基金管理机构依法进行监管。随着社会保险基金规模的日益扩大，以及现代基金积累制财务机制的不断开拓发展，基金的投资运营和同资本市场的互动交流等都使监管重要性日益凸显，成为社会保险改革进程中各国备受关注的重要问题。

一、社会保险基金监管的概念

社会保险基金监管是国家授权专门机构依法对社会保险基金收缴、安全营运、基金保值增值等过程进行监督管理，以确保社会保险基金正常稳定运行的制度和规则体系的总称。

社会保险基金监管是对社会保险基金管理行为的全方位监督，是政府职能部门为确保社会保险基金依法征缴、储存、管理，以及有效投资运营，防止基金被挪用、挤占，最大限度保证基金保值增值、合理分配并及时给付，保障参保人的合法权益的有效措施。因而社会保险基金监管对于保证社会保险制度可持续发展具有重要意义。

（一）有利于确保基金的安全和完整

确保社会保险基金的安全和完整是社会保险基金监管最直接的目的。在社会保险基金筹集、投资和给付管理过程中都无法避免各种影响社会保险基金安全性和完整性的风险。基金规模越大其遇到风险的可能性，以及风险发生后遭受的损失也越大，这直接影响参保人员保险待遇的实现，影响国民经济发展和社会和谐稳定。因此，国家有必要采取有力措施，构建社会保险基金的“安全防护网”，通过严格的监督管理，确保社会保险基金的安全与完整。

（二）有利于维护参保人的合法权益

维护劳动者的合法权益是社会保险基金监管的根本宗旨。社会保险基金是国家为发挥社会治理功能，保障劳动者老、弱、病、残、孕等特定风险时期的基本生活需要，依法强制建立的专项基金，是劳动者的“血汗钱”和“保命钱”。由于需要具备和掌握专业知识与技术手段，普通民众很难充分了解社会保险基金管理与运营，这样不利于维护自身的合法权益，因此有必要成立专门的社会保险基金监管机构，对基金管理过程进行严格监管并及时公布信息，以切实维护参保人的合法权益。

（三）有利于实现基金的保值与增值

对基金进行有效监管，不仅可以确保基金安全与维护参保人合法权益，同时还可以促进基金管理机构建立良好的基金管理架构和信息反馈体系，逐步改善和提升管理方式和运营环境，能促使其更合理配置资源，稳步提高基金投资效益，最终实现保值增值的目标。

二、社会保险基金监管的原则

社会保险基金监管的目标是：维护社会保险基金管理政策的贯彻执行，保障社会保险基金的正常运行，预防社会保险基金管理的各种风险；及时分析、综合反映和评价社会保险基金管理、运行状态与预期标准的偏差，及时分析研究偏差产生的原因及可能带来的损害，为政府制定和实施社会保险基金管理政策提供可靠的信息和依据；通过社会保险基金监督有效地制止和纠正违法违规行为，增强社会保险基金管理运营机构的自我约束力。在实践中，社会保险基金监管部门必须按照社会保险基金运行的规律进行监督管理，并遵循以下所述原则。

（一）公正

社会保险基金的监管机构在履行监管职能时，应以法律法规为准绳、以客观事实为依据，综合运用行政、经济和法律手段，对社会保险基金管理机构的违规违纪行为予以监督检查。监管机构要按照客观、公正、公平的原则，提高执法的透明度，对监管的主体、对象、目的、手段和程序进行统一规范，使被监管者充分了解自己的权利和义务，自觉地按照法律管理基金。

（二）独立

社会保险基金的监管机构依照法律独立行使行政监管权力，不受其他任何单位、组织和个人的干预，以确保监管的严肃性、强制性、权威性和有效性。独立原则主要体现在两个方面：一是监管机构与监管对象、其他机构既要密切合作，又要划清职责界限，互不干涉、越位；二是监管机构对经办机构和运营机构执法时，不受其他机构左右，保持独立性。

（三）审慎

社会保险基金的监管机构按照社会保险基金对安全性、收益性和流动性的要求，合理设置有关监管指标，认真进行评价和预测，最大限度地控制风险，促使基金管理运营机构自我约束运作行为。审慎原则并非一系列僵硬的数量标准所组成，而应具有较强的灵活性和适应性，监管人可以依据监管环境和监管内容灵活地确定监管策略，及时吸收现代监管理论，创新监管方式与方法，最大限度地提高社会保险基金监管的绩效水平。

（四）协同

由于社会保险基金从筹集到投资运营，再到最后的待遇给付，整个过程参与人员庞杂，涉及财政、税务、金融等各领域。政府规制和市场自治作用都是有限的，任何单一主体都无法单独应付日益繁重的治理负荷，社会保险基金监管问题的复杂性更是决定了多元参与的必要性。因此，对社会保险基金的监管，离不开政府各部门之间与社会多元主体之间的协同合作。

三、社会保险基金监管的内容

（一）建立监管法规体系

社会保险基金监管是一个极为艰巨繁杂的社会系统工程，既受宏观经济发展环境、法律制度变迁、金融市场发展的制约，又受政治文化及大众心理的影响，很难通过单一的规制体系就能保证社会保险基金监管的效能。必须在有益经验实践的基础上，立足实际，合理选择基金的监管模式，建立严格的基金运营市场准入制度，逐步完善基金监管的法律法规，设立协同高效的监管机构体系，构建严密的基金投资和监管的规则体系。

1. 完善基金监管的法律体系

社会保险基金的筹集、管理、投资运营及保险待遇的给付管理都必须纳入法律监管体系。由于社会保险基金的强制性和社会政策目的性等基本特征，决定了社会保险基金监管的全过程，均需遵循国家有关法律，做到有法必依、执法必严、违法必究。社会保险基金的监管法律体系必须根据经济及制度环境，进行适度调整和修正。法律体系的不断完善，对于强化社会保险法律监管，从长期发展战略高度保证社会保险基金的稳定运行，具有十分重要的意义。

2. 设立有效的监管机构系统

社会保险基金监管机构是保证其正常运行的重要制度基础。在OECD国家，社会保险基金监管通常是由独立的部门（如社会保险基金监管委员会）负责实施。社会保险基金监管委员会不仅在基金日常监管方面发挥着重要作用，而且在基金投资运营的重大决策、长期投资战略方面发挥着重要决策咨询和监管作用。由于社会保险基金自身的特点，必须强调对基金的协同监管。社会保险基金监管委员会由经济、财政、金融、保险、审计、工会、工商界代表及专家组成，参与主体广泛，地位较为超脱，对社会保险基金的稳健营运、避免投资决策的重大失误、构筑基金投资的风险防范体系等方面具有非常重要的作用。因此，设立诸如社会保险基金监管委员会的监管机构系统，发挥其重要作用，成为社会保险基金监管的有力保障。

3. 构建基金投资的规则体系

近年来，全球养老保险基金投资更加多元化，投资渠道也变得更加丰富。但现代金融市场风险巨大，为保证社会保险基金投资营运安全，尤其需要对其进行全面系统的监管，严格制定基金投资组合规则。虽然各国的基金投资存在较大差异，但债券、股票仍是主要的投资工具，由于资产—负债匹配策略的影响，养老保险基金资产中的非股票—债券比重逐渐增加，这就要求构建更为透明的基金投资规则的监管体系以作支撑。

4. 制定基金监管的规则体系

社会保险基金的有效监管需要建立健全治理规则体系。欧美、拉美及东欧国家已在这方面积累了丰富的经验，制定了一些行之有效的规则体系：(1) 控制规则。规定社会保险基金管理公司董事会的构成、投票权分配、董事会成员的权利和义务，强调基金管理公司必须重视基金管理职责，明晰每位董事的职责和注重对管理者的培训，以强化基金控制和降低代理风险，确保基金投资的安全运营。(2) 资产分散规则和外部管理规则。对养老保险基金的收缴、集中与基金管理公司管理的资产进行分散管理以化解系统和代理风险，通过恰当的外部管理安排，避免基金管理者和资产管理者直接合法地持有养老保险基金，从而限制基金被挪用和流失的机会。(3) 信息披露规则。政府对基金营运公司的信息披露做出严格的规定，要求相关部门及时披露资产评估规则、资产评估变化情况、投资收益、成本与准备金水平等重要信息，实现社会公众的知情权和参与监管的目标。(4) 安全保障规则。对养老保险基金投资设定最低投资收益保障条款，构建安全保险基金，使之能够在必要时发挥稳定基金运作的重要作用。

（二）审定运营机构资格

无论是采取相对集中的专门社会保险基金管理机构，还是建立分散的、适度竞争的基金管理公司，或者是委托现有金融机构、保险机构进行社会保险基金的投资运营，都必须高度重视对其进行严格的资格审查和审批。一般而言，社会保险基金管理机构只负责社会保险基金的收缴、账目保管、会计事务处理、年度基金收益调整及信息披露等日常管理活动。由外部投资经理负责社会保险基金投资运营时，对基金运营机构的监管主要通过对公司账目财务报告的定期审查来实现对其日常经营活动的监督。如基金管理机构同时负责基金投资运营时，对其监管应包括经营资格审查，如最低资本金要求、经营业绩记录、专业基金经理的资格审定；还包括投资监管，如投资组合规则及其限额，最低盈利限制等，以及日常经营活动监督。

（三）选择监管模式

社会保险基金监管模式的选择在很大程度上影响社会保险基金监管的绩效。当前社会保险基金监管模式主要有政府集中控制监管、私营分散竞争型监管和公私协作型监管三种方式。最为传统的社会保险基金监管均是置于政府的直接控制之下，或由政府严格规范、委托专门机构进行监管。近年来，随着经济自由化、贸易自由化、金融保险自由化、放松政府管治的呼声越来越高，完全积累制和部分积累制的普遍实施，私营分散化管理，尤其是强调基金运营机构竞争的市场化监管模式已蔚然成风。然而，对选择何种基金监管模式，则应考虑各国的具体情况，在总结比较政府集中控制型和私营分散竞争型的优缺点的基础上，选择和创新合适的社会保险基金管理模式。

（四）执行监管工作

社会保险基金监管具体工作主要包括对社会保险基金的日常监督、投资监管和投资风险防范三项内容。

1. 社会保险基金的日常监督

社会保险基金的日常监督通常由政府社会保险主管部门或专门的社会保险基金监管委员会承担，负责审核批准社会保险运营机构，定期检查社会保险机构的运营活动，审核运营报告，处理和解决违规问题，促使基金管理和运营机构进一步改进服务、提高效率、防范投资风险。

2. 社会保险基金的投资监管

严格实施社会保险基金投资监管的各项规则，注重基金投资的总量控制和结构限制，规定投资方向，监督各项投资限额、投资组合的实施情况；严格限制基金投资决策人员的资格条件，注重一般规则监管和对管理者监管相结合的监管原则；限定基金投资的收益率，保证基金具有一定的投资收益水平和基金投资的安全运营。

3. 社会保险基金投资的风险防范

检查基金投资的风险保障基金状态，及时实施对超过预警指标的基金的保护措施，是社会保险基金监管的一项重要任务。由于社会保险基金运营的特殊性，既应注重基金收支平衡，确保支付，同时要立足长期发展战略，确保基金的长期安全运营，通过构筑基金预警指标系统，建立风险保障基金，及时控制基金管理过程中出现的各类风险。

四、构筑我国社会保险基金的安全网

我国在社会保险扩大覆盖面方面取得的成绩得到国际社会的高度认可，2016 年 11 月国际社会保障协会第 32 届全球大会授予中国政府“社会保障杰出成就奖”。2011—2018 年的数据显示，社会保险基金的收支总体规模呈现逐年扩大的趋势（见图 8-4）。社会保险基金投资总额随之亦迅速增长（见图 8-5），截至 2018 年年末，我国社保基金资产总额 22 353.78 亿元，较 2017 年 22 231 亿元，增长 0.55%。其中，直接投资资产 9 915.40 亿元，占社保基金资产总额的 44.36%；委托投资资产 12 438.38 亿元，占社保基金资产总额的 55.64%。[①] 社会保险基金征缴总额、给付和投资规模的扩大也使我国在监管运营方面带来越来越大的挑战。

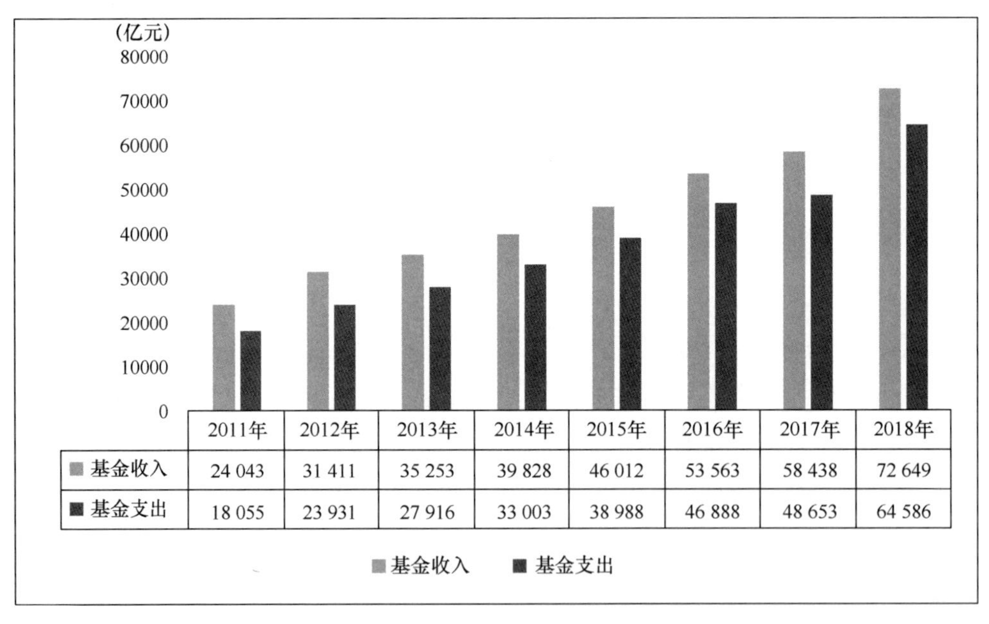

	2011年	2012年	2013年	2014年	2015年	2016年	2017年	2018年
基金收入	24 043	31 411	35 253	39 828	46 012	53 563	58 438	72 649
基金支出	18 055	23 931	27 916	33 003	38 988	46 888	48 653	64 586

图 8-4　2011—2018 年中国社会保险基金收支情况

资料来源：根据历年《中国劳动保障发展报告》的公布数据进行整理。

① 数据来源：全国社会保障基金理事会社保基金年度报告（2018 年度），http：//www. ssf. gov. cn/cwsj/ndbg/201907/t20190711_ 7611. html.

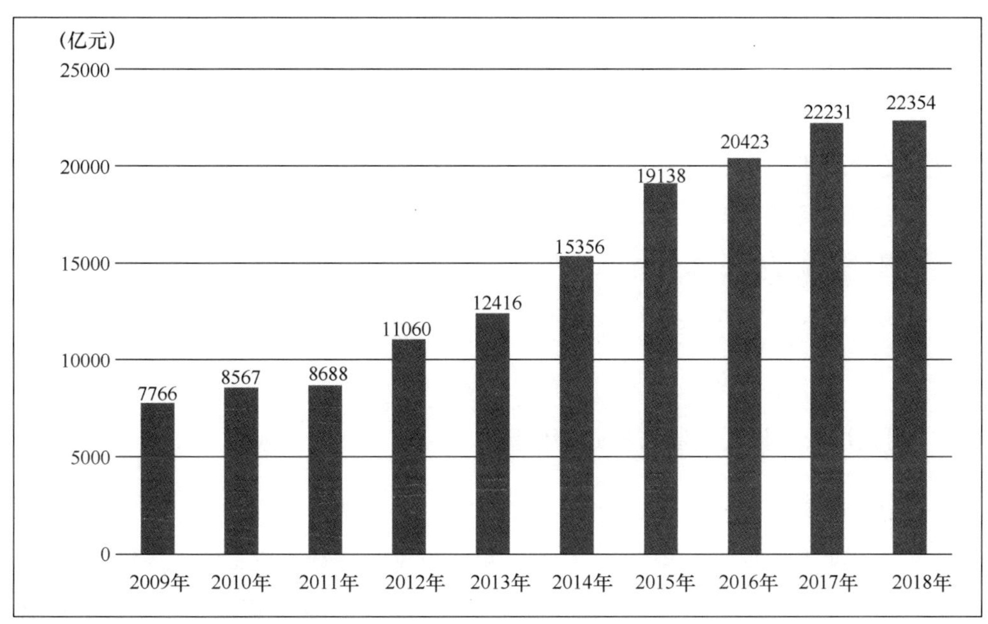

图 8-5　2009—2018 年中国社会保险基金资产规模情况

资料来源：根据历年全国社会保障基金理事会公布的数据进行整理。

我国自 1949 年逐渐建立社会保险体系以来，经过了多年的不懈努力，社会保险基金监管体系得到了大力发展和完善，政府在监管中的主导作用和社会合作监管能力愈加增强，社会保险基金运行总体趋稳，保证了社会保险基金的收支平衡和社会的安定和谐。目前，我国已初步形成了以人力资源社会保障部监管为主，财政监督、审计监督、内部控制以及法律监督、社会监督有机配合的社会保险基金监管体系，明确了社会保险基金监督的主体，基本形成了统一规范的筹集、投资、给付管理体系和相互制约、相互协调的监管体制框架，社会保险基金的行政监督体系和监督举报网络已初步建立。但是，仍存在一些监管工作的“盲区”和“短板”。例如，社会保险基金监管法律制度不健全、执法不力、分散无序、内控不严、透明度底和社会监督缺位等。着眼于近年来社会保险制度改革的经验教训和未来多层次社会保险基金监管体系的客观需要，我国亟须构筑一个社会保险基金监管的安全网。此安全网的建立应立足于我国国情，借他山之石，攻我国创新社会保险基金监管体系之玉。

（一）强化社会保险基金监管的政策思路

根据社会保险基金监管规则的要求，不断强化我国社会保险基金监管的政策思路。一要细化法律，加快完善法制化进程。以立法保障解决社会保险基金征缴及投资监管中的突出问题，并明确社会保险基金监管机构的法律责任。二要尽快成立社会保险基金监管委员会，授权并展开工作。规范社会保险基金投资方式、基金投资比例，制定社会保险基金风险管理准则，对社会保险基金监管中出现的问题进行磋商并制定有关应对措施和快速反应政策。三要建立社会保险基金的分层监管模式，实施更有效监管。第一层次由政府设立的专门机构实施集中监管，确保社会保险政策目标的实现；第二层次、第三层次在强调集中监管的同时，允许在基金的流向、投资组合及市场运用中适当放开，但必须高度重视对基金监管和监督体系的构建，防范金融风险并建立社会保险基金投资运营的保护机制。四要注重社会保险基金监管政策的综合配套，创造良好的基金运作与监管环境。

（二）明确社会保险基金监管的政府职责

社会保险的政府干预是克服商业保险“市场失灵”的必要制度安排，但不少国家社会保险陷入危机和不断改革的事实，又充分表明了政府与社会保险基金管理领域的过度干预也会导致“政府失灵”。因此，为了更好发挥社会保险基金管理过程中政府的独特作用，首先必须明确社会保险基金管理的政府职责。我国采取的是政府主导型的市场经济模式，在充分发挥自身制度条件优势的同时，扬长避短借鉴他国有益经验，科学定位政府在社会保险基金监管中的职责：（1）明确政府对多层次社会保险模式中的基本保险基金负有终极责任。充分关注社会保险计划长期稳定发展，负责为国民提供最基本的生活保障，为经济社会的正常发展提供最基本的社会稳定机制。（2）选择适合的监管模式，避免社会保险决策失误。严格制定社会保险基金的监管规则和投资组合限额，在有效发挥政府应有监管作用的同时而又不过多地限制市场机制。（3）完善社会保险基金管理的制度架构体系。严格规范社会保险基金的征缴、运营和监督管理规则，谨慎选择社会保险基金运营机构，注重对社会保险高级管理人才的选拔、任用与培养。（4）营造长期稳定的发展环境。政府应当为社会保险的稳健运营创造有利的内外部环境，例如，制度环境、市场环境、金融环境和文化环境等，以有利于社会保险的健康有序发展。

（三）谨慎选择社会保险基金运营机构

当前国际上存在三大类运营机构，一是欧美发达国家创立的社会保险基金保管人、委托人、基金管理机构及经理人在委托—代理关系下形成的运营机构，二是拉美和东欧国家实行的严格准入、严格监控的社会保险基金管理公司，三是东南亚国家实行的隶属国家财政部的少数几家集中管理的基金运营机构。我国于 2000 年 8 月成立的全国社会保障基金理事会，是我国集中管理社会保险基金的机构和负责协调基金运营事务的机构，依法集中管理基本养老保险基金的投资事宜。对补充养老保险基金而言，可考虑建立一定数量的养老保险基金管理公司，严格审核基金公司总经理的任职资格，规定基金公司的投资限额、投资组合、最低准备金限额、最低和最高盈利限制，建立内部审计制度。允许适度竞争，限制无序和过度竞争，逐步形成基金公司的内部约束与控制机制。

（四）促进信息披露与社会监督双管齐下

资本市场中会计信息失真、中介机构造假时有发生，即便是资本市场发展比较成熟的国家也会爆出上市公司造假丑闻。为实现社会保险基金运营的有效管理，基金运营公司的信息披露和社会监督是不可缺少的重要环节。社会保险基金运营机构必须遵循资产评估规则等重要约束，向社会及基金管理委员会公布基金成本、收益、资产及准备金水平等信息，以增加基金管理的透明度，减少因信息不完全甚至虚假错误导致的风险和损失。建立健全外部审计和社会监督体系，充分发挥社会保险基金中介服务机构的监督作用。社会保险基金中介服务机构是指为社会保险基金管理提供服务的投资顾问公司、精算咨询公司、律师事务所、会计师事务所等专业机构。通过这些中介机构对社会保险基金管理实施严格的外部监督，依靠审计、精算、会计和信用评级等工具向监管部门和社会公众提供及时、客观、准确的基金运营资料，从而有效防范社会保险基金运营过程中出现的各种风险。

复习思考题

1. 什么是社会保险基金，建立社会保险基金的意义是什么？
2. 比较分析社会保险基金的筹集模式。
3. 国外社会保险基金投资决策的特点是什么？
4. 简述社会保险基金给付的基本原则。
5. 试述我国社会保险基金监管中存在的问题及解决的对策。

参考文献

[1] 邓大松. 社会保险（第三版）[M]. 北京：中国劳动社会保障出版社，2015.

[2] 郭曦. 价格波动、养老金购买力与中国城镇养老保险的可持续性研究 [M]. 北京：经济科学出版社，2017.

[3] 李丞北. 社会保险学 [M]. 北京：中国金融出版社，2014.

[4] 林义. 社会保险基金管理（第三版）[M]. 北京：中国劳动社会保障出版社，2015.

[5] 刘金章，王岩. 现代社会保险学教程 [M]. 北京：清华大学出版社，北京交通大学出版社，2019.

[6] 刘同芗，王志忠. 社会保险学 [M]. 北京：科学出版社，2016.

[7] 彭雪梅，等. 社会保险基金征缴欠费逃费的问题研究 [M]. 成都：西南财经大学出版社，2017.

[8] 任建国. 保险保障基金参与保险业风险处置与市场退出研究 [M]. 北京：中国金融出版社，2014.

[9] 史潮. 社会保险学 [M]. 北京：科学出版社，2007.

[10] 孙树菡，朱丽敏. 社会保险学（第二版）[M]. 北京：中国人民大学出版社，2012.

[11] 谭中和，谭雍桢. 控险之网：社会保险基金监督 [M]. 北京：中国民主法制出版社，2016.

[12] 郑海涛，蒋云赟，顾东芳，等. 中国社会保险基金精算研究报告 [M]. 北京：中国金融出版社，2019.

[13] Kotlikoff Laurence J., shoven J. B. and spivak A. The Effect of Annuity Insurance on Savings and Inequality [J]. Journal of Labor Economics, 1986 (4).